MARCELLO CAMINITI

Die Burgen Südtirols

Türme, Festungen, Burgen, Schlösser, Ansitze,
befestigte Klöster und ummauerte Städe
in Südtirol

Touristischer Führer
Neue, erweiterte und
aktualisierte Auflage

MANFRINI
EDITORI

VOM SELBEN AUTOR:

1.) *Dolomiti - Alto Adige - Guida per il Turista*, Ed. I.G.D.A. - Novara.
2.) *Vieni con me in Alto Adige*, Ed. Manfrini - Calliano (Trento).
3.) *Castelli dell'Alto Adige*, Ed. I.G.D.A. - Novara.
4.) *Castelli dell'Alto Adige - Guida alle visite*, Ed. Manfrini - Calliano (Trento)
5.) *La leggenda di Laurino*, in: «Le Dolomiti», Ed. Amilcare Pizzi - Milano.
6.) *Il sole non basta*, Ed. U.N.E.P.T. Roma.
7.) *La riviera adriatica di Romagna*, Ed. I.G.D.A. - Novara.
8.) *L'oro dell'Adriatico*, Ed. Camera di Commercio - Forlì.
9.) *Piano di sviluppo per l'economia turistica del Grossetano*, Ed. Camera di Commercio - Grosseto.
10.) *Racconti di Roccabella* (erscheint demnächst).

7. Auflage in deutscher Sprache

ISBN 88-7024-376-1

© 1989 by MANFRINI VERLAG
Verlagsabteilung der
MANFRINI R. ARTI GRAFICHE VALLAGARINA AG
Calliano (Trento) - Italy

VORWORT

Die Neuauflage dieses Führers der Südtiroler Burgen (die erste war 1955 erschienen, ebenfalls beim Manfrini Verlag) ist überarbeitet, aktualisiert und vor allem im einführenden, geschichtlichen Kapitel erweitert worden, um den reichen Bestand an Südtiroler Burgen besser erläutern zu können; denn man darf nicht vergessen, daß in unserem Land rund 400 Bauwerke wie Türme, Festungen, Burgen, Schlösser, Ansitze usw. bestehen, von denen einige allerdings zu Ruinen verfallen oder nur noch an wenigen Spuren zu erkennen sind.

Dieser Führer soll dem Touristen, dem Besucher dienen - nicht dem Fachmann und Gelehrten, der auf die Arbeiten von Weingartner, Piper, Erben, Staffler, Rasmo, Battisti und Tolomei zurückgreifen kann, vor allem aber auf das modern konzipierte, umfassende Werk des Grafen Oswald Trapp oder auf den in noch jüngerer Zeit erschienenen, interessanten und synthetischen Band von Gian Maria Tabarelli.

Was den historisch-baulichen Bestand der Burgen, Schlösser und Festen angeht, mit denen wir uns in diesem Führer befassen, so darf man nicht übersehen, daß ihr Erhaltungszustand (der oft prekär, wenn nicht gar trostlos ist) seit jeher ein großes, besorgniserregendes Problem dargestellt hat - sowohl für die privaten Besitzer als auch für die öffentliche Verwaltung, die diese Bauten bekanntlicherweise «am Leben» erhalten möchte.

Heute können wir hinzufügen, daß in den letzten Jahren (das heißt vom Jahr 1974 an, als die Zuständigkeiten zur Erhaltung des Südtiroler Kunstbestands direkt an die autonome Bozner Landesverwaltung übergegangen sind, die das Denkmalschutzamt ins Leben gerufen hat) zahlreiche Vorhaben zur Sanierung, zum Umbau und zur Restaurierung einer beträchtlichen Anzahl von Burgen und Festungsbauten in die Wege geleitet und größtenteils auch schon durchgeführt worden sind.

Bis zum Jahr 1980 hatte die Autonome Provinz Bozen 1,4 Milliarden Lire ausgegeben - einerseits zur direkten Ausführung von Festigungs- und Abstützungsarbeiten von einsturzgefährdeten Strukturen und von Restaurierungsarbeiten an verschiedenen Baudenkmälern, andererseits in Form von finanziellen Zuschüssen an Private, die mutig genug waren, Umbau- und Restaurierungsarbeiten an Burgbauten in ihrem Besitz auf eigene Kosten durchzuführen - zu einem großen Teil auch mit dem Ziel, diese Bauwerke den modernen Gegebenheiten entsprechender zu nutzen.

Abschließend möchte ich meiner Hoffnung Ausdruck geben, daß diese neue Auflage nicht nur - wie schon die vorausgegangenen - zu einer besseren Information auf diesem Bereich beiträgt, sondern daß sie auch in Zukunft all diejenigen ermutigt, die - wie private und öffentliche Eigentümer alter Burgen, Behördenvertreter, Gelehrte und Verleger - Zeit und Erhaltung für die Aufwertung und die Erhaltung dieses unschätzbaren Kulturbestands eingesetzt haben - aus Leidenschaft für diese unvergänglichen Zeugen der Vergangenheit und aus Liebe zum unvergeßlichen, unerschöpflichen Südtirol.

MARCELLO CAMINITI

EINFÜHRUNG

DIE BURGEN UND DAS «LAND IM GEBIRGE»

Südtirol, dieses Land voller Berge, voller Felsen, voller Täler, am Treffpunkt von zwei Völkern und zwei Kulturen, ist seit Jahrhunderten ein Land der Begegnung und der Auseinandersetzung.

Seine Lage, sein Klima, seine landschaftliche Schönheit, seine Erzeugnisse haben dieses faszinierende Land seit jeher zum Streitapfel der Mächtigen gemacht.

Die geschichtlichen Ereignisse nach dem Jahr 1000 haben dann ganz Tirol - Nordtirol wie Südtirol - zu einem Land der Burgen, der Wehrtürme, der Befestigungen und in späterer Zeit der Schlösser und Ansitze gemacht.

Man braucht sich nur vor Augen zu halten, daß es in Südtirol, das eine Ausdehnung von 7.587 Quadratkilometern hat, etwa 400 Wehrbauten gibt: Zeugen der großen strategischen, politischen und wirtschaftlichen Rolle, die das Land vom Mittelalter an spielte.

Einen besonderen Einfluß dürften auch die Dolomiten mit ihrem außergewöhnlichen Landschaftsbild ausgeübt haben, wo das rötliche, kräftige Gestein sich wie ein stählernes Band in die Festungsfundamente aus Porphyrgestein einschiebt und dadurch ein außerordentlich reizvolles Milieu schafft.

Ein derartig reicher Bestand an Festungen und Burgen, deren Schönheit durch die faszinierende Umwelt noch unterstrichen wird, mußte vor allem in den letzten Jahrhunderten das Interesse von Gelehrten, Liebhabern und Besuchern erwecken und bei ihnen, je nach Bildung und Einfühlungsvermögen, unterschiedliche Reaktionen hervorrufen.

Die Gelehrten und Wissenschaftler beschäftigen sich im übrigen schon seit geraumer Zeit mit den verschiedenen in

Europa bestehenden Befestigungsanlagen - doch diese Arbeiten sind leider oft bruchstückhaft und beschränkt.

Eines der ersten Zeugnisse des historischen und kulturellen Interesses, das den Tiroler Burgen entgegengebracht wird, ist der «Codex Brandis». Er enthält 47 Federzeichnungen von Burgen der «Grafschaft Tirol», zu denen der Historiker Andreas Freiherr von Brandis im Jahr 1600 den Auftrag gegeben hatte. Wenige Jahre später, nämlich 1611, skizziert Matthäus Burglechner auf seiner Tirolkarte die Südtiroler Burgen, und im 18. Jahrhundert macht Anton Roschmann Anmerkungen zu verschiedenen Tiroler Burgen, die er besichtigt und untersucht hat.

Mit der Romantik erwacht neues Interesse für die Burgen (wir werden später noch näher darauf eingehen); denn sie sind der rechte Schauplatz für die frei und phantasiereich interpretierte geschichtliche Realität, wie sie für diese Zeit typisch ist.

In der zweiten Hälfte des 19. Jahrhunderts dann bahnt die k.u.k.-Zentralkommission zur Burgenerhaltung von Wien aus Maßnahmen zugunsten der im österreichisch-ungarischen Kaiserreich bestehenden Befestigungen an, die umfassenden Restaurierungs- und Umbauarbeiten unterzogen werden.

Die Landesfürstliche Burg und Schloß Tirol in Meran sowie Schloß Runkelstein bei Bozen werden in der Zeit zwischen 1875 und 1912 sorgfältigst restauriert. Durch diese Vorbilder fühlen sich auch die privaten Eigentümer von Festen und Burgen ermutigt, ja bemüßigt, unter umsichtiger fachlicher Beratung des Denkmalschutzamtes wichtige Arbeiten zur Wiederinstandsetzung und Restaurierung ihrer Ahnensitze vorzunehmen.

Inzwischen erscheinen immer mehr Arbeiten und Veröffentlichungen, die sich mit dem gesamten Tiroler Burgenbestand oder auch mit einzelnen Bauwerken beschäftigen. Bedeutungsvolle Beiträge zu einer besseren Kenntnis dieses Bereichs liefern folgende Autoren: Othmar Erben («Burgen und Schlösser in der Umgebung von Bozen», Innsbruck 1895), Otto Piper («Burgenkunde», München 1895), David Schön-

Landesfürstliche Burg in Meran: die Küche.

herr («Das Schloß Schenna», Meran 1886), Cölestin Stampfer («Meraner Burgen», Innsbruck 1909), Karl Atz («Kunstgeschichte von Tirol und Vorarlberg», Innsbruck 1910), P. Clement («Tyroler Burgen», Wien 1894), Agostino Perini («I Castelli del Tirolo con la storia delle relative antiche potenti famiglie», Milano 1834-1839) und andere.

Aber das grundlegende Werk zur Erforschung und Erläuterung der Tiroler Burgen stammt von Joseph Weingartner, der sich diesem Thema sein Leben lang mit Begeisterung und großer Sachkenntnis gewidmet hat.

Dieser sensible und gewissenhafte Gelehrte, der darüber hinaus auch ein hervorragender Kenner der Geschichte und Kultur seiner Heimat war, hat sich nicht darauf beschränkt, Archivurkunden und Bücher zum Thema zu lesen, sondern er hat auch die Baustrukturen und -materialien sowie die architektonischen und stilistischen Elemente jeder Ruine, jeder Festung, jeder Burg systematischen, skrupulösen und äußerst zeitaufwendigen Untersuchungen unterzogen. Das Ergebnis dieser seiner Lebensarbeit sind hochinteressante Veröffentlichungen, die bis heute den unerläßlichen Ausgangspunkt und die Grundlage zur Kenntnis der einheimischen Burgen darstellen.

Joseph Weingartner hat folgende Werke verfaßt: «Tiroler Burgenkunde», Innsbruck 1950; «Bozner Burgen», Bozen-Innsbruck 1950; «Bozner Kunst», Bozen 1928; «Etschland», Leipzig 1924; «Südtirol», Wien 1950; «Gotische Wandmalerei in Südtirol», Wien 1948. Darüber hinaus hat er zahlreiche Untersuchungen und Arbeiten über einzelne Burgen veröffentlicht (Schloß Sigmundskron, Burg in Gries usw.), die in erster Linie im «Schlern» sowie in der «Illustrierten Zeitschrift für Heimat- und Volkskunde» von M. Mayer in Bozen erschienen sind.

Einen weiteren, bedeutungsvollen Beitrag hat Nicolò Rasmo mit seinen Veröffentlichungen und Untersuchungen geleistet, besonders mit dem großartigen, 1958 von Manfrini verlegten Band «Bozen» sowie mit der Zeitschrift «Cultura Atesina», und hochinteressantes Material kann man auch den guten Arbeiten von Mario Ferrandi («L'Alto Adige nella

Storia», Bozen 1955), Guido Canali («Voci e memorie dell'Alto Adige», Rom 1951) wie von vielen anderen Autoren entnehmen.

Die jüngsten Werke sind die von Oswald Trapp verfaßten Bücher zur «Tiroler Burgenkunde» (drei Bände sind 1973/74 erschienen, andere sind in Vorbereitung) sowie der 1974 in Mailand veröffentlichte Band «Castelli altoatesini» von Gian Maria Tabarelli.

BEMERKUNGEN ÜBER DIE MITTELALTERLICHE BURG

Schon in der Vorgeschichte suchte die Bevölkerung, die von einfallenden Truppen und von Räubern bedroht wurde, in Befestigungsbauten Zuflucht, die oft bei drohender Gefahr und daher in kürzester Zeit aufgeführt, dann aber ebenso bald wieder aufgegeben wurden.

Es handelte sich um festungsartige Bauten, die in den unzugänglichsten Gegenden errichtet wurden und aus einer Trockenmauer als Wall, einem Erddamm und aus Holzkonstruktionen bestanden. Hier konnte sich für einen mehr oder weniger langen Zeitraum die Talbevölkerung verbarrikadieren, die dabei das Vieh und manchmal auch den Hausrat mitnahm.

Die Wissenschaftler bezeichnen diese Urformen der Befestigungsanlagen als (vorgeschichtliche, rätische oder römische) Wallburgen.

Im 10. und 11. Jahrhundert unserer Zeitrechnung werden dann verschiedene dieser Wallburgen - sofern sie an strategisch wichtigen Stellen gelegen sind - in eigentliche Burgen verwandelt: in Bauwerke aus Mauerwerk, die von einem Hauptturm überragt und von einer Ringmauer umschlossen sind. Die anderen dagegen werden allmählich aufgegeben und verfallen, und von der jahrhundertelangen Existenz dieser Bauten bleiben nur wenige oder gar keine Spuren zurück.

Aber die mittelalterlichen Burgen gehen nur zu einem verschwindend geringen Teil auf vorgeschichtliche Wallburgen zurück; denn sie verdanken - wie wir noch sehen werden -

ihren Ursprung anderen Gründen und andersgearteten historischen Gegebenheiten.

Im allgemeinen sind diese Bauwerke, wie gesagt, auf strategische (und damit politische) Erfordernisse zurückzuführen: zur Kontrolle eines Verkehrswegs, zur Behinderung des Zugangs in ein Tal, zur Verteidigung eines Passes, eines Dorfs oder einer Stadt.

Aber Festungsbauten können auch errichtet werden, um einen Zoll zu erheben oder um eine Brücke oder eine Ebene zu sichern: Dies gilt in Bozen für die Burg Wendelstein, die um das 12. Jahrhundert in der Nähe der Eisackbrücke angelegt wird, und für das «gemauerte Haus» in Talfernähe, aus dem später die Burg Maretson hervorgehen sollte, deren Fundamente sich sogar unter dem Flußniveau befinden.

Bei der Anlage einer Burgfeste handelt es sich in jedem Fall um einen Hoheitsakt, zu dem nur der Machthaber selbst berechtigt ist oder ein ausdrücklich Bevollmächtigter. «Niemand darf», so heißt es in einem am 9. Februar 1182 von Kaiser Friedrich Barbarossa erlassenen Dekret, «ohne Erlaubnis des Fürsten Festungen oder Türme errichten, und für die nicht adeligen und nicht freien Personen bedarf es der Genehmigung des bischöflichen Vogts, und die gegen den Willen des Fürsten erbauten Festen müssen abgerissen werden».

Obwohl die mittelalterlichen Burgen - zumindest anfangs - einzig zur Verteidigung oder gegebenenfalls zum Angriff errichtet worden sind, weisen sie auch ein besonderes Merkmal auf: Sie stellen einen festen, ja einen obligaten Wohnsitz für eine oder mehrere Familien dar, die sich in ihrem sozialen Status, in ihren Aufgaben und ihren Tätigkeiten grundlegend voneinander unterscheiden, deren Leben aber auf das engste mit dem Schicksal der Burg verbunden war und infolgedessen auch mit dem der adeligen Familie, in deren Besitz sie sich befand.

Mit dem Aufkommen und der Entfaltung des Feudalsystems werden diese Burgen zu den Zentren von Machtkämpfen, die mit der Zeit immer heftiger und grausamer werden.

Heute erweckt der Besuch einer Burg, deren jahrhundertealte Mauern von Moos und Efeu überwuchert sind, in uns idyllische Vorstellungen von heroischen, noblen Zeiten und großen Taten, von denen uns die Minnesänger erzählen: Geschichten aus der Nibelungensage, um den Zauberer Merlin oder den legendären Dietrich von Bern, der in der Sage zum unversöhnlichen Feind des Zwergenkönigs Laurin wird.

In Wirklichkeit aber waren diese mittelalterlichen Burgen (in Südtirol wie anderswo) der Schauplatz eines harten, schweren Lebens voller Kämpfe und Gewalttätigkeiten, voller Betrug und Verrat. Und einzig eine Jagd- oder Angelpartie oder endlose Turniere brachten etwas Abwechslung in dieses bescheidene und (zumindest für die Mehrzahl) anspruchslose Dasein.

Der beutegierige Landadel liegt auf diesen Burgen im Hinterhalt und wartet nur auf ein Zeichen, um über die Handelskarawanen oder die Pilgerzüge herzufallen und sie auszurauben. Er wird von besitzgierigen Rittern angeworben, die angeblich ein Privileg zu verteidigen oder sich für eine Kränkung zu rächen haben, in Wirklichkeit aber nichts anderes als Plünderungen und Beutezüge im Sinn haben; denn sie wollen möglichst schnell Reichtümer in ihre Hand bringen, die andere sich ebenso schnell und vielleicht mit den gleichen Methoden angeeignet haben.

Kriege und Kämpfe also stehen im Mittelpunkt des mittelalterlichen Lebens auf einer Burg. Mochte es um ein Stück Land oder ein Privileg gehen, um einen Erbstreit oder eine Rivalität, um die Flucht eines Leibeigenen oder einer Frau, um eine Schmähung oder die Rache dafür: alles wurde in Kämpfen und Kriegen entschieden.

Die dynastischen Fehden, der immer erbittertere Kampf zwischen dem hohen Lehnsadel und den niedrigeren Lehnsleuten, der unüberbrückbare Kontrast zwischen Papst- und Kaisertum stürzen auch die Burgen in immer schwierigere, immer tragischere Situationen. Verrat, Rache und Rebellion fachen das Feuer der feindlichen Parteien an, und der immer härtere, unerbittlichere Kampf führt zu Angriffen auf die

Burgen, die geplündert, gebrandschatzt und zerstört werden und deren Los immer in den Händen des Siegers liegt: Ist eine Burg zerstört worden, so darf sie nur mit Erlaubnis des Siegers wiederaufgebaut worden, ist sie - nach der unvermeidlichen Plünderung - intakt geblieben, so werden die Türme abgerissen oder zumindest verkürzt und die Ringmauer abgetragen, wenn das Bauwerk schließlich nicht doch noch in Brand gesetzt und zerstört wird.

Die mittelalterliche Burg ist auch der Sitz der Gerichtsbarkeit, die während der Feudalzeit grundsätzlich bei den hierarchisch Ranghöchsten lag. So weist Bloch darauf hin, daß das Wort «iusticia» manchmal alle Machtbefugnisse des Herren bezeichnete.

So wurde die Burg in einem gewissen Sinn zum Ursprung und zum Symbol der Ausübung der Gerichtsbarkeit - vor allem der sogenannten «oberen Gerichtsbarkeit», die die Bluttaten betraf und im Feudalregime eine der höchsten Formen der Machtausübung darstellt.

Auch aus diesem Grund kommt es auf einmal zu einem heftigen Zornausbruch einzelner Personen und der Gemeinschaft gegen die Burg, die bis auf die Grundmauern zerstört wird, damit auf diese Weise jegliche Spur eines Symbols ausgelöscht wird, das sie an die grausame und ungerechte Tyrannenherrschaft erinnerte.

Unabhängig von ihrem Entstehungsort weisen die mittelalterlichen Burgen ein wenig überall die gleichen äußeren Baumerkmale auf: Zur Ringmauer, dem befestigten Eingangstor, dem Turnierplatz, dem Bergfried, der Küche, den Brunnen und Zisternen kamen Wohnräume für die herrschaftliche Familie und oft auch eine kleine Kapelle.

Die Räume sind recht eng und niedrig, und sie haben so wenig Luft und Licht, daß sie wie verschanzte Lager wirken. Denn alles ist hier auf den gnadenlosen Kampf ausgerichtet, auf eine ruhelose Existenz.

Und wenn an einem friedlichen Tag die Stimme eines Minnesängers erklingt oder die eines seine Waren feilbietenden Händlers, so rufen die Schreie der Gefangenen aus dem

finsteren Kerker oder die dramatischen Debatten der Gerichts-
höfe die Burgbewohner rasch wieder in die rauhe Wirklichkeit zurück.

WARUM SO VIELE BURGEN?

Die unterschiedlichsten Gründe, auf die wir schon eingegangen sind, haben auch in Südtirol auf die Anzahl der Festungsbauten, ihre Verteilung im Land sowie auf ihre ständige Verteidigung im Laufe der Jahrhunderte eingewirkt, sodaß hier noch heute so zahlreiche Burgen als wertvolle geschichtliche, künstlerische, architektonische und kulturelle
Zeugen der Vergangenheit erhalten sind.
Burgen wie Greifenstein, Haderburg (bei Salurn), Taufers,
Rodenegg, Runkelstein, Trostburg, Festenstein, Karneid,
Hocheppan, Tirol, Churburg und andere sind aus erstrangig
strategischen Erwägungen erwachsen, und aus den gleichen
Gründen entstehen - auch wenn sie mit der besonderen Entwicklung des Feudalsystems zusammenhängen - vom 10.
Jahrhundert an die ersten Ritterburgen.
Aber nicht geringeren Einfluß haben auch besondere Ereignisse ausgeübt, die längere Zeit hindurch in unserem Land
wie auch anderswo von der kaiserlichen Politik bestimmt worden sind.
Bekanntlicherweise waren die Adeligen besonders baju-
warischer Abstammung von den Kaisern, denen sie bei ihren häufigen Italienzügen folgten, längs der meistbegange-
nen Verkehrswege mit immer bedeutenderen Land- und Stadt-
gebieten belehnt worden.
Gegen Anfang des 11. Jahrhunderts kam es im weltlichen
Adel, der darin durch die unbotmäßige Haltung der bajuwarischen Herzöge bestärkt wurde, zu Zeichen der Unduldsam-
keit gegenüber der kaiserlichen Macht, von der er so unabhängig wie möglich sein wollte. Aus diesem Grund übertru-
gen die deutschen Kaiser auf die geistlichen Herren auch die
weltliche Gewalt und belehnten den Bischof mit einem Gra-
fentitel; denn nur so konnten sie den Strukturen des Staates

15

eine ausreichende Sicherheit und Stabilität geben, nur so konnten sie sich den Weg durch dieses Land sichern, das sie immer wieder durchqueren mußten, um sich in Rom zum Kaiser krönen zu lassen, um die Reichsgrenzen zu kontrollieren und zu festigen, um treubrüchige oder rebellische Lehnsherren zu bestrafen und Städte und Länder zu unterwerfen.

Mit dieser Politik trafen die Kaiser zwei Fliegen mit einem Schlag: Die Eingangspforte nach Italien befand sich von nun an in Händen von Herren, die aufgrund ihrer geistlichen Würde treuer und weniger aufrührerisch waren als der weltliche Adel.

Außerdem konnte das Lehen selbst, das nun unter kirchlicher Herrschaft stand, nicht mehr im Zuge der Erbfolge geteilt werden, und es war - zumindest theoretisch - unveräußerlich - was für die damaligen Zeiten ein bedeutendes Element politischer Stabilität darstellte.

So belehnte Kaiser Heinrich II. im Jahr 1004 den Trentiner Bischof mit der Grafschaft Trient, Konrad II. tat 1027 das gleiche mit der Grafschaft Bozen. Ähnliche Belehnungen erfuhren der Bischof von Brixen, der von der Metropolitankirche Salzburg abhing, und der Bischof von Chur, der Mainz unterstand.

Aber die Ausübung der weltlichen Macht durch geistliche Herren trug schon den Keim der Zersetzung und Auflösung in sich.

Dem Feudalherrn kamen innerhalb der Grafschaft und den Burgen gegenüber nicht nur Tätigkeiten administrativen, politischen und wirtschaftlichen Charakters zu, sondern er mußte auch die Gerichtsbarkeit ausüben, mußte Soldaten rekrutieren und Kriege führen. Doch gerade die letztgenannten Obliegenheiten lassen sich - von wenigen Ausnahmen abgesehen - nur schwer mit der religiösen Berufung und der seelsorgerischen Aufgabe der Geistlichkeit vereinbaren. Außerdem war es dem Klerus gemäß eines althergebrachten kanonischen Prinzips verboten, Blut zu vergießen, weshalb die kirchlichen Herren aus Gründen der Moral und der Disziplin nur wenig geneigt waren, sich direkt mit den sogenannten «Bluttaten»

17

Die berühmte Rüstkammer auf der Churburg.

zu beschäftigen, die angesichts des feudalen Kleinkriegs immer öfter im Mittelpunkt von Prozessen standen.

Aus eben diesen Gründen muß auch der Grafbischof für die nicht-kirchlichen Angelegenheiten auf einen weltlichen Herrn zurückgreifen können, der die Organisation eines Heers und im Kriegsfall dessen Führung übernehmen kann.

So bildet sich die Figur des «Vogts der Kirche» heraus, der in den kirchlichen Lehen zunehmend an Einfluß gewinnt und mit der Zeit entscheidend auf die bischöfliche Politik einwirken sollte.

Als die zentrale Staatsgewalt immer schwächer wird, wird dieser Vogt, der Richter, Heerführer und Beschützer des kirchlichen Besitzes ist, aber auch von der unersättlichen Besitzgier des weltlichen Adels bedroht wird, nach und nach zum eigentlichen Herrn der Lage.

Seine Ämter brachten ihm immer größere Einnahmen ein, und seine Machtbefugnisse wurden allmählich immer ausgedehnter, bis er zur bedeutendsten Person der bischöflichen Grafschaft wurde.

An diesem Punkt (oder manchmal auch schon früher) tritt eine brüske Änderung ein: Der Vogt wendet sich mit Waffengewalt gegen den Bischof, den er beschützen müßte, dessen Autorität er aber nicht mehr anzuerkennen und zu verteidigen geneigt ist.

Wir können nicht umhin, hier auch kurz auf eine andere, für das Feudalsystem typische Figur einzugehen - wenn wir die Entwicklung der Gesellschaft und den Ablauf der sie prägenden Ereignisse besser verstehen wollen: Es handelt sich um den «Dienstmann» (in Frankreich heißt er «sergent», in anderen Ländern wird er mit dem lateinischen Ausdruck «ministeriale» bezeichnet), der in Vertretung des Feudalherrn die Landarbeiten beaufsichtigt, die Steuern und Abgaben eintreibt und unter all denjenigen, die aus dem einen oder anderen Grund im Umkreis der Burg leben, für Ordnung und Disziplin zu sorgen hat.

Über den sozialpolitischen Ursprung der Rolle dieser «Dienstleute», die in den verschiedenen Ländern auch eine unterschiedliche Entwicklung erfährt, ist viel diskutiert worden (s. auch Corrado Barbagallo, «Il Medioevo», 1. Teil, S. 399 ff.). Es handelt sich jedenfalls um Personen, die auch aus dem Leibeigenenstand angeworben werden können und vom Feudalherrn mit etlichen Aufgaben betraut werden, die teilweise von allergrößter Bedeutung sind (er reitet zum Beispiel im Krieg an der Spitze der Landleute) und mit der Zeit vererblich werden.

Anfangs allerdings werden diese Ministerialen nicht unter den Ritterständen angeführt, sondern unter dem Gesinde - weshalb sie in ihrer Handlungsfreiheit etwas eingeschränkt sind: Zum Beispiel dürfen sie ohne Zustimmung ihres Herrn keine Ehe schließen, und sie können auch nicht nach Belieben in den Dienst eines anderen Lehnsherrn treten.

Es hängt nun von der Fähigkeit und dem Unternehmungsgeist der einzelnen Dienstleute sowie von den jeweiligen Umständen ab, wie weit sie «aufsteigen». Jedenfalls bildet sich mit der Zeit auch unter den Ministerialen eine eigene Hierarchie heraus.

Viele dieser Ministerialen sammeln große Reichtümer an, zeigen viel Geschick im Waffendienst und führen bewaffnete Truppen mit immer größerem Einsatz an, sodaß die mutigsten und ehrgeizigsten unter ihnen zu freien Lehnsrittern erhoben werden.

Für die nicht freien Dienstleute geht der Erhebung in den Adelsstand logischerweise die Befreiung aus der Leibeigenschaft voraus oder fällt mit ihr zusammen.

Aber auch sie können in den Ritterstand aufsteigen, wo sie gleichberechtigt neben den Angehörigen des freien Ritterstands stehen.

Dabei spielt natürlich - für die positive wie die negative Wendung - der Zufall eine große Rolle. Aber auch die weniger Befähigten, die weniger Unternehmungslustigen, die weniger Erfolgreichen werden nicht erniedrigt und entrechtet: Sie bilden den Stand der reichen Großgrundbesitzer oder der wohlhabenden Kaufleute, der dann im neuen sozialen Gefüge des sogenannten «Bürgertums» eine sehr einflußreiche Rolle spielen sollte.

Der Genuß so vieler Ämter und Vergünstigungen hat verständlicherweise höchst bedeutunsvolle Folgen nach sich gezogen.

Die bischöflichen Vögte, die Ministerialen und auch die Ritter begannen, um die neu erworbene soziale Stellung zur Schau zu stellen, mit dem Bau zahlreicher Burgen und Festen, die sie auf eigene Kosten und mit ausdrücklicher Zustimmung des ranghöheren Feudalherrn aufführten (wobei zu bemerken ist, daß auch die geistlichen und weltlichen Fürsten froh waren, wenn sie in ihrem Gebiet auf möglichst viele Festungsbauten zählen konnten). Anfangs hielten sie diese Burgen als Lehen, aber später gingen sie mit der Erblichkeit des Lehens in ihren Besitz über.

So bildeten sich neue Adelsklassen heraus, die das Gefüge des Feudalsystems beträchtlich erweiterten und besonders in Südtirol zunehmend an Bedeutung gewannen - auch infolge der zahlreichen Festungen und befestigten Wohnsitze, die sie über einen langen Zeitraum hinweg erbauten und bewohnten.

DIE BURG: VON DER RENAISSANCE ÜBER DIE ROMANTIK BIS HEUTE

Anfang des 14. Jahrhunderts erreicht der Burgenbauboom seinen Höhepunkt, um dann in der Folgezeit rasch zurückzugehen.

Außerdem führen die Kämpfe und die politischen Umwälzungen zwischen dem 14. und dem 16. Jahrhundert dazu, daß ein großer Teil der vom Mittelalter an entstandenen Burgen zerstört wird. Denn für die Geschichte beginnt ein neues Zeitalter, das auch für das Leben auf den Burgen neue Ideale, neue Erfordernisse, veränderte Lebens- und Regierungsformen und eine neuartige Kriegsführung mit sich bringt.

Da die Feudalherren immer größere Macht in ihren Händen vereinigen und dadurch immer einflußreicher werden, wird die Erhaltung der kleineren Festungsbauten zu kostspielig und fast überflüssig. Mit der Einführung der neuen Feu-

20

erwaffen und der Bildung immer größerer und immer besser gerüsteter Heere verlieren außerdem viele Burgen - besonders diejenigen, die sich im Talgrund und frei im Land erheben - ihre strategische und militärische Bedeutung. Diese Lage der Dinge führt dazu, daß etliche Burgen nach der Zerstörung nicht wieder aufgebaut werden, während andere mit der Zeit verlassen werden und verfallen. Ein Teil dieser Burgen schließlich wird in Schlösser verwandelt. Die Befestigungsanlagen haben nur noch rein dekorativen Wert. Die Höfe und die Innenräume werden erweitert und verschönt: Aus den engen, düsteren Wohnsitzen der mittelalterlichen Tyrannen werden großzügig angelegte, prachtvolle Residenzen von Renaissancefürsten.

Das Burgenzeitalter mit seinen epischen, immerwährenden Kämpfen, mit seinen Gewalttätigkeiten und Bluttaten ist ein für allemal beendet. Jetzt leben Adelige, Fürsten, Herrscher und reiche Bürger in prunkvollen, ihrem Rang würdigen Schlössern, die sie in den Talebenen, in den Städten, auf dem Lande wiederaufgebaut oder *ex novo* errichtet haben und in denen sie sich der Muße, angenehmen Freizeitbeschäftigungen und vergnüglichen Jagdpartien hingeben.

Natürlich werden auch die äußeren Baustrukturen und die architektonischen Elemente entsprechend abgeändert: Ecktürme, Bollwerke, niedrigere Kurtinen, Marmorportale, Balkons, Loggien, Innenhöfe und Gärten sind die neuen, charakteristischen Stilelemente des Renaissanceschlosses, die auch an den Bauwerken der darauffolgenden Epochen beibehalten werden.

Leider ist das politisch-kulturelle Klima im 18. Jahrhundert und in den ersten Jahren des 19. Jahrhunderts für den Bau neuer Burgen ebenso wenig günstig wie für die Erhaltung der schon bestehenden Bauwerke, und erst in der Romantik beginnt man sich wieder für die alten Burgen und ihren Schutz zu interessieren.

Mit der neuen Weltanschauung und dem neuen Lebensgefühl der Romantik, die schon vom frühen 19. Jahrhundert an zu neuen Ausdrucksformen auf allen Bereichen der Kultur und der Kunst führt und damit auch das wirtschaftlichsoziale Leben, ja die Geschichte der Menschen entscheidend beeinflußt, erwacht auch neues, lebendiges Interesse für die mittelalterlichen Burgen.

Es werden Märchen verfaßt, Sagen und Legenden aufgezeichnet, historische Ereignisse in einer von der Phantasie frei erschaffenen Umwelt zu neuem Leben erweckt, und auf künstlerischem Bereich bringt die Romantik eine große Vorliebe für Sujets der mittelalterlichen und der Renaissancegeschichte mit sich.

Es kommt zu einer Blütezeit des historischen Romans, und in den Erzählungen verflechten sich die Balladen der Minnesänger des 13. Jahrhunderts mit den Versen der Dichter des 15. Jahrhunderts. Und die Burg wird zum Schauplatz einzig idealer Geschehen, die sich unter blauem Himmel, auf grünen Wiesen, in einer friedlichen Landschaft abspielen.

Die Rundbogenfenster, die Balkons, die Burghöfe werden zur Bühne höfischer Balladen und Liebeslieder bei stimmungsvollem Mondschein, und von der harten, tragischen Realität des Lebens auf den Burgen besonders im Mittelalter werden nur die Heldentaten in romantisch-schönfärbendem Licht dargestellt.

Besonders in Südtirol werden die Heldentaten und die Geschichten um Prinzessinnen und Feen, die schon in die Volkssagen um die «bleichen Berge» und um die Dolomitenseen und -gletscher Eingang gefunden haben, auch - natürlich mit anderen Akzenten und geschichtlichen Umformungen - in den Legendenkreis aufgenommen, der jetzt um die Geschichte jeder Burg und der Burgbesitzer erwächst.

Es kommt infolgedessen zu einem neuen, besonderen Interesse für diese alten Festen und Burgen, die durch umfassende Wiederinstandsetzungs- und Restaurierungsarbeiten vor dem endgültigen Verfall gerettet werden. In einigen Fällen kommt dieser neue Baueifer dem Mäzenatentum der Renaissance gleich, das über Jahrhunderte hinweg nichts Gleichwertiges kennengelernt hatte.

Dabei gehen die Bauherren auch über den Wiederaufbau hinaus und errichten vollkommen neue Bauwerke, die die For-

Churburg, Renaissanceloggia.

men und Strukturen einer alten Burg aufweisen, aber keinen historisch-stilistischen Bezug mehr zur Umwelt haben.

Diese vielen Burgen sind in Südtirol wie in anderen Gegenden hauptsächlich mit dem Ziel angelegt worden, den alten und neuen Eigentümern als Wohnsitz zu dienen, aber auch Spekulationen haben nicht immer ausgeschlossen werden können - wobei aber zu sagen ist, daß die Verwendung der Burg zu anderen als den ursprünglichen Zwecken nicht immer ganz unzweideutig war.

Ein Großteil der Befestigungsbauten, die den Kriegen und dem Zahn der Zeit widerstanden haben, sind - wie gesagt - durch liebevolle und kostspielige Restaurierungs- und Umbauarbeiten in private Wohnsitze verwandelt worden.

Aber nicht wenige beherbergen auch Einrichtungen von öffentlichem Interesse (wie Museen, Galerien, historische Archive usw.), öffentliche Lokale (Cafés, Restaurants, Weinstuben usw.) oder Hotels.

Daher hier ein rascher Überblick über die Burgen, die in verschiedenen europäischen Ländern als «touristisches Gut» genutzt werden.

In Deutschland, wo es bekanntlicherweise die meisten Burgen gegeben hatte (man schätzt, daß hier etwa 21.000 Bauten bestanden hatten, die zum größten Teil allerdings zerstört worden sind, oft ohne die geringste Spur zu hinterlassen), sind rund hundert Burgen in Hotels verwandelt worden, während viele andere heute Sitz von Museen, Pinakotheken, Denkmalschutzämtern usw. sind.

Auch in Österreich sind - wie aus einer in Wien erschienenen Veröffentlichung «Ihr Schloß in Österreich» hervorgeht - sehr viele Burgen und Schlösser in Hotels verwandelt worden - was bei der österreichischen Bevölkerung, in der die «Burgenromantik» noch in höchstem Ansehen steht, großes Echo und Interesse gefunden hat.

In Holland sind etwa fünfzig alte Wehrbauten zu architektonisch sehr gelungenen Hotels, Restaurants und Cafés umgebaut worden, in Belgien etwa dreißig.

In der Schweiz beherbergen viele Bauten der Vergangenheit heute touristische Einrichtungen, die auch von den Einheimischen gern besucht werden: alte Weinstuben des 16. Jahrhunderts, ehemalige Posthalterstellen, Barockbauten und eigentliche Burgen und Schlösser.

Fast alle diese Schloßhotels verfügen auch über Restaurants, nichts selten auch über vorzügliche Sport- und Freizeiteinrichtungen (Tennis, Minigolf, Swimmingpool, Nachtlokale, Diskotheken, private Badestrände am See, Thermaleinrichtungen usw.).

Frankreich, wo die feudale Kultur besonders tief verwurzelt war, hat seine Schloßhotels (château-hotels) geradezu zum Aushängeschild seiner Beherbergungseinrichtungen gemacht. Viele alte, berühmte Burgen und Hotels sind in reizvolle Hotels mit Parks und verschiedenen touristischen Anlagen und Einrichtungen verwandelt worden.

Auch in Spanien sind etliche alte, prächtige Burgen und Schlösser zu Hotels, den berühmten «paradores», geworden, sehr viel weniger Wehr- und Schloßbauten dagegen sind in Portugal neuen Verwendungszwecken zugeführt worden.

In Großbritannien sind rund hundert alte Burgen in Luxushotels verwandelt worden.

In Italien sind zahlreiche Burgen und Schlösser heute der Sitz von Museen, Hotels und öffentlichen Lokalen.

Südtiroler Schloßhotels sind Vorst, Labers, Wehrburg, Korb, Hochnaturns, Lamprechtsburg, Fahlburg, Rubein und andere, während man auf den Burgen Runkelstein, Haselburg, Thurnstein, Hocheppan usw. in Restaurants oder Schenken einkehren kann. In Burgen wie z.B. Englar, Gandegg, Matschatsch, Ehrenburg, Fürstenburg und Gerstein sind Jugendherbergen untergebracht worden.

Schon vor 1967 waren an etlichen Burgen - Runkelstein, Tarantsberg, Trostburg, Reinegg, Taufers, Fragsburg, Festenstein, Freudenstein und Hadersburg - von den einzelnen Besitzern, die anonym bleiben möchten, umfassende Restaurierungsarbeiten durchgeführt worden, die entscheidend zur Erhaltung und Erneuerung dieser Bauwerke beigetragen haben.

An dieser Stelle möchten wir das Augenmerk des Lesers auf einen der bedeutendsten Aspekte beim Wiederaufbau und der Renovierung alter Wehrbauten lenken - nämlich auf die Einrichtung. Die Beispiele, die wir vor Augen haben, zeigen uns, mit welcher Sorgfalt sich die Besitzer diesem Bereich zugewandt haben, um ihre Bauwerke kunstreicher, gemütlicher und komfortabler zu gestalten. Sie haben sich auf die Suche nach Gegenständen und Möbeln gemacht, die einst zur ursprünglichen Einrichtung gehört hatten; sie haben alte Einrichtungsgegenstände unterschiedlicher Herkunft erworben oder in den Innenräumen wertvolle Waffen- oder Kunstsammlungen zusammengestellt.

In manchen Fällen - dies gilt zum Beispiel für die Landesfürstliche Burg in Meran - sind die Möbel und die anderen Einrichtungsgegenstände anhand alter Inventare, die präzise Beschreibungen enthielten, getreu und mit äußerster Sorgfalt nachgebildet worden.

Anderswo sind Möbel, Einrichtungsgegenstände und Geschirrstücke, die von Fürsten und Kaisern bei ihren Aufenthalten auf den verschiedenen Burgen und Schlössern benutzt worden waren, zusammengetragen und geordnet worden, und sie stellen heute wertvolle, katalogisierte Sammlungen dar.

Wahre Schreine, in denen wertvolle Kunstwerke aufbewahrt werden, sind die Landesfürstliche Burg in Meran, Schloß Schenna in Dorf Tirol, Burg Karneid im gleichnamigen Ort, Schloß Prösels in Völs am Schlern, Schloß Lebenberg bei Tscherms, Schloß Taufers in Sand in Taufers, Schloß Velthurns in Feldthurns bei Brixen, die Trostburg oberhalb Waidbruck, Burg Reifenstein bei Sterzing, der Turm der Zenoburg oberhalb Meran, Schloß Rodeneck in Mühlbach und viele andere.

Die Churburg in Schluderns zum Beispiel besitzt die schönste und interessanteste private Rüstungssammlung von ganz Europa - ganz abgesehen natürlich von den Fresken, Bildern und Stukkaturen, von den Holztäfelungen, den Möbeln, den Einrichtungsgegenständen und den Büchern.

In diesem Zusammenhang dürfen wir die kleinen, oft hochinteressanten Kapellen nicht vergessen, die auf den Südtiroler Burgen und Schlössern das Schicksal der Festungsbauwerke und der Besitzerfamilien teilen.

Burg Hocheppan, Kapellenfresken: Die klugen Jungfrauen (Ende 12. Jh.).

Diese Kapellen, die oft nach der Zerstörung der Burg wiederaufgebaut worden waren, treten manchmal doppelt auf: als romanisch-gotischer und als Renaissance-Barock-Bau, und sie zeugen vom tiefen religiösen Empfinden der Südtiroler Bevölkerung.

Jede dieser Kapellen hat etwas Sehenswertes aufzuweisen: ein Gemälde, einen Altar, eine Statue, Stukkaturen, Fresken, und viele von ihnen - wie Hocheppan, Runkelstein, Karneid, Tirol usw. - bergen wahre Kunstwerke.

In diesem Zusammenhang sei darauf hingewiesen, daß das Fresko in der sakralen Kunst Südtirols eine sehr große Rolle spielt; denn in einem Land, wo es an Mosaiken, Marmorarbeiten und Bronzestatuen fehlt, mit denen die Kirchen anderswo ausgeschmückt sind, werden die kahlen Wände mit Malereien und farbigen Holzplastiken verziert, die Mystisch-Religiöses zum Ausdruck bringen und außerdem eine wertvolle künstlerische Bereicherung darstellen.

Mit diesen Bemerkungen haben wir hier kurz die hervorragendsten Merkmale des kostbaren Südtiroler Burgenbestands umreißen wollen. Aber das Leben jeder Burg ist hier wie anderswo auf das engste mit der Geschichte der umliegenden Landschaft und der sie umgebenden Ortschaften verbunden, deren Schicksal ihrerseits wieder von den trutzigen Bauten besonders des Mittelalters mitgeprägt wurde.

Das gleiche gilt für die Adelsfamilien, die diese außergewöhnlichen Bauten - anfangs aus Interesse und Notwendigkeit, später zu ihrem Vergnügen - aufgeführt, zerstört oder erhalten haben.

Aus diesem Grund erscheint es uns angebracht, an dieser Stelle kurz auf die wichtigsten Ereignisse der Südtiroler Landesgeschichte einzugehen, besonders auf diejenigen, die für unsere Arbeit am interessantesten und bedeutungsvollsten sind.

Während der Völkerwanderung nach dem Untergang des weströmischen Reichs hatten sich bekanntlicherweise im Eisack- und im Etschtal verschiedene Volksstämme, in erster Linie Bajuwaren und Sueven, niedergelassen und das Entstehen von Befestigunsanlagen, Klöstern und Kirchen begünstigt. Nach der Gründung des «Heiligen Römischen Reiches deutscher Nation» durch den Sachsenkaiser Otto I. im Jahr 962, durch das die Beziehungen zwischen Papst und Kaiser verstärkt wurden, kam es längs des Hauptverkehrswegs, der die deutschen Länder mit Rom verband, zur Vergabe vieler Lehen.

Als die Kaiser sich der feindlichen und unbotmäßigen Haltung des weltlichen Adels ihnen gegenüber bewußt wurden, belehnten sie - wie wir schon gesehen haben - die Bischöfe von Trient, Brixen und Chur mit weltlichen Lehen - womit sich die Kaiser über einen recht langen Zeitraum hinweg die Loyalität dieser drei mächtigen Feudalherren sichern konnten.

Aber einerseits die inneren Strukturen der geistlichen Lehen (auf die wir schon eingegangen sind) und andererseits der Kampf zwischen Kaiser und Papst (der mit dem berühmten, von Papst Gregor VII. erlassenen Dekret über die Laieninvestitur in die akuteste und dramatischste Phase dieses unüberbrückbaren Konflikts trat und die Geistlichkeit in ein sehr heikles Verhältnis zum Kaiser brachte) hatten allmählich zum unaufhaltsamen Niedergang der weltlichen Macht des Grafbischofs (bzw. des Fürstbischofs in Südtirol) geführt.

In Wirklichkeit war die weltliche Macht der Bischöfe bei den einzelnen Lehnsleuten schon immer mit feindlicher Haltung und Widerstand aufgenommen worden, der mit der Zeit immer offener und entschiedener wurde.

Die Familien Andechs, Eppan und Tirol (die letztgenannten waren im übrigen eine Zeitlang Vögte und damit treue Untertanen der Fürstbischöfe gewesen) waren mit der Zeit zu so großer Macht gelangt, daß sie die bischöfliche Autorität zu unterminieren begannen, um sie selbst zu übernehmen.

In diesem jahrhundertelangen, wechselvollen und blutigen Kampf wurden die Eppaner regelrecht ausgelöscht, während die Tiroler auf dem Höhepunkt ihrer Macht ankamen. Der einheimische, in den Tälern ansässige Adel verfolgte diese harte, oft dramatische Auseinandersetzung, um sich je nach eigenem Vorteil und Nutzen einmal auf die Seite des Bischofs, ein anderes Mal auf die seiner unnachgiebigen Gegner zu stellen.

Trotz alledem aber bekam die weltliche Macht der Bischöfe einen neuen Aufschwung unter Friedrich von Wangen, der in der zweiten Hälfte des 12. Jahrhunderts in Bozen geboren und von 1207 bis 1218 Bischof von Trient war. Während seiner Regierungszeit wurden der Dom in Trient und die Pfarrkirche in Bozen aufgeführt, und dank seiner Stellung gelangte auch die Familie Wangen zu neuer Macht; sie genoß damals eine unbestrittene Vorrangstellung, besonders in Bozen, wo sie außer der Burg Wangen, ihrem Ahnensitz, auch die Burgen Runkelstein und Ried besaß. Außer den Wangen, den Tirol und den Eppan gelangten im 12./13. Jahrhundert auch viele andere Südtiroler Adelsfamilien zu neuer Macht und großem Ansehen: Es waren die Greifenstein, die Rottenburg, die Schenna, die Wolkenstein, die Villanders, die Velthurns, die Matsch (deren Nachkommen heute die Trapp sind), die Firmian, die Maretsch, die Vintl und viele andere.

Diese ehrgeizigen, gewalttätigen, untereinander fast immer zerstrittenen Ritter griffen, um einen Streit beizulegen, meist auf die Waffen zurück.

Ein eloquentes Beispiel für diese Adelsfehden ist der heftige Kampf, den sich im Jahr 1150 die Grafen von Eppan und die Grafen von Tirol, die damals Vögte des Trentiner Bischofs waren, lieferten: Er endete, wie schon erwähnt, mit der totalen Niederlage der Eppaner.

Es mag interessant sein, in diesem Zusammenhang auf eine Episode einzugehen, die sich während dieser Auseinandersetzung zugetragen hatte und die einen Eindruck von der Heftigkeit und der Skrupellosigkeit dieses Kampfes vermittelt.

Der Bischof von Trient hatte beschlossen, zwei Kardinälen, die sich als päpstliche Gesandte mit reichen Gaben und einer Sonderbotschaft des Papstes zum Kaiser nach Deutschland begaben, durch das Etschtal Geleit zu geben. Als die Grafen von Eppan von diesem Durchzug erfuhren, überfielen sie die Reisenden nachts bei Salurn, nahmen sie gefangen und bemächtigten sich der ganzen Beute. Daraufhin schickte der erzürnte Kaiser Friedrich Barbarossa den Welfenherzog Heinrich den Löwen gegen die Eppaner, die ein für allemal vernichtet wurden. Jetzt konnte der Aufstieg der Grafen von Tirol beginnen.

Aber einen entscheidenden Gegenschlag erfuhr die bischöfliche Autorität im Jahr 1236, als der Staufenkaiser Friedrich II. die weltliche Gewalt, die bis dahin in den Händen des Bischofs von Trient gelegen hatte, auf einen kaiserlichen Stadtvogt übertrug. Albert von Tirol wußte diese Gelegenheit zu nutzen, um neue Vorteile und Rechte zu erwerben, und im Jahr 1250 war er schon der reichste und mächtigste Feudalherr des Trentiner Fürstbistums. Sein Neffe Meinhard II. setzte, nachdem er die Lehen und Privilegien von Albert übernommen hatte, die von seinem Onkel begonnene Expansionspolitik fort. Er führte einen offenen Säkularisierungskampf gegen das Trentiner Bistum, das schließlich in seine Hände fiel, während der Bischof Egno 1271 nach Bozen verbannt wurde.

Der Kampf nimmt unter Egnos Nachfolger Heinrich, einem Angehörigen des Deutschen Ritterordens, noch heftigere Töne an, da auch ein großer Teil des weltlichen Adels eingreift. Es kommt zu militärischen Expeditionen und zu bitteren Kämpfen, und auch der Kirchenbann wird als Waffe eingesetzt.

Doch am Ende wird die bischöfliche Autorität fast vollkommen unterdrückt, und auch die Adeligen, die für die Rechte des Bischofs eingetreten waren, werden überwältigt.

Bei Meinhards Tod im Jahr 1295 unterstanden die Gebiete der Fürstbistümer Trient und Bozen einer gemeinsamen weltlichen Hoheit. Doch Meinhards Sohn Heinrich war nicht stark und geschickt genug, um das gewaltige, von seinem Vater begonnene Werk weiterzuführen.

Erst um die Mitte des 14. Jahrhunderts tritt mit Margaretha Maultasch wieder eine große Tiroler Fürstenpersönlichkeit auf den Plan.

Der böhmische König Karl, ein Luxemburger, und der Kaiser Ludwig von Brandenburg machten sich die ausgedehnte Grafschaft Tirol streitig, deren letzte Erbin die junge, lebhafte Margaretha war.

Im Alter von nur zwölf Jahren heiratet sie Johann, den Bruder des böhmischen Königs, der somit im Augenblick als Sieger hervorgeht.

Doch Kaiser Ludwig gibt nicht auf, und im Jahr 1342 gelingt es ihm, den Landesherrn Johann, dem die einheimischen Adeligen im übrigen niemals den Treueeid geleistet hatten, des Landes zu vertreiben und die nun 24jährige Margaretha mit seinem Sohn Ludwig von Brandenburg, Markgraf von Wittelsbach, zu vermählen.

Als Ludwig einmal des Landes fern ist, nutzt der böhmische König Karl von Luxemburg diese Gelegenheit: Er zieht gegen die Grafschaft Tirol, um die seinem Bruder Johann angetane Schmach zu rächen.

Der Bischof von Trient, der auf nichts anderes gewartet hatte, und einige Angehörige des einheimischen Adels nahmen für den Luxemburger Partei, und es entflammte erneut ein heftiger Kampf, dessen Ausgang sehr ungewiß war.

Aber die couragierte Margaretha verteidigte Schloß Tirol, und Ludwig, der rasch aus Brandenburg herbeigekommen war, zwang Karl zum Rückzug.

Doch der Luxemburger hinterließ eine böse Erinnerung: Er plünderte und brandschatzte beim Rückzug das ganze Etschtal.

Der siegreiche Ludwig nahm blutige Rache an den treubrüchigen Adeligen: Engelmar von Villanders, der Anführer der aufständischen Adeligen, wurde enthauptet, die Greifensteiner und die Matsch verloren alle Besitztümer, andere flüchteten außer Landes zu mächtigen, befreundeten Beschützern. Und Margaretha hatte wieder die Kontrolle der Lage in der Hand.

Diese außerordentlich intelligente Landesfürstin, die auch großes politisches Gespür hatte, lenkte noch über einen langen Zeitraum hinweg die Geschicke ihres Landes.

Doch nach dem Tod ihres Mannes, ihres Sohns Meinhard III., der vielleicht vergiftet worden war, ihrer beiden Töchter, die der Pest zum Opfer gefallen waren, trat sie im Januar 1363 die Grafschaft Tirol an Rudolf von Habsburg ab, der als Gründer des Habsburgerreichs anzusehen ist.

Rudolf überredet die Landesfürstin Margaretha zur Ab-

Churburg: Familienwappen der Trapp.

dankung (sie sollte ihre Tage dann im Wiener Exil beschließen), und er setzt die Entmachtung des Bischofs fort. Herzog Friedrich, genannt «Friedl mit der leeren Tasche», dagegen kam die Aufgabe zu, den Bestand und die Integrität des Landes Tirol zu verteidigen, und seine lange Regierung (1395-1439) gehört zu den interessantesten Zeiten der Tiroler Geschichte.

Zu seinen erbittertsten und gefährlichsten Gegnern gehörten die Bischöfe, mit denen sich - wie schon in der Vergangenheit - einheimische Adelige verbündet hatten. Es waren dramatische, kritische Zeiten. Heinrich von Rottenburg, der Herr von Kaltern, führte den «Falkenbund» an, dem viele Adelige angehörten und der ein drohendes Heer bildete.

Aber Friedrich «mit der leeren Tasche» hatte sich klugerweise an die Bauern und die Dörfer gewandt, die schon lange unter den Gewalttätigkeiten und Übergriffen der einheimischen Adeligen zu leiden hatten.

In einem blitzschnellen Überraschungsangriff gelang es Friedrich, der auf die begeisterte Unterstützung der Landbevölkerung zählen konnte, die Gegner zu besiegen und die Burgen der aufständischen Adeligen einzunehmen und zu zerstören.

Heinrich von Rottenburg bezahlte seinen Treubruch mit dem Leben, während die Burgen der anderen Parteigänger des «Falkenbunds» fürchterlichen Plünderungen und Brandschatzungen ausgesetzt waren.

Doch der lange Kampf gegen die weltliche Gewalt der Bischöfe hatte Friedrich auch dazu verführt, sich in dieser für das politische und religiöse Geschick Europas äußerst heiklen Zeit in die Politik der Mächtigen einzumischen und für die Ernennung des Gegenpapstes einzutreten - was ihm auf dem Konzil von Konstanz die Reichsacht eintrug.

Die aufrührerischen einheimischen Adeligen schöpften neuen Mut und glaubten, sich für die erlittene Niederlage rächen zu können. Und als Friedrich wieder in sein Amt eingesetzt wird und aus der Verbannung zurückkehrt, sieht er sich erneut einer feindlich gesinnten Adelsclique gegenüber: dem in Bozen geschlossenen «Elefantenbund». Anführer sind diesmal die Starkenberger, zwei ehrsüchtige Brüder, denen die Burg Greifenstein und andere Festungen gehören.

Auch diesmal ist der Krieg unvermeidlich, und auch diesmal geht Friedrich als Sieger hervor, und die einheimischen Adeligen müssen sich 1426 endgültig dem Hause Habsburg unterwerfen, dem sie jahrhundertelang als Gegner gegenübergestanden hatten.

An dieser kriegerischen Auseinandersetzung, bei der übrigens zum erstenmal auch Schießpulver verwendet worden war, hatte auf der Seite des Tiroler Adels auch Oswald von Wolkenstein teilgenommen, der weiten Ruf als Dichter und Krieger genoß. Er wurde auf Friedrichs Geheiß eingekerkert und erst nach Kriegsende und zu härtesten Bedingungen befreit (1427).

Im Jahr 1420 hatte Herzog Friedrich im übrigen einen weiteren, für die Tiroler Landesgeschichte entscheidenden Schritt getan: Er hatte die Landesregierung von Meran nach Innsbruck verlegt. Für die Passerstadt ging damit eine lange, kulturelle wie politische Blütezeit für immer zu Ende.

Auch für die Südtiroler Burgen endet damit die geschichtlich bedeutendste Epoche. In den politischen, von Kämpfen und Kriegen gekennzeichneten Wirren der Vergangenheit hatten sie eine große Rolle gespielt.

Jetzt aber, mit dem Aufkommen der Artilleriewaffen, verlieren diese mittelalterlichen Bauwerke immer mehr an Bedeutung.

Viele der Burgen, die in den vorausgegangenen kriegerischen Auseinandersetzungen beschädigt oder zerstört worden waren, werden von Herzog Sigismund «dem Münzreichen» (1439-1490), Friedrichs Nachfolger, wiederaufgebaut: so zum Beispiel Schloß Sigmundskron, die Landesfürstliche Burg in Meran und andere.

Wie schon seine Vorgänger führte auch er einen langen, erbitterten Kampf gegen die bischöfliche Macht, deren Vertreter jetzt der Brixner Bischof Nikolaus von Kues war, der als Nikolaus Cusanus in die Geistesgeschichte eingegangene Philosoph und Humanist.

Burg Runkelstein bei Bozen, Fresken (um 1400).

Als erster der habsburgischen Tirolregenten bekommt Sigismund den Titel eines Erzherzogs.

Als Maximilian I. die Nachfolge von Sigismund antrat, verlegte sich das politisch-militärische Schwergewicht in den Vinschgau, wo der Engadiner Krieg ausgetragen wurde, der ebenfalls mit der Zerstörung vieler Burgen im Vinschgau bis nach Schlanders hinab endete.

Der Bauernkrieg, der 1525 in Deutschland ausgebrochen war, erreichte im Mai desselben Jahres Bozen, und in der Stadt wie in ihrer Umgebung wurden große Schäden angerichtet.

Freie Wahl der Pfarrer, Steuererleichterungen, Abschaffung des Zehnten, freies Jagd- und Angelrecht: dies waren die hauptsächlichsten Forderungen der aufständischen Bauern (denn unter der Regierung von Maximilian hatte sich die Finanzlage des Landes merklich verschlechtert). Da sie mit ihren Begehren aber kein Gehör fanden, gingen sie zu Tätlichkeiten über: Sie plünderten Dörfer, zerstörten Bauwerke und ließen ihren Haß vor allem an den religiösen Orden der katholischen Kirche (gegen die Martin Luther seinen Kampf führte) und an den privilegierten Klassen der Gesellschaft aus.

Der Aufstand flammte im ganzen Lande auf und griff blitzartig um sich. Klöster, Pfarrhäuser, Burgen und Schlösser wurden in Brand gesetzt und zerstört, die Kommende des Deutschherrenordens, das Kloster in Gries, die Lagerhäuser der Kaufleute und die Pfandleihanstalten der Juden in Bozen wurden geplündert. Zerstört wurden auch die Pfarrhäuser in Dorf Tirol, Algund, Schenna, Lana, Tisens und anderen Orten, und in einigen Nonnenklöstern kam es zu schrecklichen Gewalttaten.

Auch diesmal schauten die einheimischen Adeligen dem Geschehen nicht gelassen und unbeteiligt zu; denn daß die Bauernrevolte anfangs gewisse Erfolge verzeichnen konnte, ist auf die Unterstützung seitens eines Teils der Adeligen zurückzuführen, die für die Bauern Partei genommen hatten.

Doch am Ende wurde der Bauernaufstand blutig unterdrückt, und wieder waren Plünderungen, Brandschatzungen und Zerstörungen an der Tagesordnung.

Doch die Zeiten hatten sich nunmehr geändert, und die Tiroler Landesgeschichte nahm eine neue Wende.

Unter Erzherzog Leopold V. (1619-1632) und seiner Witwe Claudia de' Medici (1632-1646), die im Namen der minderjährigen Kinder regierte, fand die Renaissance Eingang in Südtirol, wo sie auf Kultur, Kunst und Architektur großen Einfluß ausübte - was auch den Adelssitzen anzusehen ist, die in dieser Zeit erneuert, restauriert und wiederaufgebaut wurden.

Auch in Südtirol haben die Festungen, die Wehrtürme, die Burgen ihre ursprüngliche Zweckbestimmung, nämlich der Verteidigung und dem Angriff zu dienen, fast ganz verloren. An ihrer Stelle erstehen mächtige, würdevolle Renaissancebauten, die zwar einige Elemente der früheren Befestigunsanlagen beibehalten, insgesamt aber doch eher zum bequemen, prunkvollen Wohnsitz der adeligen Besitzerfamilien werden.

Und diesen Bauwerken kann man in den Südtiroler Tälern und Bergen noch bis heute begegnen.

BIBLIOGRAPHIE

Josef Weingartner, *Tiroler Burgenkunde.* Innsbruck 1950.

Josef Weingartner, *Bozner Burgen.* Bozen-Innsbruck 1951.

Josef Weingartner, *Die Kunstdenkmäler Südtirols.* 3 Bde., Bozen-Innsbruck 1951.

Karl Atz, *Kunstgeschichte von Tirol u. Vorarlberg.* Innsbruck 1910.

P. Clement, *Tyroler Burgen.* Wien 1894.

Josef Egger, *Geschichte Tirols.* 3 Bde., Innsbruck 1872-1880.

Otto von Lutterotti, *Grosse Kunstdenkmäler Tirols.* Innsbruck 1910.

Otto Piper, *Burgenkunde.* München 1895.

David Schönherr, *Das Schloss Schenna.* Meran 1886.

Cölestin Stampfer, *Meraner Burgen.* Innsbruck 1909.

Oswald Trapp, *Die Churburger Rüstkammer.* London 1929.

Oswald Trapp, *Contributo allo studio dei Castelli in Alto Adige.* Bozen 1962.

J. J. Staffler, *Das deutsche Tirol und Vorarlberg statistisch und topographisch.* Innsbruck 1839-1847.

Der Schlern, Illustrierte Zeitschrift für Heimat- und Volkskunde, hrsg. von Dr. Karl M. Mayer in Bozen ab 1920.

Nicolò Rasmo, *Arte medioevale nell'Alto Adige.* Bozen 1958.

Nicolò Rasmo, *Cultura Atesina.* Bozen 194/ ff.

Nicolò Rasmo, *Bolzano.* Rovereto 1958.

Marcello Caminiti, *Guida dei Castelli dell'Alto Adige.* Rovereto 1955.

Marcello Caminiti, *Castelli dell'Alto Adige.* Novara 1956.

Marcello Caminiti, *Visioni d'Italia, Castelli dell'Alto Adige.* Novara 1971.

Archivio per l'Alto Adige. Rom 1939-1942.

Guido Canali, *Voci e memorie nell'Alto Adige.* Rom 1951.

Alessandro Cardelli, *Merano e i suoi dintorni.* Meran 1957.

Mario Ferrandi, *L'Alto Adige nella Storia*. Bozen 1955.

Carlo Viesi, *Sulla via del Brennero*. Rom 1925.

Hermann Frass, *Bolzano, incontro con il centro antico*. Bozen 1968.

Bruno Borlandi, *Guida di Merano*. Meran 1935.

Hans Kiene, *Bozner Wanderführer*. Bozen 1956.

Hans Krasensky, *Die Bozner Marktordnung aus dem Jahre 1718*. Wien 1957.

Touring Club Italiano, *Venezia Tridentina*. Mailand 1958.

Marc Bloch, *La Società Feudale*. Mailand 1949.

Ernesto Sestan und Alfredo Bosisio, *L'Alto Medioevo*. Novara 1967.

Corrado Barbagallo, *Medio Evo*. Turin 1935.

Aldo Gorfer, *Castelli del Trentino*. Trient 1958.

Carlo Albasini, *Castelli e altri monumenti storici della zona di Bressanone*. Rovereto 1966.

Adelaide Zallinger, *Il Castello di Appiano in «Castellum»*, Nr. 7, Castel S. Angelo. Rom 1968.

Osvald Trapp, *Tiroler Burgenbuch*, Bde. I, II, III. Bozen 1972-1974.

Gian Maria Tabarelli, *Castelli Altoatesini*. Mailand 1974.

Franz Riedl, *Castelli dell'Alto Adige*. Bozen 1976.

Alto Adige, *Alcuni documenti del passato*. Bergamo 1942.

Burg Karneid bei Bozen (von Osten).

Die Burgen von Bozen

1. Maretsch
2. Gerstburg
3. Gries
4. Weineck (auch Weinegg)
5. Haselburg
6. Gscheibter Turm (Treuenstein)
7. Klebenstein
8. Rendelstein
9. Runkelstein
10. Ried

1. MARETSCH

Burg Maretsch ist einer der wenigen Wehrbauten auf einem ebenen Boden in freiem Gelände. Sie steht inmitten von Weingärten nahe der Talferpromenade, die vom Bozner Brückenkopf der Talferbrücke zum Stadtteil St. Anton führt und von ihren gepflegten Anlagen prachtvolle Aussichten bietet.

Der Ahnherr der Familie deren von Maretsch hiess Berthold Bauzanarius, Berthold von Bozen. Er wurde 1194 erwähnt und später auch von Maretsch genannt. Er dürfte sich eine kleine Burg an der Talfer gebaut haben, den Kern der kommenden Burganlage. Seine beiden Söhne Albert und Meinhard nannten sich nach diesem Besitz von Maretsch. Die Familie erhielt einen geachteten Ruf und nach 1300 versahen Paul und Berthold von Maretsch in Bozen das Amt eines Richters.

Burg samt Turm und kleiner Ringmauer wurden zuletzt von Volkmar von Maretsch bewohnt, der am 6. September 1385 «auf Burg Maretsch» sein Testament machte. Da er keine direkten Erben hinterliess, erbten seine Vettern, die Besitzer der Burg Naturns, seine Burg Maretsch. Als Mitgift der einzigen Tochter des Daniel von Maretsch, Klara, die in zweiter Ehe mit Kaspar Reifer von Campil verbunden war, fiel Maretsch nach ihrem Tod 1454 an Christoph Reifer.

Des Christoph Reifers Leben war unglücklich durch Verfolgungen und eine romantische Liebe. Zuerst wurde er wegen Auflehnung gegen Erzherzog Sigismund eingekerkert, dann abermals wegen nicht befolgter Aufträge. Um seine Freiheit wieder zu erlangen, überliess er Burg Maretsch mit allem, was dazu gehört, dem Landesfürsten.

So war, zehn Jahre später, Burg Maretsch Eigentum des Herzogs Sigismund, der sie durch Vertrauensleute verwalten liess und 1476 an einen gewissen Mezner verkaufte. Dieser veräusserte sie ein Jahr später für 700

Schloss Maretsch, Westseite

Mark Perner Meraner Münze, zum gleichen Preis, wie er sie vom Herzog Sigismund gekauft hatte, seinem Verwandten Sigismund Römer.

Die Söhne des Sigismund Römer, welche sich auf Grund ihres Namensklanges als echte Kinder der Renaissance auf römische Abstammung berufen haben, unterzogen Burg Matersch einer gründlichen Erneuerung. Durch sie erhielt die Burg das typisch mittelalterliche Gepräge, das ihr noch heute eignet. Durch sie wurden die vier verschieden starken und hohen Türme, die Wehrmauer mit Graben und Brücke erbaut. Sie liessen Rittersaal, Kapelle und Gemächer der Türme mit umfangreichen Wandmalereien zieren. Alle diese in den Jahren 1558 bis 1570 durchgeführten Arbeiten fanden auch die Anerkennung des Renaissancefürsten Erzherzog Ferdinand, der als ihr Landesherr die Römer in den Freiherrnstand erhob. Die drei Brüder Lukas, Kaspar Melchior und Christoph Sigmund Römer lebten in Eintracht zusammen auf Burg Maretsch, das damals seine Glanzzeit erlebte.

Lukas war der einzig überlebende Erbe. Seine Witwe Magdalena heiratete den Freiherrn Maximilian von Hendl, an den die Burg 1581 überging. Von ihnen kam Maretsch 1612 an Ulricht von Hendl, der in den Jahren 1629 bis 1634 viel zur Verschönerung der Burg beigetragen hat. Von den Hendl stammen das Hauptportal und die Erneuerung der westlichen Hälfte des Palas. Die Hendl verkauften 1657 die Burg dem Zisterziensertift Stams, das im darauf folgenden Jahre die Burg dem Erzbischof Guidobald von Thun von Salzburg übergab, dessen Familienangehörige von Maretsch das Prädikat übernahmen.

Während der napoleonischen Kriege erlitt Maretsch keine nennenswerten Schäden. Aber in der Zeit, da es nicht bewohnt war, ging ein grosser Teil der Zierate und Zimmerdecken zugrunde. Nachdem Karl Graf Thun, Generalmajor in Böhmen, Maretsch am 19. Februar 1851 an die Gräfin Anna Sarnthein verkauft hatte, verpachtete diese es an das Aerar, welches die Burg als Zeughaus benütze, womit es jeden adeligen Charakter einbüsste. Im Spätherbst 1918 erhielt die Burg militärische Einquartierung, die manchen Schaden mit sich brachte. Im Jahr 1919 wurde in Maretsch das Staatsarchiv untergebracht, das die aus Innsbruck hieher übertragenen deutschsüdtirolischen Archivalien beherbergt. Damals war nur ein Teil des Erdgeschlosses und des ersten Stockwerkss verwendbar. In den Jahren 1930 und 1931 wurde die Burg einer gründlichen Wiederherstellung unterzogen und erhielt das ruhige gegenwärtige Aussehen. Das sandsteingerahmte Eingangstor mit den für die Bozner Gegend charakteristischen gebuckelten Dekorationen in Rosen- und Granatenart trägt das Allianzwappen Hendl-Thun von 1630. Die Jahreszahl 1564 am Innenbogen des Einganges erinnert an die Umgestaltung der Burg. Der älteste Schlosskern liegt nördlich des Mittelhofes und besteht aus dem Palas und Bergfrit, die durch eine Ringmauer miteinander verbunden sind. Der westliche Wohntrakt und die Räume südlich des Turmes wurden in den Jahren 1560 bis 1570 gemeinsam mit der Toranlage und dem Rundgang angebaut.

Auf dem Rundgang ist ein interessantes magisches Quadrat angebracht:

S A T O R
A R E P O
T E N E T
O P E R A
R O T A S

Erwähnenswert sind die vier verschieden gestalteten Türmchen, die auf Anordnung der Brüder Römer in den Jahren 1562 bis 1570 errichtet wurden, wie die in drei Türmen eingemauerten Steine berichten; der vierte Turm zeigt über der Jahreszahl 1570 ein Wappen der Wolkenstein.

Vom Mittelhof gelangt man über eine äussere und

dann eine innere Treppe zum Gang des ersten Geschosses. Gleich rechts tritt man in den grossen Saal, den am schönsten geschmückten Raum der Burg mit einem Wappenfries der verschiedenen mit der Familie Römer verwandten Geschlechter, der sich auch über die Fensternischen hinzieht. Einige Szenen von guter dekorativer und plastischer Wirkung befinden sich unter den hier angebrachten Malereien: David erschlägt den Goliath; eine Schlacht zwischen Israeliten und Philistern; Josua auf feurigem Ross; das Urteil des Salomon; eine Ansicht von Burg Maretsch zwischen zwei Kriegern, die zwei Römer, wohl Lukas und Sigmund verkörspern. An der Nordwand, der Fensterwand, sind Darstellungen der Kardinaltungenden angebracht, welche sich auch über die Westwand hinziehen, wo man auch König David als Harfenspieler sieht.

Der Nordwestturm mit Gewölbedecke zeigt heraldische Verzierungen mit eingeflochtenen Blätter- und Fruchtgirlanden. Im Südwestturm, der zuletzt als Kapelle gedient hat, wo aber das Militär 1918 eine Küche untergebracht hatte, sind die schönen alten Malereien zum grössten Teil zerstört.

Im Mittelhof findet sich ein gotisierendes Fresko, das an den Schlossbrand von 1573 erinnert.

Um das Jahr 1800 ist das Schloß fast völlig verwahrlost und wird zu einem Lagerhaus für das Militär und dann auch als Waffenlager verwendet. Im Jahre 1919 bringt der itallenische Staat dort für die Dauer von rund zehn Jahren sein Archiv unter.

Erst 1930-31 erhält das Schloß nach den Restaurierungsarbeiten des staatlichen Denkmalamtes wiederum den Anstrich eines Adelssitzes. 1976 wird dann die totale Sanierung des gesamten Gebäudekomplexes in Angriff genommen. Dabei werden unter anderem auch mehrere Fresken aus der Renaissance ans Tageslicht befördert.

Um Schloss Maretsch rankt sich auch eine Liebeslegende. Klara, die einzige Tochter des letzten Herren von

Maretsch, war das schönste Mädchen im Lande und ver-
lobt mit dem Ritter Theobald. Als dieser, gemäss dem
Brauch seiner Zeit und um sich Ruhm zu erwerben, dem
Zuge des Kaisers ins Heilige Land sich anschloß, hatte er
Klara, die lauter war wie ihr Name, ewige Treue geschwo-
ren und bei der Rückkehr aus dem Heiligen Land sollte
Hochzeit sein.

Nach drei Jahren kehrte Theobald zurück, und er klei-
dete sich, um das Feuer der Liebe Klaras zu erproben, wie
ein Bettelmann. Er kam müde und zerlumpt vor Maretsch
an und bat um Einlass, mit dem Hinweis, dass er aus dem
Heiligen Lande käme und auch Theobald gekannt habe.

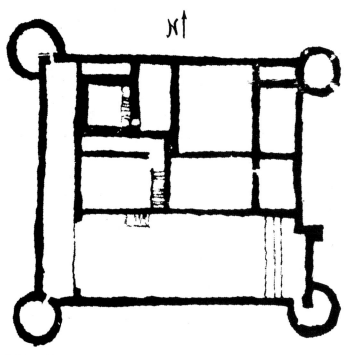

Schloss Maretsch, Grundriss

Er erzählte, dass dem tapferen und kühnen Ritter zum Lohn für seine Taten die Hand der Tochter eines mächtigen und reichen Pascha angetragen wurde: Theobald habe dieses Angebot angenommen.

Nun vollzog sich mit unerwarteter Schnelligkeit ein dramatisches Ereignis. Klara, welche die erschütternde Nachricht gehört hatte, flüchtete über die Stiege in ihre Kemenate und stürzte sich in ihrer Verzweiflung in den Fluss.

Indessen gab sich Theobald zu erkennen und sagte, er habe nur prüfen wollen, ob Klaras Liebe seine lange Abwesenheit überdauert habe. Und er eilte seiner Braut nach.

Aber er kam zu spät. Als er in die Kammer gekommen war, bemerkte er das offene Fenster. Theobald eilte die Treppe hinunter und umarmte die Leiche seiner Braut. Dann verliess er den schrecklichen Ort und ward nie mehr gesehen.

Der Geist des Mädchens aber, erscheint von Zeit zu Zeit nächtlicherweise. Dann schweift er durch das Schloss, den suchend, der ihr die süsseste Freude verheissen hatte und durch seine furchtbare Liebesprobe das bitterste Leid kosten liess.

Gegenwärtig dient Schloß Maretsch als Kongreßzentrum. Es verfügt über schöne Säle mit 150 und 120 Plätzen und über eine Reihe von kleineren Sälen. Es ist mit modernsten Anlagen für Bandaufnahme, Simultanübersetzung usw. ausgestattet, verfügt über ein Sekretariat und andere Einrichtungen im Dienste der Kongressteilnehmer.

Ebenfalls ist ein Restaurationsbetrieb im Inneren wie auch zum Innenhof hin eingerichtet, weiters eine Bar und Kontitorei usw.

Hier werden Konzerte und andere kulturelle Veranstaltungen abgehalten, die für den Gast attraktiv sind.

Gegen Vormerkung kann das Schloß besichtigt werden.

2. GERSTBURG

Nahe Schloß Maretsch steht in Bozen die «Gerstburg», ein Adelssitz, wie man sie in der Südtiroler Landeshauptstadt in erheblicher Anzahl vorfindet.
Zum Winkel hiess der Hof, den um 1500 Sigismund Gerstl erworben hat und der für ihn als Gerstburg gefreit

Das Kloster Muri, einst Burg Gries

wurde. Am Beginn des 17. Jahrhunderts bauten die Giovanelli den südöstlichen Teil an. Sie statteten auch in der zweiten Hälfte dieses Jahrhunderts das grosse Eckzimmer dieses Anbaues mit einer schönen, reichen Stuckdecke aus. Das Deckenfresko des gleichen Saales, eine hervorragende Arbeit, schuf Martin Knoller im Auftrag der Herren von Menz, welche den Ansitz 1744 gekauft hatten. Im Erbweg gelangte er später and die Grafen Huyn und dann in andere Hände. Von den ursprünglichen vier Eckrondellen sind noch drei, jetzt teilweise mit dem Haus verbunden, vorhanden. In einem ist die Kapelle mit Ausstattung aus dem Anfang des 16. Jahrhunderts untergebracht.

In den letzten Jahren als aufgeteilte Wohnung benützt, ist die Gerstburg sehr herabgekommen und der Saal mit dem knollerschen Deckengemälde in seinem Bestand bedroht. Die Gerstburg befindet sich unweit von Schloss Maretsch und kann derzeit nicht besichtigt werden.

3. GRIES, 265 m

An einem der schönsten Plätze der Stadt Bozen, an dem Grieser Hauptplatz, llegt, umgewandelt in eine Benediktinerabtei, die alte Burg Gries.

Über die Geschichte der alten Burg ist wenig bekannt. Angaben über einen römischen Ursprung sind, wie Weingartner und die Forschung erwiesen haben, reine Phantasie. Es ist sicher, dass hier bereits im 12. Jahrhundert eine Burg gestanden hat, die dann durch Meinhard II. Ende des 13. Jahrhunderts umfassend erneuert wurde. Bereits ist der zweiten Hälfte des 12. Jahrhunderts waren die Grafen von Tirol hier begütert und beerbten die damals ausgestorbenen mächtigen Greifensteiner, von denen allerdings keine Spur mehr zurückgeblieben ist. Nach Ansicht einiger Burgenforscher ist Schloß Gries von den Grafen von Morit-Greifenstein im 12. Jahrhundert erbaut worden. Der Bauweise nach war Burg Gries keine Ministerialen- sondern eine Dynastenburg.

Herzog Leopold schenkte die Burg Gries 1406 den ständig von Überschwemmungen gefährdeten Augustiner-Chorherren, welche ein im 12. Jahrhundert von der Gräfin Mathilde von Greifenstein in der Au bei Bozen gestiftetes und infolge sehr häufiger Überschwemmungen unbewohnbar gewordenes Kloster besassen. Diese haben die Burg 1406 von einer solchen in einen Konvent verwandelt und Neubauten hinzugefügt, welche den alten Teil ziemlich unberührt liessen.

Gelegentlich einer Restaurierung im Jahre 1884 stiess man an den beiden Langseiten des alten Palas auf je sieben romanische Bogenfenster, die zweifellos den alten Rittersaal erhellten.

Grössere Veränderungen wurden an der ehemaligen Burgkapelle vorgenommen. So wurde von den Augustinern ein Kreuzgang errichtet. An verschiedenen Stellen des heutigen Klostergebäudes erkennt man noch die Mauern des alten Burgbaues. Die heutige Stiftskirche wurde erst 1769-1771 erbaut. Der Bergfrit, gut sichtbar vom Grieser Platz, ist unverändert geblieben und wurde nur um die Glockenstube erhöht.

Der ganze Baukomplex wird von der Benediktinerabtei Muri in Gries eingenommen, welche 1843 nach dem Klostersturm in der Schweiz von den Habsburgern die in bayrischer Zeit aufgehobene Augustinerprobstei zugewiesen erhielt. Mit den Mönchen von Muri übertrug sich der Name ihres Klosters auch auf Kloster und Burg Gries. So spricht man heute von Stift Muri in Gries.

Die zum Kloster verwandelte Burg ist Eigentum des Benediktinerordens.

Die Besichtigung ist nicht gestattet.

4. WEINECK (auch WEINEGG), 440 m

An dem westlichen Abhang des Virgl erheben sich unmittelbar über dem uralten St. Vigil-Kirchlein auf einer Hügelkuppe wenige Mauerreste einer einstigen Burg. Man erblickt noch Teile der Ringmauer, und kann daraus eine einst ziemlich umfangreiche Ausdehnung ablesen, und an der höchsten Stelle die Grundmauern des Bergfrits. Erhalten ist noch die schmale Steintreppe, über die man von Osten zur Burg emporstieg. Der an der Nordseite befindliche Palas ist völlig verschwunden. Die Reste lassen eine Entstehung der Burg im 13. Jahrhundert annehmen, aus welcher Zeit ja auch das St. Vigil-Kirchlein stammt.

Die Herren von Weineck erscheinen bereits um die Mitte des 12. Jahrhunderts in Bozner Urkunden. Weingartner vermutet, dass die Weinecker, die sich bald in mehrere Zweige teilten, ursprünglich in Haslach am Fuss des Virgl ansässig waren und sich im 13. Jahrhundert die Höhenburg erbauten. Die Familie von Weineck zählte zu den reichsten und angesehensten im damaligen Südtirol. Gleich, anderen Trienter Ministerialen fiel ihre Burg auch den Auseinandersetzungen zwischen Meinhard II. von Tirol und dem Trienter Fürstbischof zum Opfer. Sie haben die ihren Namen tragende Burg nach dieser Zerstörung nicht mehr aufgebaut. Die Familie starb 1536 aus.

An der Fassade der 1275 erbauten St. Vigil-Kirche sieht man unter anderen Fresken auch ein um 1370 von einem Bozner Meister geschaffenes Votivgemälde, auf dem ein Ritter auf dem Sterbebett liegt und St. Vigil, Maria, Johannes der Täufer und Anna selbdritt bei Gott Fürbitte einlegen und dem anklagenden Teufel entgegentreten. Auch in der Apsis und an dem Langhauswänden interessante, aber leider sehr schlecht erhaltene Fresken. Mehrfach sind auch Weinecker Wappen angebracht.

Man erreicht die Burgruine Weineck und die Kirche St. Vigil auf dem Kalvarienbergweg auf den Virgl oder im

Abstieg, wenn man mit der Seilbahn zur Höhe des Virgl emporgefahren ist.

5. HASELBURG, 406 m

Auf einem gegen das Etschtal vorspringenden Porphyreck der Mittelgebirgsterrasse, das mit senkrechter Wand gegen den Bozner Ortsteil Oberau abfällt, erhebt sich in beherrschender Lage die Halbruine Haselburg. Ein Teil der Burganlage, die am Rand des unersteiglichen Felsens lag, ist abgestürzt, sodass nur zwei Flügel übrigblieben; ein einstöckiger mit dem in Stein gerahmten Tor, und ein zweistöckiger mit gotischen Fenstern im Unter- und Renaissance-Fenstern im Obergeschoss. Die erhaltenen Innenräume sind alle sehr einfach gehalten, ausgenommen ein Zimmer im ersten und ein grosser Saal im zweiten Stock, die mit Fresken geziert sind. Der Ursprung der Burg verliert sich im Dunkel der Vergangenheit. Doch bestand schon in vorgeschichtlicher Zeit an dieser Stelle eine Wallburg und dann eine Wehranlage der Räter. Die mittelalterliche Burganlage reicht in die Zeit um 1200 zurück. Zuerst war sie trienterisches Lehen der Herren von Haselberg, auf die Ende des 13. Jahrhunderts die Greifensteiner folgten. Dann war sie Besitz der Landesfürsten, welche sie verschiedenen Adelsfamilien zu Lehen gaben. Die im Lauf der Kämpfe des 14. und 15. Jahrhunderts beschädigte Burg verkaufte Herzog Sigismund 1468 an Hans Raungg. Der veräusserte sie bald an die Herren von Völs weiter, welche die Burg gründlich erneuerten, wovon die angebrachten Wappen erzählen. Die Völser liessen die gewölbte Torhalle und den Torzwinger, das Eckrondell und die Ausmalung der Burg mit Wandgemälden machen.

1590 erwarben die Kuepach die Burg, welche besonders im zweiten Stockwerk eine Reihe von Arbeiten vornehmen liessen. Sie verkauften die Burg 1730 an die Herren von Mayrl und zu Beginn des 19. Jahrhunderts wurde
sie ähnlich wie Maretsch, Sigmundskron und Rafenstein
für die reiche Bozner Braut Anna von Menz angekauft,
von der sie durch Heirat an die Grafen Sarnthein und spä-

Haselburg bei Bozen, Eingangstor

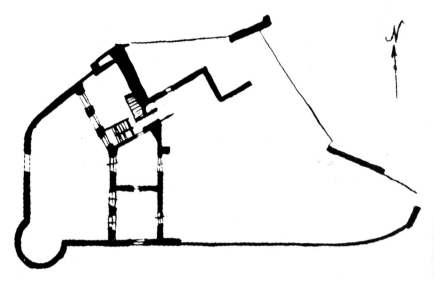

Haselburg, Grundriss

ter als Erbe an die Grafen Toggenburg kam, welche sie
auch heute besitzen.

Die Haselburg ist eine der bekanntesten und von der
Bozner Gesellschaft besonders besuchte Burg der Umge-
bung. Es ranken sich, wie um so manche Burg, auch um
Haselberg Legenden. Eine erzählt, dass ein Graf aus der
Familie derer von Flavón - deren Stammburg liegt im
Nonsberg, aber ganz kurz war auch Haselberg mit ihnen
verbunden; davon wurde durch Tolomei der Name Castel
Flavón für Haselburg geprägt, der ansonst dafür unge-
bräuchlich ist - die Teilnahme an einem Kreuzzug in das
Heilige Land gelobt hatte, um seiner Sünden ledig zu wer-
den.

Der Graf hatte zwei grosse Werte, welche er zurück-
lassen musste: eine herrliche Gemahlin und einen gros-

sen Schatz. Um seine Frau, deren er sich sicher war, hatte er keine quälende Sorge, denn er liess sie in treuer Hut und gutem Schutz zurück. Mehr Sorge machte dem armen Grafen sein Gold und er wurde mit dem Nahen der Abreise immer düsterer und reizbarer. Schliesslich kam ihm der rettende Gedanke: er liess zwei grosse hohle Bronzekugeln anfertigen, in welche er das geschmolzene Gold einfüllte.

Als die Arbeit vollendet war, überredete er den Handwerker, der ihm die Arbeit gemacht hatte, mit auf den Kreuzzug zu ziehen. Die mit Gold gefüllten Bronzekugeln aber liess er auf den Säulen beim Schlossportal anbringen, um zu zeigen, sie seien keine Sache von Wert.

So reiste er ab, ohne sein Geheimnis jemand anzuvertrauen, nicht einmal seiner schönen Burgherrin. Für den Geizhals war es eine verzweifelte Angelegenheit. Aber dies schien ihm der einzige Weg, auch das letzte Gramm Gold in Sicherheit zu haben.

Der Kreuzzug misslang und die Bevölkerung war sehr niedergeschlagen. Die Bozner meinten, es sei notwendig, um das Herz des enttäuschten Volkes wieder zu erheben, eine grosse neue Glocke aus Bronze zu giessen. Alle wetteiferten, dazu beizutragen. Auch die Gräfin auf Haselberg wollte nicht zurückstehen und spendete die beiden Bronzekugeln vom Schlossportal, die ihr ein nutzloses und überflüssiges Zierat schienen. Ausserdem hatte ihr Gemahl ja gesagt, sie seien ohne jeden Wert.

So erhielten die Bozner nach dem Glockenguss eine Glocke von strahlendem Glanz und wunderbarem Klang: alle waren begeistert. Weniger unser Held, als er vom fehlgeschlagenen Kreuzzug aus Palästina heimkehrte und erfuhr, dass sein verborgener Schatz in der Glocke aufgegangen war.

Haselburg, Eigentum der Grafen Toggenburg, ist ein beliebtes Ausflugsziel der Bozner und der Reisenden. Sie besitzt eine Schlosswirtschaft. Hier stehen interessante Fresken zur Besichtigung, welch die Argonauten-Sage,

Gestalten aus der Mythologie sowie verschiedene Landschaften und Verzierungen darstellen. Man nimmt an, daß diese Kunstwerke auf Bartholomäus Dill Riemenschneider zurückgehen und in der ersten Hälfte des 16. Jahrhunderts entstanden. Die Halbruine Haselburg kann besichtigt werden.

6. GSCHEIBTER TURM (TREUENSTEIN), 285 m

Der stattliche Rundturm aus regelmässigem Mauerwerk, der sich am Hang zwischen Fagenbach und Talfer im nordöstlichen Teil von Gries erhebt, ist ein Wahrzeichen von Bozen und bestimmend für seine Umgebung. Er ist der Rest der einstigen Burg Treuenstein und wird wegen seiner runden Form G'scheibter Turm genannt. Am Fuss des Turmes finden sich Reste von zwei Mauerringen. Während von dem inneren wenig erhalten ist, erreicht der äussere im Westen eine beachtliche Höhe.

Der alte Turmeingang, eine Bogentüre, befindet sich in etwa acht Meter Höhe, die ebenerdige Türe wurde erst später ausgebrochen. Eine dritte Türe befindet sich hoch oben, wo auch Balkenlöcher andeuten, dass hier einmal ein hölzerner Wehrgang den zinnenbekrönten Turm umlief.

Der Turm ist 26 Meter hoch, er hat einen Durchmesser von drei Metern das Tageslicht dringt durch schmale Schießscharten ins Innere.

Er diente wohl ausschließlich der Verteidigung. Es wurden Erwägungen angestellt, ob der Turm für sich bestanden hat oder Teil einer ausgedehnteren Wehranlage

60

Der «G'scheibte Turm»

gewesen ist. Zweifellos gehörte der Gscheibte Turm zu einer einheitlichen Burganlage, der Burg Treuenstein, und wurde in romanischer Zeit noch erbaut.

Eine andere Deutung spricht von einer Befestigungsanlage, die von Legionären des Feldherrn Drusus (und davon leitet sich auch die italienische Bezeichnung «Torre Druso» = Drususturm ab) zur Zeit der römischen Besiedelung errichtet worden sei. Der Turm sollte zur Verteidigung der Brücke über den Eisack dienen.

Letztens wurde die Vermutung geäußert daß der heute stehende Turm im Mittelalter an der Stelle einer schon vorher bestandenen Baulichkeit errichtet wurde. Das Entstehungsdatum läßt sich nicht festlegen. Unzweifelhaft ist indes die strategisch wichtige Lage des Turms.

Etwas tiefer gelegen befindet sich die kleine St. Oswald-Kapelle, die in der ersten Hälfte des 14. Jahrhunderts erbaut wurde und Fresken von 1626 aufweist.

Der Turm ist das einzige, was von der Burg der Herren von Treuenstein, die bereits 1349 ausgestorben sind, übrig geblieben ist. Der Turm kam 1676 mit dem Treuensteinhof in den Bezitz der Freiherrn von Troyer und blieb, von ihnen auf Troyenstein umbenannt, durch 200 Jahre in ihrer Hand. Heute sind Turm und Hof in Privatbesitz.

Der G'scheibte Turm und die St. Oswald-Kapelle, in welcher die alte romanische Kummernus-Kapelle steckt, können nur schwerlich besichtigt werden. Man erreicht sie auf einem schönen Spazierweg längs der Talfer.

7. KLEBENSTEIN

Am Ende der auf der Bozner Seite talferaufwärts führenden Wassermauer und am Beginn der St. Anton-Strasse steht der Baukomplex von Schloss Klebenstein. Er ist umgeben von einer Ringmauer mit Schiesscharten

und Fenstern, trägt am Eck der Südseite einen vielecki-
gen Pavillon, hat ein bezinntes Tor, zwei unregelmässige
Vierecktürme und macht einen abwechslungsreichen und
originellen Eindruck.

Allein der Kern der Anlage, der grosse der beiden
massiven, viereckigen Türme und seine Mauern, gehört
zum alten Baubestand. Die Mauern im östlich gelegenen

Schloss Klebenstein, SW-Seite

Keller beweisen laut Weingartner, dass neben dem Turm einst ein kleiner Wohnbau gestanden hat. Es ist wenig über die ältere Geschichte des sicherlich ins 13. Jahrhundert zurückreichenden kleinen Adelssitzes bekannt. Ausgenommen die erwähnten Bauteile sind alle anderen heute sichtbaren Baulichkeiten von Klebenstein Zubauten des 16. Jahrhunderts und der folgenden Zeiten. Über den Ursprung wissen wir nichts. Im 15. Jahrhundert werden die Herren von Weineck als Besitzer genannt. Von ihnen ging der Besitz an die verwandten Schidmann über, die 1600 austarben. Um 1650 war der Ansitz in Hand der Girardi und bald darauf der Grafen Troyer. Im Jahre 1832 erwarben ihn die Kofler. Heute gehört Klebenstein der Familie von Aufschnaiter.

Klebenstein ist heute von den Besitzern und anderen Familien bewohnt. Im Inneren bietet der Ansitz heute keine besonderen Sehenswürdigkeiten. Angebaut findet sich die kleine St. Antonskirche.

Schloss Klebenstein kann nicht besichtigt werden.

8. RENDELSTEIN, 275 m

Über dem Ostufer der Talfer erhebt sich ein grosses Haus aus grauem Gestein an der S. Anton-Strasse, anschliessend an die Baumwollspinnerei, das eine kleine mittelalterliche Burg gewesen ist. Ehedem erhob sich am Talferufer ein vierstöckiger zinnenbekrönter Turm mit Zeltdach, auf der Bozen zugewandten Seite stand der Palas.

Jetzt sind nur mehr Reste des Turmes erkennbar, da er zur Hälfte abgetragen wurde. Der Palas, der basteiartige Zwinger und die Ringmauer gegen die Strasse sind jedoch noch erhalten. Das Innere wurde im Lauf der Jahr-

Schloss Rendelstein, Westansicht

hunderte verändert. An der Mauerstärke erkennt man, wie weit der Turm und wie weit der Palas gereicht hat, der auch bis zum obersten Geschoss gewohnt war, wie die Sitze der beiden Fenster erweisen.

Die Kleine Burg wurde wahrscheinlich um 1200 von den Herren von Wangen ebenso wie das naheliegende Runkelstein erbaut und wurde von einem ihrer Vasallen bewohnt. Eine Urkunde von 1389 nennt einen solchen

Dienstmann, den Konrad von Rendelstein. Es gab also eine kleine Adelsfamilie, welche ihren Namen nach dieser Burg führte, denn sie erscheint auch in anderen Urkunden.

Im Jahre 1408 wurde der Herr von Rlunkelstein, Nikolaus Vintler, auf Rendelstein durch Heinrich von Rottenburg belagert. In der zweiten Hälfte des 16. Jahrhunderts war Rendelstein Eigentum der Herren von Schidmann und nach einer Reihe anderer Besitzer kam es im 19. Jahrhundert an die Familie Kofler. Nicht gerade glücklich wurde es umgestaltet und im Erdgeschoss die Weinstube zum Gschlössl untergebracht.

Heute gehört das allgemein Gschlössl genannte Rendelstein Herrn Joseph Oberkofler. Seine Innenräume sind in Wohnungen umgewandelt.

Sehenswert ist der Hof und eine charakteristische Stube im ersten Stock, deren Wände humoristische Malereien aus dem Jahre 1934 tragen. Eine Besichtigung dieser Räume ist nicht mehr möglich.

9. RUNKELSTEIN

Die Burg Runkelstein steht auf einem nach drei Seiten senkrecht zum Talfer Bach abfallenden Porphyrfelsen, am Eingang der Sarner Schlucht, in nächster Nachbarschaft der Stadt Bozen, am Rande des Ortsteiles St. Peter; sie gehört aber schon zur Gemarkung der Gemeinde Ritten. Sie ist wohl die volkstümlichste aller Tiroler Burgen und hat ihren mittelalterlichen Charakter auf das beste bewahrt.

Mit Erlaubnis des Fürstbischofs von Trient erbauten die Brüder Friedrich und Beral von Wangen 1237 auf dem gerodeten Fels Burg Runkelstein. Bei der Belagerung 1274 wurde Runkelstein von Meinhard II. erobert und teilweise zerstört. Nach dem Erlöschen der Herren von Wangen fiel die Halbruine an den Bischof von Trient zurück. Erst die Brüder Nikolaus und Franz Vintler, ein angesehenes Bozner Geschlecht, die 1388 die verfallene Burg kauften, begannen mit der Wiederherstellung und fügten im Norden das Sommerhaus hinzu.

Burg Runkelstein, SW-Seite

Runkelstein, «Turnierkammer»

Als die Vintler 1413 kinderlos starben, erwarben es die Schrofenstein und Metzner. Von letzteren kaufte es 1476 der romantische Erzherzog Sigismund, der Interesse an den zahlreichen Wandmalereien hatte, mit denen die Vintler die Burg zieren liessen. Kaiser Maximilian wusste die Burg sehr zu schätzen, liess hier die alten deutschen Heldenepen sammeln und abschreiben, sich eine Wohnung

Schlosshof mit dem «Sommerhaus»

herrichten und die Wandgemälde restaurieren. Unter dem landesfürstlichen Pfleger Jörg von Freundsberg zerstörte 1520 eine Pulverexplosion die Torbauten, die 1531 wiederhergestellt wurden. Von 1535 bis 1774 hatten die Lichtenstein die Burg, dann die Kurie von Trient, die sich wenig um die Burg kümmerte.

Die Burg war in argen Verfall geraten, als 1880 Erzherzog Johann Salvator sie kaufte und Kaiser Franz Joseph schenkte, der durch den Leiter der Wiener Dombauhütte, Friedrich Schmidt, die Burg wiederherstellen ließ. Im Jahre 1893 schenkte der Kaiser die Burg der Stadt Bozen und diese ist noch heute Eigentümerin derselben. Verbunden mit dieser Schenkung war die Auflage, diese Burg zu verwalten und für die Erhaltung der wertvollen Fresken zu sorgen.

Mit der Zeit wurde das Schloß vernachlässigt und verfiel, bis diesem Zustand durch das Eingreifen des Denkmalamtes ein Ende gesetzt wurde. Nun wurde das Gebäude nach und nach baulich saniert, die Fresken, die unter der Zeit, aber auch unter den Besuchern stark gelitten hatten, wurden gereinigt und wieder hergestellt.

Man betritt Runkelstein von Süden auf einem steilen Burgsteig, der durch eine Vorburg mit Rundbogentor und Zinnenmauer zum Halsgraben geleitet, über den eine Holzbrücke führt. Der zinnenbekrönte Torbau zeigt über dem Eingang das Wappen der Lichtenstein. Man tritt in den ausgedehnten, malerischen Burghof. Diesen säumen im Süden eine hohe Mauer mit Wehrgang, im Westen der Palas mit grossen Sälen und der Burgwirtschaft, im Osten ein zweiter Palas mit Kapelle und im Norden das Sommerhaus.

Die durch die Originalität ihrer Anlage und die Baugeschichte bemerkenswerte Burg mit ihrem romantischen Aussehen erhält eine besondere Bedeutung durch ihren Freskenschmuck, der das umfangreichste und wichtigste Denkmal mittelalterlicher profaner Wandmalerei darstellt. Der Westpalas, in dessen Erdgeschoss die Burgwirt-

Runkelstein: Söllergang am «Sommerhaus»

schaft unterbracht ist, und das nördliche Sommerhaus sind über und über mit Fresken bedeckt.

Den Westpalas betritt man über eine Freitreppe an der efeuüberwucherten Nordfassade. Durch eine Spitzbogentüre tritt man in einen mit Wappen bemalten Saal, heute auch von der Gastwirtschaft nebst dem anschliessenden

Saal benützt, und steigt über eine Holztreppe in den zweiten Stock. Dessen Decke mit dem darüberliegenden Turniersaal ist eingestürzt. Der anliegende Saal, das sogenannte Badezimmer, zeigt für die ritterliche Lebensweise des 14. Jahrhunderts aufschlussreiche Bilder. In einer vorgetäuschten Säulengalerie mit Teppichgehänge, darauf das Tiroler Adlermuster, sieht man bekleidete und unbekleidete Herren und Damen, verschiedene Tiere wie Bären, Wölfe, Affen, Hirsche, Einhörner. Die Zimmerdekke ist mit Mond und Sternen bemalt.

Über eine Treppe gelangt man zur Höhe des dritten Geschosses, in die Turnierkammer, die einst eine gewölbte Holzdecke trug, mit Fresken eines ritterlichen Turnierspieles vor einem Schloss, aus dessen Fenstern und Balkonen Damen schauen. Unterhalb der Turnierdarstellung sind zwei Bilder mit Gestalten in ritterlicher Tracht: ein Reigentanz und ein Ballspiel. Ausserdem sieht man an der Westwand und gegenüberliegend Bilder von Jagd und Fischfang. Im anschliessenden Saal erblickt man höfisch-elegante Herren und Damen über einem Teppichgehänge in Konversation und ein Turnierbild.

Vom Westpalas führt ein Holzgang zu dem überdachten Söllergang des Obergeschosses des Sommerhauses, dessen Wand mit überlebensgrossen Figuren geziert ist. Es sind dies die berühmten Triadengruppen: die drei grössten heidnischen Helden: Hektor, Alexander, Julius Cäsar, die drei grössten christlichen Herrscher: Artus, Karl der Grosse, Gottfried von Bouillon; die drei besten Ritter: Parsifal, Gawan, Iwein; die drei edelsten Liebespaare: Wilhelm von Österreich und Aglei, Tristan und Isolde, Wilhelm von Orleans und Amelie; die drei grössten Schwerter: Dietrich von Bern mit Sachs, Siegfried mit Balmung, Dietleib mit Welsung; die drei stärksten Riesen: Asperan, König Ortnit, Struthan; die drei weldesten Riesenweiber: Riel Nagelringen, Vodelgart, die Rähin. Schliesslich am Ende des Söllers drei Zwergenkönige und eine Fauengestalt, welche den Willkommtrunk reicht.

Runkelstein, gotischer Kamin und
Freskenschmuck im Garelzimmer

Durch die Mitteltüre, darüber die Wappen der Vintler, Österreichs und Tirols, tritt man in die Kaiserzimmer. Im ersten Saal sind 15 Bilder zur Tristansage, im zweiten Saal 17 Bilder zu Garel vom blühenden Weinberg zu sehen. Freskengeschmückt war auch die offene Laube des Sommerhauses zu ebener Erde. Doch sind nur mehr wenige Spuren davon vorhanden. Ebenso sind in der einstigen Kapelle nur mehr Freskenreste erhalten. Im Schloßhof sind nach dem Kriege auch wichtige kulturelle Veranstaltungen abgehalten worden. Das Schloß ist einer der bedeutsamsten Sehenswürdigkeiten im Einzugsgebiet der Stadt. Es wird ständig von einem Schloßwart bewohnt und verfügt über eine charakteristische Gastwirtschaft.

Zu besichtigen ist das Schloß - gegen Bezahlung und Führung - von Dienstag bis Samstag vormittags und nachmittags, im Winder nur am Nachmittag. Von der Stadetmitte fährt man bis zu Füßen des Burgfelsens (2 km); eine öffentliche Verkehrsverbindung besteht. Man kann über die Talferpromenade auch zu Fuß dorthin spazieren. Über einen steilen Fahrweg geht es dann in wenigen Minuten zum Schloß hinauf.

10. RIED

Überragt von Schloss Runkelstein, erhebt sich auf einem niedrigen Felsenhügel im Talgrund der Talfer, welche sie auf einer Seite umfliesst, während sie auf der anderen durch einen Wasserarm leicht abgesperrt werden konnte, die kleine Burg Ried.

Das fliessende Wasser gewährte dem Wehrbau auf leicht ersteigbarem, niedrigem Fels solchen Schutz, dass

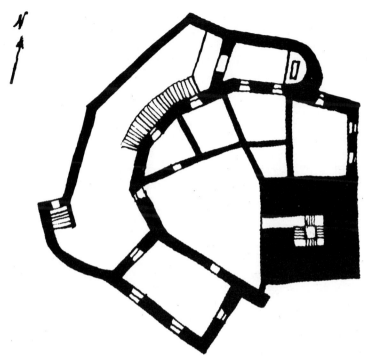

Schloss Ried, Grundriss

Ried eine der wenigen Burgen Südtirols ist, die nie erobert worden sind. Beherrschend erhebt sich aus dem gedrängten Burgbau der aus mächtigen Porphyrquadern geschichtete 40 Meter hohe Turm, der Bergfrit. In ihm befindet sich nur eine Wendeltreppe, die man durch eine kleine Türe, die in etwa 15 Meter Höhe liegt, erreicht; unterhalb der Zinnen besitzt er zwei ganz enge Fensterschlitze.

Wie es scheint, interessierten sich die Herren von Wangen um 1200 für die neue Burganlage. Sie bauten vermutlich am Beginn des 13. Jahrhunderts zum Bergfrit Palas, Zwinger und die heute profanierte Kapelle. Albero von Wangen fand, als sein Geschlecht in der Auseinandersetzung zwischen dem Grafen von Tirol und dem Fürstbischof von Trient Runkelstein, Rafenstein und Wangen-Bellermont verloren hatte, in Burg Ried die letzte Zuflucht. Der letzte Wangener, Albero, verkaufte 1307 die Burg an die Gemahlin des Herzogs Otto und in der Folgezeit erhielten sie die verschiedensten Geschlechter zu Lehen.

Im 16. Jahrhundert hatte hier der vor den Türken geflüchtete Wojwode der Moldau Petru Schiopul, Peter der Lahme, der hier am 14. Juli 1594 starb, vom Wiener Hof seinen Anfenthalt zugewiesen erhalten.

Seit 1892 im Besitz der Stadt Bozen, wurde die ausgezeichnet erhaltene Burg, die in drei Stockwerken einfache Wohnräume besitzt, in den letzten Jahren ziemlich verwohnt. In den 50er Jahren wurde sie von einem Bauer erworben und wieder instandgesetzt.

Burg Ried ist heute bewohnt und kann nur ausnahmsweise besichtigt werden.

Westansicht

Burgen des Sarntales

1. Rafenstein
2. Fingellerschlössl (Ruine)
3. Goldegghöfe
4. Wangen-Bellermont
5. Reinegg
6. Kränzelstein
7. Kellerburg

1. RAFENSTEIN, 686 m

Blickt man von Bozen nordwärts, von der Talferbrücke flussaufwärts, so sieht man auf einer Felskuppe über dem Eingang ins Sarntal eine mächtige Burgruine: Rafenstein. Diese Burg war einst sehr wichtig, beherrschte sie doch strategisch die unmittelbar vorbeiführende Strasse ins Sarntal, die früher ja nicht im Talgrund, sondern von Bozen über die Höhe unterhalb von Jenesien vorbeizog. Während der Tiroler Freiheitskämpfe sah die Burg manches Gefecht. Auf dem Berg von Jenesien ist vor allem der Kampf in die Geschichte eingegangen, in dem die Truppen des von Meran kommenden österreichischen Generals Laudon am 3. April 1797 im Verein mit den Tiroler Bauern die Franzosen verjagten.

Trotz des eingetretenen starken Verfalles macht die Burg, vier Stockwerke hoch, einen imposanten Eindruck. Die vier Rundtürme sind fast völlig verfallen, die einst machtvoll über die Zinnenmauer emporragten. Da und dort finden sich an Tür- und Fensterrahmungen noch Reste von Fresken und Marmorstufen. Unterhalb der Burgruine erblickt man auf einem Felsenvorsprung andere Mauerreste: es sind die Ruinen des tiefer liegenden Fingellerschlössls, das einst als Beobachtungsstätte zum Schloss Rafenstein gehörte.

Wer erbaute Rafenstein? Wohl die seit Ende des 12. Jahrhunderts immer wieder erwähnten Herren von Rafenstein, aus welchem Geschlecht Adalpret 1219 bis 1223 Fürstbischof von Trient als Nachfolger des berühmten

81

Friedrich von Wangen war. Dieser Adalpret hatte seinen bischöflichen Freund auf seiner Pilger- und Todesfahrt ins Heilige Land begleitet. Dieser Rafensteiner folgte nach der Rückkehr aus Palästina nicht nur dem Wangener als Bischof, er führte auch den Trienter Dombau fort.

Da genaue Unterlagen fehlen, muß man sich auf jene Angaben verlassen, die besagen, daß Schloß Rafenstein schon im 13. Jahrhundert erwähnt wurde.

Schloss Rafenstein, Westseite

Um die Mitte des 13. Jahrhunderts war das Geschlecht der Rafensteiner bereits erloschen. Seit 1255 hatten die Wangener die Burghut auf Rafenstein und standen treu auf der Seite ihres trienterischen bischöflichen Landesherrn. Im Krieg zwischen Meinhard II. und dem Fürstbischof Heinrich von Trient wurde Rafenstein wie auch andere Burgen der Wangener zerstört. Von nun ab war sie Besitz der Tiroler Landesfürsten.

Ludwig der Brandenburger erteilte 1358 Konrad Schinlein die Erlaubnis zum Wiederaufbau der gebrochenen Burg Rafenstein. In der Folge wechselten die Besitzer häufig, so findet man nach 1400 die Goldegg, Weineck, Gerstburg, Spaur, Wettin, auf die von 1600 bis 1800 die Wolkensteiner folgen, von denen es in den Besitz der berühmten reichen Braut Anna von Menz kam, darauf der Sarnthein und schliesslich der Toggenburg, denen es heute noch gehört.

Die Toggenburg haben die Burgruine Rafenstein von völligem Verfall bewahrt. Was heute noch vorhanden ist, lässt die Bauanlage des 16. Jahrhunderts erkennen, die am Charakter der Burg festgehalten hat. Die Wirkung der Ruine im Bozner Landschaftsbild ist sehr markant.

Man erreicht Rafenstein in ca. 50 Min. über den sehr steilen, jetzt betonierten Plattenweg, der bei der Talstation der Seilbahn nach Jenesien von der Sarntaler Strasse abzweigt (Einheimische befahren den Weg auch mit PKW, was jedoch kaum ratsam ist).

Die Burgruine kann besichtigt werden. Die zu ihren Füssen liegende Gastwirtschaft ist ein sehr beliebtes Ausflugsziel.

Wer diese alte Burgruine besichtigen will, fährt mit dem Bus bis zur Talstation der Seilbahn nach Jenesien und geht von dort zu Fuß weiter. Oder man kann auch mit der Seilbahn nach Jenesien fahren und zu Fuß absteigen. Heute führte auch eine sehr steile, schmale asphaltierte Straße zur Ruine hinauf.

2. FINGELLERSCHLÖSSL (Ruine)

Von der alten Sarnerstrasse aus sieht man oberhalb der steilen Wand, über die der Fingeller Wasserfall herabstürzt, auf einem vorspringenden Felszahn des zerklüfteten Porphyrberges ein zerborstenes Gemäuer: das Fingellerschlössl. Mit der neuen Sarner Strasse fährt man in fast

Nordseite des Fingellerschlössls

gleicher Höhe daran vorbei und hat nur wenige halsbre-
cherische Schritte zu machen, um in den Überresten zu
stehen.

Die Ringmauern längs des Felsabsturzes sind zum
grössten Teil schon in die Tiefe gestürzt, aber einige
Mauerreste des Wehrbaues mit Schiesscharten und Fensteröffnungen sind noch erhalten und man erkennt ein
halb in der Erde steckendes Bauwerk, mit einem Ober-
und Dachgeschoss.

Eine breite offene Stelle im Süden, die man auch von
der Sarner Strasse sehen kann, dürfte die Eingangspforte
in das über den Felsen hängende Rosengärtlein gewesen
sein, diesen für mittelalterliche Burgen so typischen Ort.
Er war das einzige heitere Plätzchen auf einer so düsteren, in den Felsen versteckten Burg, die wie ein Horst in
den Felsen verborgen war und sich wie ein enger Bergfrit
ausnahm.

Das Schloß wird in keiner Urkunde genannt, weshalb
sowohl das Datum des Baubeginns als auch der Namen
der Erbauer und der verschiedenen aufeinanderfolgenden
Eigentümer unbekannt geblieben sind.

Wenn man die Bautechnik in Erwägung zieht, kann
man annehmen, daß dieses Schlössl im 12. Jahrhundert
entstanden, aber bereits im folgenden Jahrhundert verlassen worden ist.

Auch seine eigentliche Bezeichnung ist unbekannt geblieben. Fingeller wird es nach dem Namen eines unweit
davon gelegenen Hofes genannt.

Die Burgruine kann nicht gefahrlos besichtigt werden.

3. GOLDEGGHÖFE

Es handelt sich um vier Bauwerke, von denen zwei
- Weifner und Feigl - alte Edelsitze sind, bestehend aus ei-

nem von einer Ringmauer umgebenen Wohnturm. Die beiden anderen - Schaller und Mair - sind seit dem Bau nur gewöhnliche landwirtschaftliche Wohngebäude gewesen. Der Weifner-Hof wurde vermutlich um das 12. oder 13. Jahrhundert vom Geschlecht der Goldegg, Vasallen des Fürstbischofs von Trient, errichtet. In der Folge steigen die Goldegger zu höheren Ehren auf und sie befehlen über wichtigere Schlösser (Ried, Rafenstein u.a.). Den ursprünglichen Ansitz verlassen sie (vgl. Tabarelli, a.a.O.). Dasselbe Schicksal war auch dem Ansitz Feigl beschieden. Allerdings wurden die Adelsprivilegien der vorhergehenden Besitzer beider Ansitze (Steuerfreiheit, Adelsgericht usw.) in an sich völlig ungewohnter Weise auf die neuen Bewohner übertragen, obwohl diese nicht adelig waren. Diese wurden in der Folge «Freisassen von Goldegg» genannt und unterschieden sich dadurch vom Adel.

Als 1784 das Adelsgericht von Bozen nach Innsbruck verlegt wurde, behielten sich die Goldegger vor, sich in die Jurisdiktion von Jenesien zu begeben, sich aber wieder an Bozen zu wenden, falls dort das Adelsgericht wieder errichtet würde. Zuletzt nahmen sie 1790 am Tiroler Landtag teil. Heute besteht zwischen ihnen und den anderen Tiroler Bauern kein Unterschied mehr.

Der Weifnerhof, 1231 als Burg Weifen erwähnt, weist ausser den in das Haus eingebauten Grundmauern des ehemaligen Turmes noch Reste einer Ringmauer auf. Der Feiglhof zeigt noch im wesentlichen die alte Turmform. Die beiden anderen Höfe, Schaller und Mair, haben keine Spuren alter Bauelemente. Teilweise besitzen sie schöne alte Stuben.

Man erreicht die Goldegghöfe, indem man von dem von Jenesien nach Afing führenden Weg ein Stück zu ihnen absteigt; oder wenn man einen kurzen und steilen Fussteig von der Sarner Strasse zu ihnen emporklimmt (1 Std.).

Die Bauern nehmen Besucher freundlich auf.

4. WANGEN-BELLERMONT

Auf einem senkrechten Felsenrücken, der nach drei Seiten sturmfrei ist, erhebt sich über der Ostseite der Sarner Schlucht, ungefähr den Goldegghöfen gegenüberliegend, ein viereckig angelegter Wehrbau mit einer von Schiesscharten und Fenstern unterbrochenen Mauer: Burg Wangen.

Burgruine Wangen-Bellermont, SW-Seite

Über einen küstlichen Halsgraben mit einstiger Zugbrücke gelangt man zur Vorburg mit dem hochgelegenen Burgtor, das einen Wappenstein der Herren von Wangen trägt. Diese waren ein mächtiges Dynastengeschlecht, das in der Südtiroler Geschichte eine grosse Rolle gespielt hat und dem Fürstbistum Trient einen seiner berühmtesten Fürsten, Bischof Friedrich II. von Wangen (1207-1219) gegeben hat.

Man nimmt an, daß mit dem Bau des Schlosses begonnen wurde, nachdem Friedrich im Jahre 1208 seine beiden Brüder Berthold und Adalbert in der Ortschaft «Landeck» mit Höfen belehnt hatte. Vom Schloß gibt es heute nur mehr einen Teil des Hauptturms.

Diese schöne mittelalterliche Festung wurde im Jahre 1277 von Meinhard II erobert und ging auf die Grafen von Tirol über. In der Folge ging sie an die Familien Lichtenstein, Firmian und andere über.

Letztens ist der verbliebene Schloßturm ohne große Ausgaben als Privatwohnung hergerichtet worden. Palas und Ringmauer wurden hergerichtet, das Ergebnis ist nicht sehr aufregend.

5. REINEGG, 1167 m

Unmittelbar bei der Gemeinde Sarnthein steigt von der Sarner Strasse rechter Hand ein Fahrweg empor, über den man in wenigen Minuten zu der auf einem waldumsäumten Hügel am sonnereichen Osthang gelegenen Burg Reinegg gelangt.

Die Schönheit und Wirkung dieser Burg und was sie von den zahlreichen anderen Schlossbauten heraushebt, ist der Palas, das Herrenhaus, das in seiner ganzen Länge von einem grossen gotischen Saal eingenommen wird, der durch sechs dreigeteilte Spitzbogenfenster mit schlanken Säulen, Knospenkapitellen und durchbrochenem Spitzbogentympanon erhellt und gegliedert wird. Die Burg steht auf einem von Natur aus wenig festen Hügel, auf einem Rain, daher der Name Reinegg. Auf drei Seiten ist die Burg durch eine hohe Ringmauer gesichert, die zu einem erheblichen Teil mit den Aussenmauern der Wohn-

Burg Reinegg in Sarnthein, SW-Front

gebäude zusammenfällt. Ausserdem sind an drei Seiten schmale Zwinger vorgelagert. In den südlichen Zwinger münden zwei Tore, ein Nebentor von der Bergseite, das Haupttor von der Talseite. Über den künstlichen Graben führt eine Brücke zum nach innen offenen, zinnenbekrönten Torturm mit einem Rundbogentor, an dem die Wappen Österreichs, Tirols und des Burghauptmanns zu sehen sind. Vom Torzwinger gelangt man durch ein Spitzbogentor in den Burghof, der von starker romantischer Wirkung ist. Hier erhebt sich gleich zur Rechten der vierstöckige Bergfrit, dessen ursprünglicher Turmeingang im zweiten Stockwerk vermauert ist. Einst war der dritte und vierte Stock bewohnt. Zur ebenen Erde ist ein Pflock interessant, in den die Gefangenen mit Händen und Füssen eingepflockt wurden.

Hochinteressant ist die zweigeschossige Kapelle mit wenig hervortretender Rundapsis, die in ihrer Anlage einigermassen an die Kapellen von Burg Tirol und der Zenoburg erinnert. Die Kapelle besitzt einen unregelmässigen fünfeckigen Innenraum, runden Triumphbogen und im Obergeschoss eine umlaufende hölzerne Empore.

Der Bau des von einer Rundmauer umgebenen Turms geht auf das 12. Jahrhundert zurück. Es kann aber nicht ausgeschlossen werden, daß schon vorher Bauten bestanden, die nach und nach in die Neubauten einbezogen wurden. Auch die fünfeckige Kapelle mit Fresken vermutlich aus dem 12. Jahrhundert kam im Zuge der Erweiterung dazu. Dasselbe gilt für den zweistöckigen Palas, dessen schöne, dreigeteilte Spitzbogenfenster und der herrliche Rittersaal besonders zu erwähnen sind.

Die um die Mitte des 13. Jahrhunderts erbaute Burg, damals Sarnthein genannt, war ein brixnerisches Lehen. Sie ist 1263 im Besitz der Gräfin Elisabeth von Eppan, Gemahlin des Hugo von Velthurns. Der Bischof von Brixen verlieh sie 1273 an Graf Meinhard II. von Tirol. Unter den Grafen von Tirol wechselten die Lehensträger häufig und wir finden die Namen Petermann von Schenna, Heinrich von Rottenburg, Nikolaus Vintler und andere und schliesslich erhält Burg und Pfandherrschaft 1635 der Bozner Kaufmann David Wagner, dessen Nachkommen, 1681 zu Grafen Sarnthein erhoben, 1936 die Burg an das Ente per le Tre Venezie verkauften. Von diesem kaufte die gräfliche Familie Vergerio di Cesana 1938 für 37.000 Lire die Burg. Sie liess die Burg umfassend restaurieren und wohnlich machen.

Im Jahre 1265 wurde in dem prachtvollen Saal des Herrenhauses, der ja zur Abhaltung grosser Festlichkeiten wie kaum ein Saal einer anderen Burg geeignet erscheint, die grosse Hochzeit der Tochter Sophie der Eppaner Gräfin Elisabeth und ihres Gemahls Hugo von Velthurns mit Albert Vogt von Matsch gefeiert. Mit dieser Hochzeit verbanden sich drei der vornehmsten Geschlechter dieses Zeitalters in Tirol.

Mit der Burg Reinegg wird aber auch eine alte legendäre Geschichte verknüpft, eine Episode aus dem Jahre 375 nach Christi.

Damals seien Barbaren eingefallen und hätten Bozen heimgesucht, die Häuser zerstört, die Männer abgeschlachtet, die Frauen geschändet und getötet. Ein ungeheures Heer bärtiger Männer stürzte sich auf alle Dörfer und schon marschierte auch eine Gruppe gegen Sarnthein. Die Sturmglocke läutete, der Rat der Aeltesten trat zusammen, um den besten Weg der Rettung zu finden. Er beschloss, dass sich die Bevölkerung im Schloss einschliessen, Häuser und Felder verlassen und mit der Würde des friedlichen Bürgers das Leben verteidigen sollte.

So geschah es. Der Turm der Burg verwandelte sich in ein Lebensmittelmagazin. Jedes Fenster hatte seinen Verteidiger.

Endlich rückten die Barbaren an.

Sie durchsuchten das Dorf. Erstaunt über die Stille, plünderten sie die Häuser, räumten die Keller aus, dann stellten sie sich in einem Halbkreis um die Burg. Aber die

Festigkeit des Baues, zumal des Bergfrits, machte die Burg uneinnehmbar. So verharrten die Barbaren belagernd zu Füssen der Burg und die Zeit verstrich.

Die Hunnen - das nämlich sollen die Belagerer gewesen sein - änderten ihre Taktik. Sie schlossen die Burg mit einem engeren Kreis ein, um die Belagerten durch Hunger und Durst zur Übergabe zu zwingen. Aber es vergingen Wochen und Monate und es begann ein zweites Jahr. Aus

Sarnthein mit Schloss Reinegg, von Westen gesehen

dem Inneren der Burg vernahmen die Barbaren frohe und ruhige Stimmen und Gesänge; oft zeigten sich die Verteidiger auf den Zinnen und sah man ihre Weinflaschen und Speisen. Und eines Tages, da die Barbaren meinten, die Lebensmittel seien ausgegangen, wurde ihnen vom Turm ein gebratener Ochse herabgeworfen.

Am folgenden Morgen gaben sie die Belagerung auf, die Hunnen legten die Waffen nieder, richteten ihre Zelte neben den verlassenen Häusern auf und begannen auf den Feldern zu arbeiten. Vielleicht wäre nun ein Kompromiss zwischen den beiden Parteien zustandgekommen. Aber die Ereignisse überstürzten sich. Ein Barbare, der die Grundmauern für eine Hütte ausheben wollte, stürzte plötzlich in einen künstlich angelegten Gang. Vorsichtig verfolgte er dessen Verlauf und konnte festellen, dass er in der Burg endete: es war der Gang, durch den sich die Belagerten mit Wasser und Lebensmitteln versorgten.

Kurz darauf ertönten die Trompeten. Die Belagerung wurde wieder aufgenommen und, als die Sarntheiner aufs neue Verpflegung durch diesen Gang holen wollten, fanden sie ihn mit grossen Steinen verrammelt. Der Widerstand dauerte noch einige Wochen und man erzählt von verzweifelten, unglücklichen Heldentaten. Die Verteidiger stillten mit dem eigenen Blut ihren Durst, dann boten sie ihre Brust dar, um zu sterben. Nur wenige überlebten: sie wurden wegen ihres Löwenmutes geachtet.

Zum Schluß sei noch erwähnt, daß nach dem Krieg in einem Graben zu Füßen des Turms einige Steinpfeile gefunden wurden und daß der Stollen, der bei der legendären Belagerung der Burg eine so große Rolle spielte, noch immer besteht und vom Fuß des Turms bis zu einem rund 600 m entfernten Hof führt.

Das Schloß ist in den letzten Jahren herrlich restauriert und eingerichtet worden. Die Burgwacht versieht eine Bauernfamilie, die auch dort wohnt. Hie und da wohnen auch die Besitzer dort.

Das Schloß kann nicht besichtigt werden.

6. KRÄNZELSTEIN

Kränzelstein war ursprünglich ein mittelalterlicher Wohnturm, erbaut im 13. Jahrhundert. Allmählich wurde er umgebaut und erhielt viereckige Fenster. Im 16. Jahrhundert kamen Schiessscharten und weitere Fenster im dritten Stock, das Dach, die Balkendecke der Stube des dritten und die Teilungswände des vierten Geschosses dazu.

Von der Geschichte Kränzelsteins ist wenig bekannt. Ein Hans von Kränzelstein wird 1362 erwähnt, wenig später ist der Turm im Besitz der Herren von Nordheim. Von der Mitte des 16. bis ins 17. Jahrhundert gehört er den Herren von Molart, im Jahre 1635 hat ihn der Bozner Kaufmann David Wagner erworben und noch heute ist das Schloss Eigentum seiner Nachkommen, der Grafen von Sarnthein.

Das Schloss steht an der Talstrasse und kann nur ausnahmsweise besichtigt werden.

7. KELLERBURG

Der Ansitz Kellerburg im Talgrund am Nordende der Dorfsiedlung Sarnthein ist zuerst 1377 als Haus auf dem Cheller erwähnt. Hier sassen bis zum 17. Jahrhundert die Herren von Northeim, seit 1635 David Wagner und bis heute seine Nachfahren, die Grafen Sarnthein. Diese bauten im 17. Jahrhundert den Ansitz mit der loggiengeschmückten Freitreppe und in jener Gestalt um, wie sie sich heute noch präsentiert. Im Inneren keine besonderen Sehenswürdigkeiten. Im Jahr 1980 wurde, was längst fällig war, das Dach neu gedeckt. Im Gebäude war eine Gastwirtschaft untergebracht.

Turm Kränzelstein in Sarnthein, Südseite

Burgen des Unterlandes von Bozen bis Salurn

1. LEUCHTENBURG (570 m) UND LAIMBURG (368 m)

In einer Einsattelung des Mitterberges zwischen dem Stadelhof und dem Kalterersee, erreichbar über die vom Bahnhof Auer abzweigende Strasse, welche die Etsch überschreitet und dann am Fusse des Mitterberges weiter etschaufwärts führt, erheben sich die Ruinen der Laimburg; über ihr ragen aus einer beherrschenden, waldigen Kuppe die Ruinen der Leuchtenburg auf. Beide Burgen können sowohl vom Kalterersee wie von Auer aus besucht werden.

Der Aufstieg zur Leuchtenburg bahnt sich durch dichten Bestand von Kastanien und Eichen den Weg und führt an den Überresten eines prähistorischen Ringwalles und zwei Vorbungen zum Burgkern.

Leuchtenburg erhebt sich, nachdem die östlich und südlich schützende Vorburg durchschritten sind, auf einem nach den beiden anderen Seiten senkrecht abfallenden Felsen, umgeben von einer hohen Zinnenmauer, die ausser durch das Rundbogentor im Süden durch keine Pforte und kein Fenster unterbrochen wird. Die Hofwand des Palas ist grau verputzt und zeigt weisse Quadrate, die kleinen Viereckfenster sind mit rot-weissen Viereckfeldern eingefasst. Über dem Eingang prangen die Wappen von Österreich, Tirol und zwei Wappen mit Katze und Löwe, Zeichen der Burgherren im 15. Jahrhundert. Im zweiten Stockwerk des Palas waren die vornehmsten, mit reicher Wandmalerei ausgestatteten Räume der Burg, wovon noch einige Reste zu erkennen sind. Dank der ausserordentlichen Lage der Burg, ihrer geschlossenen Bauweise und der ungewöhnlich hohen Ringmauer war ein Bergfrit überflüssig.

Wer etwa um 1200 die Leuchtenburg auf so entlegener und weitschauender Stelle ohne jegliche Quelle im Gebiet zweier vorgeschichtlicher Wehranlagen erbaut haben mag, ist unbekant. Sie ragt auf dem Gipfel des Mitterberges, während am Etschknie an seinem Beginn sich Sigmundskron erhebt; an beiden Stellen vorgeschichtliche, rätische Wehranlagen, benutzt und verändert vielleicht in den Römerjahren, dann durch die mittelalterlichen Herren in neuer Form aufgerichtet - so erzählt die Leuchtenburg von mehr als zweitausendjähriger Geschichte.

Die Anlage der Leuchtenburg lässt sich mit Sicherheit in die Zeit um 1200 zurückführen und im Lauf der Jahrhunderte hat sie mannigfache Veränderungen erfahren. Um 1300 war die Burg im Besitz der mächtigen Herren von Rottenburg, die in Kaltern ansässig waren. Diese Burg wurde 1339 gemeinsam mit der Laimburg belagert und erobert und nach dem Sturz der Rottenburger an verschiedene kleinere Adelige zu Lehen gegeben.

Nach den Wappen zu schliessen, hatten die Weineck, Lichtenstein, Castelbarco und andere die Burg, bis sie um 1500 in den Besitz der Anich kam, die sie an die Grafen Khuen verkauften. Die zur Ruine gewordene Burg erwarb vor geraumer Zeit Baron Paul von Biegeleben und später kaufte sie die Gemeinde Kaltern. In den letzten Jahren wurde das baufällige Gemäuer konsolidiert und somit vor dem drohenden Einsturz gerettet.

Von der kleinen Laimburg in der Senke des Mitterberges sind nur mehr Reste des Zwingers, von zwei Wohntrakten und eine Mauer des Bergfrits erhalten. Als die Rottenburger die Leuchtenburg und all ihren Besitz verloren, gingen sie auch der anfangs des 13. Jahrhunderts erbauten Laimburg verlustig. Später hatten sie die Waltenhofen,

Lodron und Grafen Giovanelli inne, heute ist die verfallene
Burgruine Eigentum der Gemeinde Kaltern.

In der jüngsten Zeit, vielleicht wegen des steigenden
Wohlstandes durch die Bedeutung des Weinbaues und die
allgemeine wirtschaftliche Entwicklung der Gegend von
Kaltern, hat eine Aktivität spekulativen Charakters eingesetzt; deshalb sei eine Legende, einzig und allein ihrer
suggestiven Art wegen, hier wiedergegeben.

Vor langen Zeiten lebte auf der Leuchtenburg ein
Burgherr aus dem Geschlecht der Rottensteiner, der überaus geizig war. Er kannte kein Mitleid und kein Verständnis für einen anderen. Aber er war sehr reich und seine
Güter, mit Weinkulturen bedeckt, erstreckten sich über
den ganzen Hang des Berges und die umliegenden Hügel
und auch über jene Gegend, die heute vom Kalterer See
eingenommen wird. Dort wo sich heute der See ausbreitet, waren zu jener Zeit ausgedehnte Weingärten, sie um-
gaben Höfe und Häuser, die sich eng um einen alten Glok-
kenturm drängten.

Eines Tages nun kam ein armes Waisenkind hinauf zur
Burg, klopfte an das Tor und bat den alten Grafen um eine
milde Gabe. Aber der geizige Burgherr verjagte brüsk das
flehende Kind und wollte ihm nicht einmal ein Glas Wasser geben damit es ja nicht noch einmal mit einem Begehren käme.

Das weinende Kind verliess das Schloss, tief betrübt
über solche Bosheit, und wanderte in die Tiefe der Bucht
des Tales. Als es dort angekommen war, verdunkelte sich
der Himmel, Blitze flammten auf, der Donner grollte und
eine apokalyptische Atmosphäre umfing die Gegend. Die
Quellen, welche die Brunnen speisten, wurden vernichtet
und ein Unwetter brach herein, dass die armen Bewohner
des Talgrundes eine zweite Sintflut befürchteten, ihre
Häuser verliessen und mit dem Vieh und der beweglichen
Habe auf die umliegenden Hügel flüchteten.

Das höllische Gewitter soll drei Tage lang gewährt haben. In dieser Zeit verweilte der Burgherr ruhig und sicher

auf seinem Schloss. Als aber am vierten Tag die Sonne wieder durch das Gewölk brach, traute er seinen Augen nicht. Im Tal, wo einst seine schönsten Weingärten lagen, spiegelte die Fläche eines Sees sich im Sonnenglanz. So tief war der See, dass man nicht einmal mehr die Spitze des Glockenturmes sah. Da starb der geizige Burgherr an gebrochenem Herzen. Noch heute aber vernimmt man zuweilen fernes Glockengeläute: es soll die Stimme des versunkenen Dorfes sein.

Die Ruine kann frei besichtigt werden. Der Weg (Mark. 13a) zweigt bei der grossen Kehre der Strasse Kalterer See - Stadelhof ab, der Aufstieg beansprucht ca. 40 Min.

2. ENTIKLAR

In dem zwischen Kurtatsch und Margreid in einem am Berghang ansteigenden Garten mit starken Eibenbeständen romantisch gelegenen Ansitz Entiklar ist in das heutige Anwesen ein mittelalterlicher Turm eingebaut. Am dahinter liegenden Rebenhügel findet man Reste der Grundmauern einer 1225 den Herren von Wangen verliehenen kleinen Burg mit kleinem Palas, Viereckturm und Ringmauer. Der eingebaute Turm dürfte ins 12. Jahrhundert zurückreichen. Hier und in der Umgebung wurden verschiedene vorgeschichtliche und römische Funde gemacht.

Der malerische Palas, den man heute bewundern kann, ist von einem sehr originellen Park umgeben, einer Art «Märchengarten» mit Statuen, die Sagengestalten darstellen. Der Ansitz verfügt auch über einen geräumigen Keller, wo Weinverkostungen stattfinden und Brauchtumsabende veransteltet werden. Der Keller ist von Juni bis Mitte September geöffnet.

3. ALTLECHEN

Auf einer Berglehne über dem einst versumpften, nun trocken gelegten und kultivierten Etschtal liegt inmitten von Weinpergeln die malerische Ortschaft Kurtatsch mit mehreren Edelsitzen. Auf einem sanften Hügel über dem Dorf steht am Grauner Weg eine malerische Häusergruppe, die mit einem viereckigen Torturm ausgestattet ist. Dieser Ansitz Altlechen trägt auf seinem Spitzbogentor das Wappen der Anich, welche ihn im 14. Jahrhundert schon besassen. Sie sind im 16. Jahrhundert, in dem er seine heutige Gestalt erhielt, ausgestorben. Vom ur- sprünglichen Bau ist nur der Turm übriggeblieben. Bis gegen 1800 war er in adeligem Besitz, seit dieser Zeit ist er in bäuerlicher Hand und in gutem Zustand.

Andere alte Ansitze in Kurtatsch sind Freienfeld, Strehlburg und Nussdorf, zumeist im 17. Jahrhundert in die heutige Form gebracht. Alle sind heute in bäuerlichem Besitz.

4. HIRSCHPRUNN

Es gibt keine Dorfgemeinde im Unterland, die nicht ein altes adeliges Haus aufzuweisen hat. Dessen wird man beim Besuch in so manchem Haus in Salurn, Neumarkt, Tramin und anderwärts inne. Im ungemein malerischen Dorfbild von Margreid, das am Austritt des Fennerbaches aus seiner Talschlucht in die Etschebene liegt, mit seinen Freitreppen und Erkern, ist der in der heutigen Gestalt im 17. Jahrhundert entstandene Ansitz Hirschprunn besonders eindrucksvoll. Er hat schöne Stuckdecken, ein Dekkenfresko Triumph der Keuschheit von Josef Alberti, einen Marmorkamin, eine Lichthaube und eine Kapelle. Über dem Rundbogentor prangt das Wappen der Herren von Prunner.

Der heute unbewohnte Ansitz soll möglicherweise zu einem Wohngebäude umgestaltet werden. Kann nicht besichtigt werden.

Der schon im 14. Jahrhundert erwähnte Ansitz Stetten ist von Privaten völlig umgebaut.

5. TURN IN DEUTSCHNOFEN

Mitten in dem hochgelegenen, weitschauenden Dorf Deutschnofen liegt ein einfacher Viereckbau mit gewöhnlichen Fenstern. Auf den ersten Blick erkennt man das Alter dieses Baues kaum. An der Südwestecke deutet aber der Rest eines abgetragenen Turmes und im allgemeinen die Regelmässigkeit der Mauerlagen auf frühere Bedeutung.

Es handelt sich um den 1341 erwähnten Maierhof und Gerichtssitz, der seit Ende des 14. Jahrhunderts Besitz der Herren von Niederthor war und im Erbwege an die Khuen-Belasi überging.

Schloss Turn wurde im 17. Jahrhundert vollständig umgebaut. Am steingerahmten Rundbogentor sieht man ein Khuen'sches Wappen mit der Jahrzahl 1682. Im zweiten Stock findet sich eine einfache Stuckdecke und ein derbes Deckengemälde Juno im Pfauenwagen sowie ein offener Kamin.

6. LICHTENSTEIN, 441 m

Als Rest der einstigen Burg der Herren von Lichtenstein, die 1278 durch Meinhard II. zerstört wurde, blieben Mauerspuren und die alte Burgkapelle mit Fassadenglockenmauer und Rundapsis auf dem Peterköfele über Leifers stehen. Die sich in leidlichem Zustand befindende Kapelle, deren Bau dem 12. Jahrhundert angehört, birgt einen um 1500 erstandenen und im 17. Jahrhundert neu zusammengestellten Flügelaltar. Eine Anzahl von Skulpturen aus Schrein und Predella wurden leider gestohlen. Die als trienter Ministerialen 1227 genannten Herren von Lichtenstein hatten die 1189 zuerst genannte Burg, als Meinhard II. sie 1278 zerstörte. Obwohl später zu bedeutendem Ansehen gelangt und Besitzer der Schlösser Karneid, Runkelstein und Schenna und anderer Wohnsitze, bauten sie die geschleifte Burg nie wieder auf. Sie starben 1760 aus.

Unter dem Burghügel erhielt sich im Gasthaus zur Pfleg noch ein Rest des ehemaligen Wehrbaues. Hier war der Sitz des Pflegeramtes der Burg Lichtenstein.

In Leifers findet sich noch der regelmässige Viereckbau Grosshaus mit Freitreppe und dreibogiger Loggia auf der Hofseite, ein um 1600 errichteter Ansitz.

In der Pfarrkirche von Leifers ist am Hochaltar das 1553 aufgefundene Gnadenbild, das bis 1787 im Wallfahrtsort Maria Weissenstein war und damals hieher übertragen wurde, während in Weissenstein nur eine Kopie aufbewahrt wird.

7. BAUMGARTEN

Am Rande der Dorfsiedlung Auer liegen zwei Dorfburgen von beträchtlichem Alter, einst angeblich Sitze der im 13. und 14. Jahrhundert erwähnten Herren von Auer. In beide Ansitze ist ein ziemlich ausgedehnter Baumgarten einbezogen, durch eine regelmässige, niedrige, der Anlage nach genau so alte Ringmauer wie der Wohnbau umgeben, die später mehrfach ausgebessert wurde.

Ansitz Baumgarten zeigt eine enggeschlossene hufeisenförmige Form, deren enger Binnenhof durch einen bescheidenen Torturm mit Rundbogentor gegen den äusseren Hof abgesperrt ist. Rechts haben den Burghof nun zugemauerte Lauben mit Ziegelböden gesäumt. Die Treppenanlage im Hintergrund ist originell. Die regelmässigen Viereckfenster des alten Baues mit einfachen Steinrahmen deuten auf einen gründlichen Umbau. Damals wurden auch die einfachen Felderdecken der einstigen herrschaftlichen Wohnräume eingezogen. An der Hofseite sind dem alten Bau neuere Zubauten vorgelagert. Seit 1563 sassen hier die Grafen Khuen. Seit dem 19. Jahrhundert befinden sich in den oberen Stockwerken Privatwohnungen, während im Erdgeschoß seit einigen Jahren ein Restaurant eingerichtet wurde, das von Ostern bis Mitte November geöffnet bleibt. Nur der Schloßhof und das Restaurant sind zugänglich.

8. FIORESCHY

Der auch «Schloss Auer» genannte Ansitz Fioreschy soll ursprünglich Stammsitz der Herren von Auer gewesen sein. Gleich Baumgarten bezieht er in seine Umwallung einen umfangreichen Baumgarten ein. Der Haupttrakt von Auer oder Fioreschy bildet ein bescheidener Wohnbau, der später gänzlich umgestaltet worden ist, und ein rückwärts anschliessender fester Turm, dessen später eingewölbtes Verliess heute halb in der Erde steckt und in dem heute der Weinkeller eingebaut ist. Dem östlichen alten Teil des Stalles wurde in der Renaissancezeit ein grosser Anbau hinzugefügt. Das quadergerahmte Spitzbogenportal ist alt, die Schwalbenschwanzzinnen der Tormauer sind erneuert.

Der Edelsitz ist seit dem 18. Jahrhundert in den Händen der Herren von Fioreschy, ist bewohnt und kann nicht besichtigt werden.

9. CASTELFEDER, 470 m

Von der aussichtsreichen Strasse, die von Auer ansteigend in das Fleimstal führt, zweigt nach rund 2 Kilometer ein gut sichtbarer Steig rechts ab, der in etwa 20 Minuten zu den Ruinen von Castelfeder hochführt. Die Anhöhe, auf der die Burg steht, könnte nicht malerischer und zugleich von trostloserer Kahlheit sein. Gleich den Überresten eines Friedhofs liegen die Trümmer der verschiedenen Befestigungsanlagen umher, die auf diesem von der Natur in den strategischen Schnittpunkt von Verbindungen grösster Bedeutung gestellten Hügel errichtet worden sind.

Die Spuren menschlicher Besiedlung auf dieser ob ihrer landschaftlichen Eigenart auch als «Arkadien» bezeichneten Anhöhe reichen weit in die vorgeschichtliche Zeit zurück.

Letzten Forschungen zufolge (Tabarelli) handelt es sich um eine vorgeschichtliche Städtesiedlung rätischen Ursprungs, die auf der Bergseite durch eine Akropolis verteidigt wurde, von der einige wenige Überreste vorhanden sind. Diese wurde in der Folge von den Römern besetzt. Auf dieser Akropolis, so glaubt man weiters, ist dann das mittelalterliche Schloß «Castrum vetere» (oder «Castellum vetus») von den Herrn von Enn erbaut worden. Eine erste Erwähnung dieses Schlosses stammt aus dem Jahre 1280, als Nikolaus von Enn es verkaufte. Seine Familie hatte um diese Zeit bereits das heutige Schloß Enn erbaut.

Ältere Geschichtsschreiber behaupteten, die Cimbern hätten hier die Römer besiegt und darauf sei zwischen den Gegnern ein Vertrag abgeschlossen worden, nach dem die Burg Castellum foederis geheissen wurde; die einfachere Erklärung aber kommt wohl von Castellum vetus, alte Burg.

Wie der Name, so gehen auch die verschiedenen Zeitaltern angehörigen Befestigungsreste und Bautrümmer von Castelfeder und Umgebung der Forschung eine Reihe

107

von Problemen auf, die heute noch vieldeutig sind und klarer Lösung harren.

Auf der höchstgelegenen Kuppe des Hügels, der durch den Etschgletscher und die Etsch vom übrigen Mitterberg westlich des Flusses abgesondert worden ist, stehen die Reste einer sehr ausgedehnten Ringmauer, der ein Wehrgang vorgelagert war, eines Viereckturmes und neben anderen Gebäuderesten die einer romanischen Barbarakapelle. Alles in allem birgt dieser Burghügel in den späteren Bauten Überreste der älteren Festungsanlagen.

Stehen geblieben ist auch noch eine Mauer der Barbara-Kapelle, die bis um 1800 als Kapelle benützt wurde und in der Folge dem Verfall preisgegeben wurde.

Letzten wissenschaftlichen Arbeiten zufolge kann die These nicht mehr aufrecht erhalten werden, wonach der Namen «Castelfeder» aus einer Verballhornung der Bezeichnung «Castellum foederis» (Felsen, wo der Friedensvertrag zwischen den Zimbern und den von Lutazius Catulus angeführten Römern geschlossen wurde, nachdem es auf eben diesen Hügeln zum Kampf gekommen war) herstammt.

Ohne Zweifel verdient der gesamte Hügel von Castelfeder noch weitere archäologische Erforschung und man könnte dabei möglicherweise wertvolle und interessante neue Kenntnisse gewinnen.

10. ENN

Auch Schloss Enn erhebt sich über der von Auer emporführenden Fleimstalstrasse. Unmittelbar hinter dem Kilometerstein mit der Zahl 6 zweigt von dieser Strasse ein Weg ab, der in wenigen Minuten zu der herrschaftlichen Burganlage Enn gelangen lässt. Das mächtige Schloss erhebt sich auf einem grünen Hügel, der sich aus dem bewaldeten Berghang etwas vorschiebt, über dem Dorf Montan.

Über die Anfänge dieses Schlosses bestehen verschiedene Meinungen. Urkundlich erwähnt wird Burg Enn zum erstenmal, als Fürstbischof Albert von Trient dem Heinrich von Enn seinem Vasallen, die Erlaubnis zum

Burg Enn bei Montan, SW-Front

Bau dieser Burg gibt, so daß die Herrn von Enn neben dem «Castellum vetus» (Castelfeder) nun auch diese Burg besaßen. Man nimmt deshalb an, daß Schloß Enn in XII. Jahrhundert errichtet wurde und daß der ursprüngliche Bau recht bescheiden war.

Im Kampf zwischen Graf Meinhard II. von Tirol und dem Fürstbischof von Trient blieben die Herren von Enn dem Bischof treu und wurden 1273 von obsiegenden Tiroler Grafen von ihrer Burg vertrieben. Der Tiroler Landesfürst vergab die Burg in der Folgezeit verschiedenen Tiroler Adelsfamilien. Erwähnenswert ist unter diesen der Pfleger Blasius Anich, der um 1500 auf Geheiss von Kaiser Maximilian die Burg vollkommen erneuerte; sein und seiner Gemahlin Wappen findet sich an der Kapellenwand.

Erzherzog Ferdinand Karl verkaufte die Burg 1648 an den reichen Venezianer Pietro Zenobio, nach dessen Tod sie an die Familie Zenobio-Albrizzi überging, die gegen Ende des 19. Jahrhunderts eine radikale Restaurierung in neugotischem Stil durchführen liessen. Diesen Zeitgeschmack spiegelt die Burg in ihrer heutigen Form.

Im gegebenen Zustand zeigt die Burg zwei grundlegende Kennzeichen: die von Anich am Beginn des 16. Jahrhunderts durchgeführte Erneuerung schuf die Innenseite der Eingangspforte und die Kapelle mit den charakteristischen Spitzbogenfenstern, dem Rippennetz am Gewölbe und dem holzgeschnitzten Chor, Bänken, und Wandkästchen. Der grosse Saal im Palas, gewissenmassen das Herz der Burg, bewahrt originales Getäfel und die Decke aus Holz, prächtig gezierte Türen, gemeisselte Wappen; die Balkendecke ist von erlesener Schönheit.

Die andere kennzeichnende Eigenart der Burg ist durch die Restaurierung um 1880 bestimmt, den neugotischen Stil mit den Verschneidungen der Mauern und Dächer, der Zinnenbekrönung, den Überhöhungen der Giebel und Mauern und anderen Einzelheiten, mit denen diese Zeit herrschaftliche Restaurierungen begleitete.

Zu erwähnen sind weiters: die wertvolle Einrichtung, die Türen, die Fenster, die Holztäfelung, der monumentale Archivschrank und schließlich die viereckige Kapelle mit den geschnitzten Holzbänken und dem Altar aus dem 12. Jahrhundert mit seinen Statuen und den Basreliefen aus dem 14. Jahrhundert. Bemerkenswert sind auch die Fresken auf den Seitenwänden der Kapelle.

Die wohlerhaltene und hervorragend eingerichtete Burg Enn ist bis heute Eigentum der Zenobio Albrizzi, die einen Teil des Jahres hier wohnen. Man erreicht das Schloß vom Dorf Montan aus entweder mit dem Auto oder zu Fuß in wenigen Minuten. Eine Besichtigung ist nicht gestattet.

11. KALDIFF, 353 m

Die Burgruine Kaldiff liegt auf einem zungenförmigen Geländevorsprung nördlich des am Berghang gelegenen Weilers Mazon der Gemeinde Neumarkt, am Austritt des Trudener Baches aus dem Gebirge, gegen den Weiler Vill zu. Man erreicht Kaldiff, wenn man in Neumarkt vor den Laubenhäusern in die 11. Februarstrasse abbiegt und in Richtung Montan fährt. Nach etwa 300 m zweigt von dieser gut asphaltierten Strasse die Wegmarkierung Nr. 3 rechts ab und führt bis zu einem Bauernhof, Burghof genannt. Bald darauf steht man vor den mächtigen, eindrucksvollen Ruinen der Burg Kaldiff.

Die einfachen und regelmässig gemauerten Burgmauern stammen vom Ende des 12. oder Anfang des 13. Jahrhunderts; einzelne Bollwerke wurden später erbaut. Die Burg ist eine einfache Wehranlage aus der Zeit um 1200. Nach der Belagerung durch Herzog Friedrich mit der leeren Tasche, der die Burg 1410 mit Feuerwaffen beschoss, ist Kaldiff um 1500 weitgehend restauriert worden; Festungs- und Wohnbauten wurden damals verbessert.

Der Überlieferung nach haben die Herren von Enn die Burg erbaut und bis 1524 besessen, dann hätte sich ein Zweig der Payr von Altenburg dort niedergelassen und Payr von Kaldiff genannt. Nachkommen des Geschlechtes leben noch heute in Bayern, alte Begräbnisstätten der Payr von Kaldiff finden sich in der prächtigen gotischen Hallenkirche von Vill.

Durch Heirat kam Kaldiff 1798 an Hieronymus von Panzoldi, dessen Tochter 1828 Anton Franz von Gasteiger ehelichte; deren Nachkommen sind noch heute im Besitz der Burg.

Die Burg ist heute eine traurige Ruine. Der Bergfrit ist eingestürzt, im ersten Stock des Palas sind im ehemaligen grossen Sall Freskenreste sichtbar, ebenso in zwei Zimmern des Westtraktes. Von 1976 bis 1978 wurden an den alten Schloßmauern wichtige Befestigungsarbeiten durchgeführt.

Die Burgruine kann jederzeit besichtigt werden.

12. HADERBURG, 353 m

Auf schwindelerregendem Felszahn erhebt sich südlich des Dorfendes von Salurn, wo die Wände des Geiersberges steil gegen die Etsch abfallen und mit jenen des Fennbergs zur Salurner Klause zusammenrücken, an die Felswand gedrängt, die alte Haderburg. Ihr Gemäuer hebt sich kaum vom Gestein des Berges ab, allein im Licht der Sonne reckt sie sich in aller Kühnheit gut sichtbar empor.

Erreichbar ist die Burgruine auf mühsamem, steilem Pfad von Salurn her oder in direktem, steiglosem Aufstieg von der Brennerstrasse weg.

Die Haderburg ist von verschiedenen Befestigungen und Wehrbauten umgeben, welche einen Zugang von der

112

Bergseite her unmöglich machen. Durch diese Befestigungsanlagen hindurch windet sich wie durch ein Labyrinth der enge steile Burgweg, unterbrochen unmittelbar von der Burg durch eine Felsspalte, über die einst eine Zugbrücke führte. Aber erst nachdem der Burgsteig beim fünften Tor auf einem Weg durch die Wehranlagen gekommen ist, hat er zum eigentlichen Eingang in die Burg gebracht.

Von der Burg, so trutzig sie aus der Entfernung und vom Tal aus sich zeigt, hat sich nichts erhalten ausser dem Bergfrit und den Aussenmauern des Palas über dem Absturz des Burgfelsens. In den Mauern sind regelmässige Fensteröffnungen auf der Nord- und Westseite, die Ostmauer ist noch zinnerbekrönt. Die Südostecke weist ein Rondell mit Schiesscharten auf, die Südfassade dient zugleich als Umfassungsmauer. Der Bergfrit erhebt sich neben dem Eingangstor in vier Stockwerken, die obersten bewohnbar.

Von Interesse ist, dass der Burgfelsen selbst aus Kalkstein besteht, während der Bergfrit aus Granit- und Porphyrblöcken gebaut ist, die erst hierher hochgebracht werden mussten.

Das Schloß dürfte um das Jahr 1000 entstanden sein. In einer Urkunde wird es erstmals im Jahre 1053 erwähnt (Plattner, Tabarelli).

Einige Forscher halten es nicht für ausgeschlossen, daß dieses Schloß auf den Ruinen einer rätischen Befestigungsanlage entstanden ist, die ihrerseits von den Römern besetzt wurde.

Gewiß ist, daß die Haderburg im Jahre 1158 den Handstreich der Grafen von Eppan erlebt hat, welche die zum Kaiser Barbarossa geschickten päpstlichen Abgesandten zusammen mit dem Bischof von Trient ins Gefängnis warfen. Darüber wird im Zusammenhang mit Schloß Eppan eingehender berichtet.

In der Geschichte erwähnen Urkunden von 1053 die Haderburg unter dem Namen Burg Salurn: auf ihr wohnten die Gralante von Salurn, die 1335 ausstarben. Der ursprüngliche Burgbau sind der Bergfrit, ein kleiner Palas und eine niedrige Zinnenmauer, fast unerreichbar auf isoliertem Felszahn gelegen. Der Landesfürst Graf Meinhard II. von Görz-Tirol erwarb 1284 die Burg und sie blieb im Besitze seines Hauses, das es als Lehen oder Pfand verlieh. In den Kriegen Ludwigs von Brandenburg erlitt die Burg mannigfache Zerstörungen. Ludwig gestattete 1355 den Botsch de Rossi aus Florenz, denen wir in Bozen begegnen, den Wiederaufbau.

War bereits im 14. Jahrhundert auf einem tieferen Felsen eine Vorburg hinzugefügt worden, so wurden im 16. Jahrhundert die Haupt- und Vorburg erhöht, Eckrondelle angelegt, die komplizierte Verteidigung des Burgweges aufgeführt, die Zugbrücke angelegt und die Befestigungen an der bergwärtigen Felswand hinzugefügt. Auch im Burginneren wurden damals Erneuerungen vorgenommen.

Erzherzog Ferdinand II. verkaufte die Burg an seine Gemahlin Philippine Welser, später war sie zeitweilig im Besitz der Grafen von Lichtenstein, Thun, Wolkenstein und seit 1648 im Besitz des Pietro Conte Zenobio von Venedig; sie ist noch heute Eigentum der Grafen Zenobio-Albrizzi.

Die Haderburg ist ein einzigartiger Wehrbau, von imponierender Wirkung, der Wächter der Klause von Salurn. 1980 wurden längst fällige Instandsetzungsarbeiten begonnen.

Die Ruine kann besichtigt werden, der Weg zu ihr ist jedoch alles eher als ein leichter und bequemer. Der Aufstieg von Salurn erfordert eine halbe Stunde und eine gewisse Schwindelfreiheit.

Burgen im Etschtal von Bozen bis Gargazon

1. GREIFENSTEIN ODER SAUSCHLOSS, 745 m

Hoch über dem Etschtal erblickt man auf einem Felsenhorst über Siebeneich eine Burgruine: Greifenstein. Wenn man von Bozen auf der Meraner Strasse beim Moritzinger Schwefelbad vorbeigekommen ist, steht nach etwa 700 m rechter Hand ein kleiner Bildstock. Hier zweigt eine Wegmarkierung Nr. 11 ab. Auf diesem Fussteig gelangt man, vorbei an der Kirchenruine St. Cosmas und Damian, in fast einstündigem steilem Anstieg zur ausgesetzt liegenden Burgruine. Länger aber weniger anstrengend ist der Zugang von Gries aus über Unterglaning (bis hier ist der Weg, obwohl eng und steil, auch mit PKW befahrbar).

Der schönste Eindruck dieser weithin sichtbaren Burg bietet sich unmittelbar vor Siebeneich an der Meraner Strasse. Da springt der kühne Burgfelsen unvermittel jäh empor und es ist, als seien die weissgetünchten Mauerreste, die er trägt, die Zacken einer Krone, die sich vom blauen Himmel abhebt.

Greifenstein war ein Besitztum der mächtigen Grafen von Eppan, die sich, wird behauptet, angeblich in zwei Häuser geteilt hätten, deren eines dies- und anderes jenseits der Etsch herrschte. Es gibt aber dafür keinen urkundlichen Beweis. Und wenn sich Arnold von Morit 1159 zuerst Graf von Greifenstein nennt, so bleibt offen, wo Morit gelegen war. Ist es vielleicht mit der Burg Gries zu identifizieren? Tatsächlich begegnet uns nach dem Aussterben der Grafen von Morit 1170 auf der Burg ein Mini-

sterialengeschlecht von Greifenstein. Die Eppaner Grafen nahmen den Oberbesitz in Anspruch, mussten sie aber dem Trienter Fürstbischof als Herrn der Bozner Grafschaft geben und erhielten sie 1189 als Lehen, auf dem aber nicht die Eppaner, sondern Ministerialadel wohnte. Bei den Kämpfen zwischen Meinhard II. und den Fürstbischöfen von Trient wurde die Burg um 1274 zerstört. Wieder aufgebaut, nachdem König Heinrich dies 1334 erlaubt hatte, wurde sie bald wieder gebrochen und 1363 wieder aufgebaut. Nach den Greifensteinern hatten sie die Starkenberger.

Bekannt wurde Greifenstein dann besonders in den Auseinandersetzungen des Tiroler Adels mit dem Landesfürsten Herzog Friedrich mit der leeren Tasche 1406 bis 1439. Gegen Friedrich, der sich besonders die Förderung der Bauern und der Städte angelegen sein liess, verschworen sich die Tiroler Adeligen, die den Verlust ihrer Privilegien befürchteten, welche sie in früheren Zeiten sich gesichert hatten. Sie schlossen sich im Elefanten- und im Falkenbund zusammen. Des ersteren Haupt Heinrich von Rottenburg, des anderen Wilhelm von Starkenberg, Herr zahlreicher Burgen, darunter auch von Greifenstein.

Friedrich mit der leeren Tasche belagerte zweimal Greifenstein. Das erstemal verteidigte die aufs stärkste bewehrten Bastionen der Burg die Blüte der Tiroler Ritterschaft unter Führung des Minnesängers Oswald von Wolkenstein. Trotz aller Bemühungen, aller Fallen und Angriffe musste Friedrich unverrichteter Dinge abziehen. Die Legende erzählt, dass im Lauf der Belagerung Friedrich den Belagerten die Verproviantierung ganz abgeschnitten hatte. Da hätten die Belagerten, auf den Rat Wilhelms von Starkenberg, vom Turm der Burg ein gebratenes Schwein zu den Belagerern hinabgeworfen, um diesen die Vergeblichkeit einer Eroberung durch Aushungerung darzutun. Nach dieser Legende heisst Greifenstein im Volksmund Sauschlössl.

Über hohen Porphyrwänden ragen die spärlichen Mauerreste von Greifenstein oberhalb Siebeneich auf (Ostseite)

Die Burgruine Greifenstein von Nordwesten

Bei der zweiten langen und hartnäckigen Auseinandersetzung aber verlor Oswald von Wolkenstein, verletzt durch einen Bogenschuss, ein Auge, im Verlauf der zweiten Belagerung wurde am 2. April 1424 eine Abordnung der Landschaft wegen Abschluss eines Waffenstillstandes auf die belagerte Burg entsandt, der auch der Bürgermeister von Bozen, Nikolaus Hochgeschorn angehörte. Der Starkenberger bewirtete die Abgesandten reichlich, liess sie aber erst nach Eintritt der Dunkelheit fort und dann auf

dem schmalen Pfad, der über den Burgfelsen führt, den
Bozner Bürgermeister hinabstossen, sodass er sich er-
schlug. Friedrich setzte darauf die Belagerung noch durch
zwei Jahre fort. Nachdem der Starkenberger heimlich ge-
flohen war, ergaben sich die Belagerten.

Greifenstein blieb von nun ab im Besitz der Landesfürsten, die es durch Burghauptleute verwalten liessen oder
als Afterlehen vergaben. Unter Erzherzog Sigismund hört
man noch einmal 1486 von Ausbesserungsarbeiten an der
Burg, seitdem verfiel sie. Später waren noch die Girardi di
Castello, die Wolkenstein und die Spaur im Besitz der
Burg.

Heute recken sich nur mehr kümmerliche Reste der
einst so stolzen Burg auf dem porphyrroten Felsen gegen
Himmel. Von der Vorburg sieht man kaum noch Spuren,
eben noch erkennt man das Rundbogenpförtchen, den
Burghof. Vom Palas steht nur mehr die Südmauer, ebenso
die dicken Ostmauern, auch von der Ringmauer sind nur
Teile erhalten. Grossartig sind Tiefblick und Aussicht von
der Burgruine.

Ruine Greifenstein kann besichtigt werden.

2. NEUHAUS ODER MAULTASCH, 258 m

Die pittoreske Ruine Neuhaus, gewöhnlich Maultasch
genannt, erhebt sich etwa 700 m vor Terlan über der von
Bozen nach Meran führenden Staatsstrasse, in 383 m Höhe auf einem porphyrischen Felsvorsprung. Man sieht sie
weithin im Etschtal und erreicht sie von Terlan aus über
einen Fussweg in 20 Minuten.

Der rote Bergfrit ist ebenso wie auf Hocheppan aussen fünfeckig konstruiert, innen viereckig. Er stellt den ursprünglichen Kern der Burganlage des 12. Jahrhunderts
dar. Erbaut wurde er von den Grafen von Tirol. Er ist vier

Stockwerke hoch. Das unterste Stockwerk steckt halb in den Felsen. Man betrat den Turm durch eine Rundbogen- türe in zweiten Stock und erst der vierte Stock enthielt ei- nen wirklichen Wohnraum mit quadergerahmten Rundbo- genfenstern.

Das Schloß wurde von den Grafen von Tirol erbaut. Das Datum ist nicht mehr eindeutig festzustellen. Das

Burgruine Neuhaus oder Maultasch bei Terlan, West- und Südseite

Schloß wurde 1206 erwähnt; es stellte einen wertvollen Verteidigungsposten zur Sicherung der bei Terlan im Etschtal errichteten Klause dar (von dieser Klause sind keine Spuren mehr vorhanden), mit der die Straße nach Meran aus militärischen und in der Folge auch zollpolitischen Überlegungen gesperrt und kontrolliert werden konnte.

1270 wurde das Schloß im Zuge des Kampfes zwischen Meinhard II von Tirol und dem Bischof von Trient zerstört, und erst gegen Ende des Jahrhunderts baute Christian von Sarnthein das ihm als Lehen überlassene Schloß wieder auf. Er fügte dabei einige Wohnräume hinzu, daher auch die Bezeichnung «nova Domus» für das gesamte Bauwerk, das des übrigen in der Folge noch mehrmals Veränderungen erfuhr.

Die günstig gelegene Burg ist auf der von Süden zugänglichen Seite durch eine hohe Mauer befestigt, die Ostseite hat Zwinger, durch welche der Burgweg führt. Südlich vom dritten Zwinger befindet sich die Kapelle. Vielleicht hatte Neuhaus ursprünglich keinen Palas und war allein ein Bergfrit errichtet. Unten in der Talsohle lag nämlich ein befestigtes Haus ohne Turm, mit Neuhaus durch eine lange, den Fels hinaufziehende Mauer verbunden; die bereits erwähnte Klause. Der obere Turm könnte demnach in kritischen Zeiten als Zuflucht gedient haben, während in friedlichen Zeiten der Burgherr im Haus im Tal wohnte.

Die Burg wurde 1572 von Jakob von Boymont-Payrsberg erworben, welcher sie in einer den neuen Feuerwaffen Rechnung tragenden Weise befestigte. Noch 1616 in gutem Zustand, war sie im 1700 bereits Ruine. Heutzutage ist Neuhaus Besitz der Grafen Enzenberg in Siebeneich.

Die Burg soll im 14. Jahrhundert der Herzogin Margarethe Maultasch gelegentlich als Aufenthalt gedient haben, weshalb der Name Maultasch statt Neuhaus in Umlauf gekommen ist.

Die Ruine kann frei besichtigt werden. Aufstieg von
Terlan auf gutem Fussweg in 20 Min.

3. HELFENBERG, 831 m

Über Siebeneich, wo der Bergkamm sich gegen den
Weiler Montiggl und weiter zur Burgruine Neuhaus oder
Maultasch und zur einstigen Klause, von der noch ein
Stück Sperrmauer an der Strasse zu sehen ist, nieder-
senkt, erhebt sich ein spitziger Kofel. Man erreicht ihn am
besten von Montigl oder Rumsein, das zu Glaning gehört.
Auf diesem waldüberwachsenen Kofel erkennt man noch
eine ziemlich erhaltene Ringmauer, in ihr die Stelle des
Burgtores. Innerhalb des Burgberinges aber ist nur Bau-
schutt vorhanden und lässt sich kein Grundriss der einstigen Gebäude feststellen. Hier ist die Ruine Helfenberg.
Nach dem Mauerwerk zu schliessen, reicht die Burg
weit zurück. Sie ist in einer Georgenberger Chronik 1234
genannt und 1248 war sie Besitz des Grafen Meinhard von
Tirol. Mehrmals wird ihr Name noch im 13. und 14. Jahrhundert erwähnt, ist aber bereits im Verlauf des 14. Jahrhunderts völlig in Vergessenheit geraten. Einmal wird
ohne Namensnennung 1616 von einem wenig alten Gemäuer an dieser Stelle berichtet.
Die umstrittene Frage, wo denn die Burg Morit gestanden sei, richtet sich neben Gries auch auf Helfenberg. Die
Ringmauer ist vom Dorf Montiggl aus zu erreichen.

4. KRÖLLTURM (Ruine)

In beherrschender Lage steht am Berghang oberhalb
von Gargazzon neben dem zu Tal stürzenden Wasser des

126

Kompatschbaches als Rest einer Burg ein gut erhaltener Bergfrit, Kröllturm genannt. Über dem Rundbogeneingang ist das Wappen der Trautson angebracht. Vermutlich stammt das Wappen von dem 1237 erwähnten Berthold Chrello von Trautson. Nach dem 13. Jahrhundert fehlen Nachrichten über die Burg, die schon sehr früh aufgegeben und verlassen worden zu sein scheint. Der Kröllturm kann besichtigt werden.

Burgen im Überetsch

1. SIGMUNDSKRON, 352 m

Sigmundskron ist einer der ältesten, ausgedehntesten und bekanntesten Burgbauten Südtirols. Die Burg steht auf einem in die Ebene vorspringenden, steil abfallenden Felsenhügel dort, wo die Etsch scharf aus südöstlicher in südliche Richtung biegt. Man erreicht die Burg von der Ortschaft Sigmundskron (an der Mendelstrasse, 4 km von Bozen) aus, indem man einen halben Kilometer auf der Girlaner Strasse emporfährt und sodann links in einen leidlichen Fahrweg einbiegt, der unweit an der Ruine vorbeiführt. Man betritt die Burg von der Südseite durch eine Vorburg, deren bezinnte Umfassungsmauern durch einen Viereckturm und mehrere Rundtürme mit Schiessscharten verschiedener Breite bewehrt sind. Allein der westliche Rundturm konnte als Wohnung gedient haben, denn nahe daran steht hinter der Ringmauer ein einfacher Bau mit quadratischen Fenstern. Weiter nördlich erhebt sich ein ursprünglich frei stehender Viereckturm, der aus einem Erdgeschoss und darüber fünf Stockwerken besteht; er wurde erst später mit der Ringmauer verbunden. Der Kern der Bunganlage mit der Kapelle inmitten liegt auf einem erhöhten Felsen und ist nur durch ein zweites, höher liegendes Tor zugänglich.

Das am besten erhaltene Gebäude der zentralen Bautengruppe ist vierstöckig, gegen den Rand des Abgrundes gerückt und stösst an die Umfassungsmauer. Wahr-

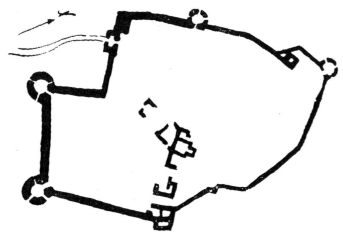

Sigmundskron, Grundriss

scheinlich war es der Hauptpalas, den der Trienter Bischof bei seinen Aufenthalten in der Burg bewohnte.
Der Ursprung von Sigmundskron reicht in vorgeschichtliche Zeit zurück. In unmittelbarer Umgebung wurden Reste einer rätischen Wallburg gefunden. Es wird
auch vermutet, dass Drusus im Jahre 15 v. Chr. nach
Niederkämpfung des Systems der rätischen Wehranlagen erst den freien Weg in die dadurch versperrten anderen Täler gefunden hat.
Als Berengar von Ivrea gegen Hugo von Arles um die
italienische Königskrone kämpfte, eroberte er 956 auch
das den Bischöfen von Trient eigene Schloss Formigar.
Im 13. Jahrhundert beendeten auf Formigar die Grafen
von Eppan und jene von Tirol eine zwischen ihnen 30 Jahre während Fehde. Weingartner stellt fest, dass nach
Mitteilungen des 12. Jahrhunderts die Bischöfe von Trient

hier ihre Hauptburg in der Grafschaft Bozen hatten und auf Formigar Gerichtstage hielten, an denen der führende Adel des Herzogtums Trient und der Grafschaft Bozen versammelt war.

Auf Formigar sassen als Gastalden des Fürstbischofs von Trient zumeist Angehörige einer Ministerialenfamilie,

Burgruine Sigmundskron über dem Blütenmeer des Etschtales bei Bozen

deren Namen vielleicht durch Umformung aus Formigar oder Formian entstanden ist: die Firmian. Im Jahre 1473 hat Herzog Sigismund der Münzreiche mit Zustimmung des Trienter Fürstbischofs die gesamte Burganlage erworben und zu seinem Eigen gemacht. Der Burgname wurde ebenso verändert wie die ganze Burganlage, der Fürst gab Formigar seinen Namen, Sigmundskron.

Die heute bestehende Burganlage, in ihrer grossen Ausdehnung wohl die grösste unter den Burgen Südtirols, stammt fast ganz aus der Epoche Sigismund, dessen Wappen, aus Marmor gemeisselt, über dem Haupteingang angebracht ist. Sigismund liess einen grossen Teil der alten Burg niederreisen und einen Neubau aufführen, welcher ganz der Waffentechnik der neu aufgekommenen Feuerwaffen entsprach, die ja auf strategischem und fortifikatorischem Gebiet sich umstürzend auswirkte. Nach diesem Vorbild handelten bei ihren Burgbauten dann andere adelige Familien wie die Brandis, Völs und Wolkenstein.

Zuerst durch Pfleger verwaltet, dann verschiedenen Geschlechtern zu Lehen gegeben, so den Ott, Völs und Wolkenstein, deren Eigenbesitz sie endlich wurde, doch nur um die Burg im gleichen Jahr 1805 an Anna Menz, die spätere Gräfin Sarnthein zu verkaufen, von deren Geschlecht sie im Erbweg an die Grafen Toggenburg kam, die sie auch heute besitzen.

Im Lauf der Jahre geriet die Burg in immer schlechteren Zustand und ist heute kläglich verfallen.

In den letzten österreichischen Zeiten war in der Burg ein Pulvermagazin untergebracht. Heute ist Sigmundskron eine ausgedehnte Häufung von Mauern, Türmen und Trümmern, die immer mehr verfallen, aber auch die Burgruine erinnert mit ihrer grossartigen Szenerie und unvergleichlich schönen landschaftlichen Lage an die Grösse der Geschichte vergangener Tage.

Die Burg kann leicht besichtigt werden, da die Tore meistens offen stehen.

Seit geraumer Zeit schon redet man von einer gründlichen und umfangreichen Restaurierung, mit der dieses weitum bekannte historische Denkmal einer für die Öffentlichkeit nützlichen Verwendung zugeführt werde. In der Zwischenzeit sind einige Sanierungsarbeiten angelaufen, besonders in der bereits zerfallenen Abschnitten. Im unteren Teil des Innenhofes wurde ein Restaurant eingerichtet, das zur Belebung sicherlich beiträgt.

Die Burg kann ohne weiteres besichtigt werden. Man erreicht sie, indem man auf der Straße Bozen-Überetsch bis jenseits der Brücke über die Etsch fährt und dann die Landesstraße nach Girlan nimmt, die links abbiegt. Von dieser wiederum zweigt nach einem halben Kilometer wiederum links der Fahrweg zum Schloß ab, das man nach wenigen hundert Metern erreicht.

2. FREUDENSTEIN, 549 m

Freudenstein, auf einem Hügel inmitten üppiger Vegetation und schöner Weinhänge, erweckt den Eindruck eines wirklich behäbigen Herrensitzes. Die zinnengekrönten Umfassungsmauern umschliessen eine wohlerhaltene Bautengruppe, die sich um einen Mittelhof reiht, in dem eine Stufenreihe zu einer prächtigen Renaissance-Loggia führt.

Die Burganlage wird beherrscht von zwei mächtigen Bergfrits, der eine mit welfischen, der andere mit gibellinischen Zimmen, welche der Burg ihre Eigentümlichkeit verleihen.

Die Zimmer der Burg sind gut eingerichtet, eine Anzahl von ihnen ist holzgetäfelt. Mit erlesenem Geschmack ist der Trinksaal ausgestattet, an dessen Wänden Namen und Sprüche von Tiroler Adeligen zu lesen sind, die einen Abend oder auch länger hier zu Gast weilten, um sich an den köstlichen Überetscher Weinen zu erlaben. Da findet man fast alle Tiroler Adelsgeschlechter vertreten beim zechfrohen Symposion, so liest man einen Wolkensteiner 1524 und 1536, Brandis 1547, Götz von Kaltern 1524. Eine Kuriosität zu nennen ist das inmitten einer Wand dieses Saales eingebaute «Vomitorium» für jene, die des Guten zu viel getrunken hatten.

Zwischen der Freitreppe, die zu einer über den ganzen Nordtrakt hinführenden Loggia emporsteigt, und der in den Südtrakt führenden Loggientreppe steht eine Kapelle;

Burg Freudenstein in Eppan, von Osten

eine zweite Kapelle erhebt sich vor dem Eingang und diese wurde 1519, wie eine Inschrift über dem Kapellenportal bezeugt, von Jakob Fuchs erbaut.

Nach den Bauelementen der beiden Türme kann auf eine Errichtung der Burg im 13. Jahrhundert geschlossen werden. Die beiden Bergfrite bewahrten den ursprünglichen Charakter, die übrigen Teile der Burg stammen aus verschiedenen Bauzeiten und wurden mehrfach umgestaltet.

Über das Geschlecht, welches auf Freudenstein wohnte und von dem die Burg den Namen trug, wissen wir kaum etwas. Es dürfte bereits im 15. Jahrhundert erloschen sein und die Fuchs traten das Erbe an. Im Jahre 1716 wurde Freudenstein versteigert und von Karl von Bellini erworben. Von ihm gelangte es in den Besitz seines Schwiegersohnes Anton Felix Fortunat von Lodron. Von dieser Familie her leitete Tolomei bei seiner Namensfindung für Südtiroler Örtlichkeiten und Burgen die Beizeichnung Castel Lodrone ab an Stelle von Freudenstein.

Die Lodron nahmen 1860 und der im Besitz folgende Baron Seibold 1897 umfassende Restaurationen vor, welche der Burg den gegenwärtigen Anblick gegeben haben. 1918 wurde Freudenstein vom ungarischen Edelmanne Franz von Mikuleczky erworben, der das Schloss mit viel Liebe und Umsicht einrichtete und fast ein halbes Jahrhundert lang bewohnte. Dann kam die Burg in anderweitigen Privatbesitz und kann heute nicht besichtigt werden.

Man erreicht sie von Eppan aus auf Asphaltstraße.

3. ENGLAR

Auf einem von Weinpergeln und Obstbäumen und Wiesen gesäumten Hügel erhebt sich die efeuüberwachsene Burg Englar mit ihrer hohen und feierlichen

Schloss Englar in Eppan, von SO

Fassade und den grossen Fenstern. Sie liegt kurz oberhalb des Dorfes St. Michael und ist auf einem guten Fahrweg zu erreichen, welcher eng an Schloss Gandegg vorbeiführt.

Dieses schon 1256 erwähnte Schloß ist im Besitze der
Firmian. Vom mittelalterlischen Bau ist im heute bestehenden Gebäude nichts mehr ersichtlich. Bezeichnend für
das Schloß sind die hohen «nordischen» Dächer. Man
kann es vielleicht besser als einen wehrhaften Ansitz bezeichnen.

138

Über dem Portalbogen des Nordtraktes ist ein Allianzwappen der Familien Firmian und Thun aus dem Jahre 1586 an gebracht. Vermutlich wurde in diesem Jahr der Umbau vorgenommen. Die Burg ist im Inneren gut erhalten und mit gutem Geschmack eingerichtet. Im Rittersaal mit einer schönen Balkendecke befinden sich zahlreiche Ahnenbilder der Familie der Grafen Khuen, denen Graf Arbogast von Thun die Burg im Jahre 1621 verkaufte.

Gegenwärtig gehört Burg Englar dem Grafen Ernst Khuen, der sie bewohnt und sich die sorgsame Pflege des Baues, seiner Innenräume und des umgebenden Parkes wie auch der nahegelegenen gotischen Sebastiankirche angelegen sein lässt.

Es ist nicht möglich, die Burg zu besichtigen.

4. PASCHBACH

Paschbach, ein im 15. Jahrhundert errichteter typischer Überetscher Ansitz in ausgezeichnetem Zustand, liegt an der Bergstrasse, welche von der Kirche St. Michael in Eppan aus rechts ansteigt. Im sogenannten Überetscher Stil verbinden sich in reizvoller Weise südliche und nördliche Elemente zu einer eigenartigen Einheit. Kennzeichnend ist die regelmässige Einteilung um einen Mittelsaal, eine symmetrische äussere Gestaltung, steingefasste Rundtore, gekuppelte Rundbogenfenster und eine Freitreppe mit offener Loggia. Bei Paschbach sind hervorzuheben der zinnenbekrönte alte Turm mit seinem Holzdach und im Inneren die prachtvolle Stube mit Holzgetäfel aus spätgotischer Zeit und die herrschaftliche geschmackvolle Einrichtung.

Schloss Paschbach war im 16. Jahrhundert Besitz der Aichner von Paschbach, dann vom Ende des 17. bis zum

Schlosshotel Paschbach in Eppan

Anfang des 19. Jahrhunderts der Herren von Mörl. Später wechselte es häufig den Besitzer und gelangte zuletzt in die Hand des Advokaten Dr. Giacomo Zanghi, der es gründlich restaurieren liess und selber bewohnt. Seit einiger Zeit wird es als Schlosshotel bewirtschaftet und kann, soweit es diese Bestimmung erlaubt, besichtigt werden.

5. GANDEGG, 490 m

Unter den Waldhängen des Matschatsch, nahe an den seltsamen Eislöchern, liegt an der von der Mendelstrasse durch den Ortsteil Pigenò und an den Ansitzen Kuensegg und Liebenburg vorbeiführenden Strasse, die auch nach Schloss Englar und zum Strobelhof führt, auf einer sanften Anhöhe Schloss Gandegg mit seinem prachtvollen Garten.

Zum Unterschied von fast allen anderen Schlössern Südtirols fehlt diesem Schloss der ernst-trotzige Anblick, sein massiver Bau wirkt vielmehr freundlich und heiter mit seinen schönen runden Ecktürmen, den steilen Dächern, den zahlreichen Fenstern mit ihren bunten Farben. Es ist der erste Schlossbau im Überetsch, der nicht zu wehrhaften Zwecken errichtet wurde, so fest er auch wirkt.

Das mit viel Sorgfalt wohl erhaltene Interieur besteht in den meisten Sälen und Zimmern noch aus der Einrichtung der Erbauungszeit im 16. Jahrhundert. Darunter befinden sich herrliche Holztäfelungen, Rosettendecken, Tische und Stühle, Schränke und Luster. Stimmungsvoll sind die Hofarkaden. Gut erhalten ist auch der Kuppelbau der Kapelle Maria Schnee mit einer graziösen Orgel und einem barocken Hochaltar.

Im 15. Jahrhundert hatten die Herren von Annenberg in diesem Gebiet viele Besitztum. Ihnen gehörte auch das Schloß. Nachfolgende Besitzer waren die Fuchs. Das heutige Schloß entstand 1550, vermutlich auf den Ruinen einer früheren Befestigungsanlage, von der der Gandeck-Turm herrührt (dieser wird in einer Urkunde Ende des 14. Jahrhunderts erwähnt). Es hatten weniger militärische Bedeutung und war hauptsächlich als Adelsansitz benutzt.

Schloß Gandegg gehört seit langem den Grafen Khuen, die es mustergültig instandhalten.

Von besonders Interesse ist das Spesezimmer mit seiner wertvollen Ausstattung und der Holzdecke, weiters

Schloss Gandegg in Eppan, Nordseite

das Schlafzimmer, in dem ein schöner Ofen aus dem 17. Jahrhundert steht. Er ist mit besonders schönen Fliesen verkleidet.
Schloss Gandegg kann nicht besichtigt werden.

6. SCHULTHAUS

Der neuerdings stets Ansitz Schulthaus genannte Gebäudekomplex des Edelsitzes Moos, eine der malerischsten Anlagen unter den Edelsitzen des Überetsch, ist erst

142

in jüngster Zeit durch die ausgezeichnete Restaurierung stärker ins Blickfeld gerückt. Er liegt hinter dem Gleifhügel, an dem Weg zwischen dem weinberühmten Stroblhof und der doppeltürmigen Burg Freudenstein. Vielleicht ist der turmartige Kern des Ansitzes Schulthaus nicht erst 1356 von Heinrich von Rottenburg erbaut, sondern schon älter, jedenfalls ist er vom 14. bis 16. Jahrhundert Stammsitz der Herren von Moos gewesen. Später wechselten im Besitz die Firmian, Gerstl, Spaur, Thann, Lanser und dann bis ins 19. Jahrhundert die Schulthaus. Fast alle Besitzer machten Zu- und Umbauten, sodass sich eine sehr unregelmässige Anlage herausbildete, die überaus verschachtelt und in den einzelnen Zimmern von verschiedenem Niveau und reich an Treppenanlagen und Stiegen und Stufen ist. Zuletzt in bäuerlichem Besitz, verfiel Schulthaus allmählich, bis es 1958 von dem Bozner Kaufherren Walter Amonn erworben und durch Dr. Arch. Erich Pattis einer behutsamen Erneuerung unterzogen wurde.

Bei der Restaurierung kamen in einzelnen Gemächern interessante Fresken des 15. Jahrhunderts zum Vorschein, teilweise sind auch sehr alte Balken, Holzdecken und Getäfel vorhanden, ebenso schöne Öfen. Der gegenwärtige Besitzer hat mit einer stilgerechten Wiedereinrichtung begonnen.

Für Kunstausstellungen zur Verfügung gestellt und zu Festlichkeiten verwendet, ist der erneuerte Ansitz Schulthaus eine Stätte kulturellen Lebens geworden. Der Ansitz kann allerdings nicht leicht besichtigt werden.

7. ST. VALENTIN

Oberhalb der Ortschaft St. Michael in Eppan erhebt sich über Obsthainen am Fuss der Absturzes des Penegal Schloss St. Valentin. Es ist eine reich gegliederte Bauten-

gruppe mit vorspringenden Ecktürmen, die ebenso wie die spitzen und stumpfen Dächer einen wehrhaften Eindruck bieten, während die graziöse Loggia an der linken Seite des Schlosses ein anmutigeres Bild gibt. Die Loggia ist eine typische Schöpfung der Renaissance.

Gegenüber dem Schloss wurde im 16. Jahrhundert eine bemerkenswerte spätgotische Kapelle erbaut, die einen Flügelaltar aus dieser Zeit und einen gleichzeitigen interessanten Emporenaltar, sowie eine frühe Holzskulptur des hl. Valentin neben einigen anderen Kunstwerden aufweist.

Im 13. Jahrhundert bewohnten die Edlen von St. Valentin das Schloss, die ebenso wie ihr Ansitz den Namen von der benachbarten Valentinskirche genommen haben. Nachdem sie 1455 ausgestorben waren, ging das Schloss an die Fuchs von Fuchsberg über, welche es bis zu ihrem Erlöschen 1828 innehatten. Seit dem Jahre 1844 hatten es die Grafen von Meran in Besitz, die es modernisierten. Dann ging es durch mehrere Hände und zuletzt wurde es Eigentum des Bozner Allgemeinen Krankenhauses.

Man kann das Schloss von St. Pauls und von St. Michael in Eppan mit Wagen und auf Fusswegen erreichen. Die gotische Kapelle kann besichtigt werden. Den Schlüssel erhält man von dem im Schloss wohnenden Bauern. Das Schloss selbst wird als Kinderheim verwendet.

8. WOHLGEMUTHAUS

Eines der schönsten Beispiele des sogenannten Überetscher Stiles ist das Wohlgemuthaus, das am südlichen Dorfende von St. Michael steht, dort wo die Südtiroler Weinstrasse von der Mendelstrasse abzweigt.

Im Überetscher Stil vermählen sich die Formen der ausklingenden Gotik und jene der beginnenden Renais-

145

Schloss St. Valentin bei Eppan, Loggia

sance und des Barocks, das Wesen des Nordens und des Südens. Er brachte im sogenannten Südtiroler Adelsparadies des Überetsch zahlreiche reizvolle Adelsanwesen hervor, insbesondere in Eppan und Kaltern. Diese zahlreichen Ansitze der Ministerialen und anderer kleinadeliger Familien gesellten sich den bereits seit dem 12. und 13. Jahrhundert entstandenen Bauten zwischen den Jahren 1500 und 1700. Sie entstanden ausschliesslich zum Zweck des Aufenthaltes und als echte Herrensitze. Das Wohlgemuthaus wurde in der zweiten Hälfte des 16. Jahrhunderts erbaut und ist eines der reizvollsten bürgerlichen Bauwerke dieser Zeit in Tirol. Der kleine Bau mit seinen schönen Fenstern, Eisengittern, bei dem eine Loggia mit Freitreppe und Zwischenhof zwei Wohngebäude verbindet, ist sehr gut erhalten. Seine Einrichtung zeugt von Geschmack und Wohlhabenheit mit dem Getäfel, Pilastergebälk, Kassettendecken, schön gefassten Türen, Wandmalereien und Kachelöfen in Sälen und Zimmern.

Im Wohlgemuthaus wohnt die bäuerliche Familie, deren Besitz es ist. Der Ansitz, in dem eine Gaststätte eingerichtet ist, kann besichtigt werden.

9. REINSBERG

Schloss Reinsberg liegt unweit der Gemeinde St. Pauls und ist von dort auf dem Reinsbergweg oder von St. Michael in Eppan auf der über Schloss Paschbach führenden Strasse zu erreichen. Der stattliche Bau mit einer Freitreppe und Loggia und Balkon ist in bestem Bauzustand.

Erbaut wurde Reinsberg zu Beginn des 17. Jahrhunderts von der Familie Grustner, für die es gefreit wurde. Diese besass das Schloss bis Ende des 19. Jahrhunderts. Seitdem wechselten die Besitzer mehrfach.

Auch das Innere von Reinsberg ist sehr gut erhalten. Erwähnenswert ist die herrliche holzgetäfelte Stube in vollendetem Überetscher Stil und eine Reihe schöner Säle, die mit herrschaftlichem Geschmack möbliert sind und von den gegenwärtigen Elgentümern ständig bewohnt werden. Ein vornehmes Bauwerk des Tiroler Barocks ist die Kapelle zum Heiligen Kreuz, ein Kreuzkuppelbau aus dem Jahre 1676, mit schönen Wand- und Gewölbedekorationen. Die Kapelle ist mit ihrer Einrichtung von einheitlicher Gesamtwirkung. Die Besichtigung ist in der Regel nicht gestattet.

10. ZINNENBERG

Den schönen Ansitz Zinnenberg erreicht man, auch mit dem Kraftwagen, vom Kirchplatz in St. Pauls aus über den bergwärts ansteigenden St.-Justina-Weg. Den Ansitz hat die Familie Franzin, später in den Freihernstand erhoben, 1616 erbaut. Der Ansitz ist durch die herrschaftliche Gestalt und die architektonische Struktur bemerkenswert und stellt eine der glücklichsten Lösungen der besonderen stilistichen Bestrebungen im Überetsch dar. Die beiden von Zinnengiebeln bekrönten Seitenrisalite und die mit einem Ecktürmchen abgestimmte Loggientreppe gibt dem Anwesen einen eigenartigen Charakter. Bemerkenswert sind die Sgraffittoverzierungen des edlen Renaissancebaues. Die holzgetäfelte Stube mit dem Kachelofen stammt aus dem 18. Jahrhundert, in dem manches an dem Schloss geändert wurde. Seit der Mitte des 18. Jahrhunderts hat Zinnenberg oft seine Besitzer gewechselt und ist in einen beklagenswerten Zustand geraten. Es war von mehreren Taglöhnerfamilien bewohnt, bis Florian Romen es erwarb und den Ansitz als Bauernhof bewirtschaftet. Zinnenberg kann nicht immer besichtigt werden.

11. WART, 397 m

Wenn man von Bozen auf der Mendelstrasse kommend Eisenbahn und Etschbrücke überquert und Sigmundskron und Frangart hinter sich gelassen hat, tritt die Strasse aus dem Etschtal in das Tälchen eines kleinen Baches, der von Eppan herab kommt und sich in die Moränenhügel eingegraben hat. Hier erblickt man in reizvoller Lage auf einem Hügel über dem Paulser Loch zwischen Bäumen, blumigen Wiesen und ausgedehnten Weinbergen die kleine Burg Wart. Diese Burg ist nicht von Mauern und Wehrbauten umgeben. Die einem Schiffsrumpf gleichende Burg besteht aus einem Viereckturm, der mit der Burg verbunden ist. Der bewohnbare Bergfrit, der kleine Tortrakt und der Palas umfassen mit einem kleinen Stück Ringmauer einen Binnenhof. Zutiefst birgt der Bergfrit ein gewölbtes finsteres Verliess, das man durch eine Tür des Kellers vom Palas aus erreicht. Die durch viereckige Fenster erhellten oberen Räume des Bergfrits waren schon immer bewohnbar. Zu den Obergeschossen bietet sich vom Dachboden des Palas und aus dem Torbau durch zwei steingerahmte Rundbogentüren Zugang. Im Hofe führt eine Freitreppe in den Flur des Obergeschosses.

Wart reicht nicht weiter zurück als in die zweite Hälfte des 13. Jahrhunderts. Ursprünglich bestand es wohl nur aus dem Bergfrit und dem Palas.

Von seiner Geschichte ist nur wenig bekannt. Anfänglich waren hier die Herren von Wart ansässig. Nach ihrem Aussterben, um die Mitte des 14. Jahrhunderts, er-

Burg Wart in Eppan, Ostseite

warb 1390 Johann von Goldegg die Burg. Nach dem Aussterben dieser Familie in der Mitte des 15. Jahrhunderts
folgten die Weineck und darauf 1536 die Grafen Künigl,
welche die Burg bis vor kurzem besassen.

Vor kurzem hat sie der Landwirt Walter Franck gekauft, der sich sehr um die Verschönerung des Inneren
und die Beseitigung der Verfallserscheinungen beküm-

mert. Die holzgetäfelte Stube von 1613, das stets benützte Zimmer, hat er liebevoll restauriert und die einstige Schönheit aufgefrischt.

Der Bergfrit ist in seinem gegenwärtigen Zustand nicht bewohnt. Die verschiedenen unterirdischen Räume, in denen einst Gefangene schmachteten, werden als Kellerräume für Wein und die Ernte der Landwirtschaft und des Obstbaues verwendet.

Wart liegt beherrschend in prachtvoller Umgebung über der Eppaner Strasse. Man hat eine schöne Aussicht. Knapp unterhalb des Burghügels zweigt von der Mendelstrasse rechts die Strasse nach St. Pauls, und von dieser nach etwa 500 m links der Bungweg ab.

Die Burg kann üblicherweise nicht besichtigt werden, da dort heute Wohneinheiten untergebracht sind. Man gelangt dorthin, indem man auf der Mendelstraße bei der Abzweigung bei Kilometer 238 nach rechts und gleich anschließend nach links einbiegt. Von dort führt ein Fahrweg zum Schloß.

12. ALTENBURG, 451 m

Auf dem gleichen Weg, der nach Schloss Warth führt, erreicht man rechts abbiegend die Burgruine Altenburg, deren Reste auf einer etwas höheren Kuppe desselben Hügels stehen.

Von der uralten Burg Altenburg sind heute nur mehr wenige Reste übrig. Der Burgweg führt in südöstlicher Richtung zum einstigen Eingangstor, neben dem man wenige spärliche Reste der einstigen bezinnten Ringmauer erblickt. Immer noch verfällt das Mauerwerk und niemand zeigt an der Erhaltung Interesse. Der unterste Teil des Bergfrits und Reste des Palas mit einigen Tür- und Fensteröffnungen sind noch erkennbar.

Altenburg hatte in alter Zeit eine grosse Bedeutung. Wahrscheinlich war es die Wiege der Grafen von Eppan, die hier vor der Erbauung von Hocheppan ihren ersten Wohnsitz hatten. Eine Urkunde aus dem Jahre 1194 berichtet von der Belehnung des Grafen Egno von Eppan mit dem «castellum vetus» durch Fürstbischof Konrad II. von Trient. Nachdem die Eppaner bereits 1116 genannt wurden, dürfte die Erbauung der Altenburg spätestens Ende des 11. Jahrhunderts erfolgt sein. Letzte Forschungen haben ergeben, daß die Altenburg eine Umgestaltung früher vorhandener wehrhafter Anlagen ist.

Als die Eppaner in langen und harten Kämpfen von den Grafen von Tirol niedergerungen waren, wurde die Burg von landesfürstlichen Ministerialen verwaltet und ein Jahrhundert später verschiedenen Familien zu Lehen gegeben, von denen allein die Grafen Khuen längere Zeit, von 1580 bis hinein ins 19. Jahrhundert, im Besitz von Altenburg blieben.

Heute ist Altenburg in bäuerlichem Besitz. Angelehnt an die Reste des Bergfrits wurde ein Häuschen gebaut und hinter den Mauerresten des Palas breitet sich ein kleiner Garten und ein Wieslein aus.

Die Ruine kann mit Erlaubnis des Besitzers besichtigt werden.

13. FUCHSBERG, 381 m

Mitten im Weinland auf einem der eiszeitlichen Moränenhügel zwischen St. Pauls und dem Missianer Graben haben die späteren Grafen Fuchs von Fuchsberg, deren Geschlecht im 12. Jahrhundert zuerst genannt wurde, um die Wende vom 12. zum 13. Jahrhundert eine Burg erbaut. Von ihr hat sich nur wenig Mauerwerk erhalten und es kann heute der Grundriss des alten Baues nicht mehr festgestellt werden. Wo Fuchsberg stand, findet sich unweit von diesen kümmerlichen Resten nur mehr ein Bauernhaus.

Eine Neustifter Urkunde nennt 1162 einen Friedericus Fuchslin; Familientradition behauptet, das Geschlecht wäre 1257 mit Ulrich Fuchs aus Franken eingewandert. Wie die verwickelte Abstammungsfrage auch sei, die Burg Fuchsberg erhielt den Namen jedenfalls von ihren Inhabern und nicht umgekehrt wie sonst häufig. Urkundlich wird die Burg Fuchsberg 1267 zum erstenmal erwähnt. Nach dem Ausgang des Mittelalters steigen die Fuchs hoch und wurden 1602 in den Freiherrn- und 1633 in den Grafenstand erhoben. Wir begegnen den Fuchs dann als Besitzern der Burgen Freudenstein, Hocheppan, Lebenberg und Jaufenburg.

Fuchsberg geriet im 16. Jahrhundert aus dem Besitz der Fuchs in andere Hände und war vermutlich schon verfallen, weil es nur als Burgbichl bezeichnet wird. Jedoch erwarb sie die Familie im 17. Jahrhundert zurück und besass sie bis zum Aussterben des Geschlechtes 1828. Heute ist der Grund, auf dem die letzten, bald wohl völlig verschwundenen Reste von Fuchsberg stehen, landwirtschaftlich bebaut.

14. KORB, 444 m

Schloss Korb liegt oberhalb von Missian am Fuss des Boymonter Burgberges. Der in vornehmer Einsamkeit liegende Wohnturm aus romanischer Zeit enthält ein Erdgeschoss, einen Keller, modernisierte Räume, darüber drei Stockwerke mit zwei schönen gekuppelten Rundbogenfenstern. Vom vorletzten Geschoss Eingang in den Turm: ein einfaches Bogenportal. Der Turm trägt Zinnen und ist mit einem Pyramidendach gedeckt. Vorgebaut liegt ein Bunker.

Vom Platz vor dem Eingang bietet sich ein grossartiger Blick über Bozen und das Etschtal.

Der Wohnturm von Korb wurde im 13. Jahrhundert erbaut. Zum erstenmal wird er genannt 1236 bei einem Vertrag der Herren von Korb mit dem Burgherrn von Boymont. Im 14. Jahrhundert ging der Turm an die Feigensteiner, Mitbesitzer von Boymont, über; 1399 erhielt ihn Hans Vintler zu Lehen. Es folgten 1409 die Gfeller, die 1471 das Schloss an Wernher Fuchs verkauften. Wieder wechselte 1550 Korb den Besitzer und in der Folgezeit noch häufig. Bereits in verfallenem Zustand wurde es 1802 von der Landesfürstlichen Kammer eingezogen, von der es 1834 der Bozner Handelsmann Hans Putzer erwarb, der Stammvater der Herren von Putzer. Dieser liess die Halbruine instandsetzen und fügte den heutigen Wohnbau hinzu.

Seit einigen Jahren ist Schloss Korb als Pension mit eigenartigem Restaurant sehr geschmackvoll eingerichtet. Man erreicht es auf einer asphaltierten Strasse von St. Pauls aus (2 km).

15. BOYMONT, 380 m

In der Gemarkung von Missian erhebt sich über Schloss Korb auf einer nur mässig abfallenden Kuppe aus dem Wald die Burgruine Boymont. Wegen ihrer regelmässigen Anlage und der Schönheit ihres Baues, zählt sie nach Weingartner trotz ihres Verfalles - sie wurde jahrzehntelang vermachlässigt - zu den hervorragendsten der tirolischen Burgen.

Die Hauptfassade von Burg Boymont mit ihrem mächtigen Viereckturm blickt stolz über das Etschtal. Das Innere der Burg ist völlig verfallen. Einst aber breitete sich

der Rittersaal über zwei Drittel der Südfront aus mit seinen acht dreiteiligen, steingerahmten Rundbogenfenstern mit zierlichen Säulen und romanischen Kapitellen. Die Burgkapelle trug ehedem Freskenschmuck, doch ist von den Malereien nichts erhalten.

Die Herren von Boymont, Ministerialen der Grafen von Eppan, erbauten Boymont um 1230 und blieben bis zum Beginn des 15. Jahrhunderts in seinem Besitz. Im Jahre 1742 wurde Boymont durch eine Feuersbrunst zerstört. Im gleichen Jahr erwarben die Grafen von Wolkenstein-Trostburg die Ruine. Von diesen kaufte sie 1884 Josef von Zastrow, schliesslich 1910 Anton Graf Enzenberg, dessen Familie sie noch heute besitzt.

Die Burgruine ist auf einem etwas steilen Fussweg von Schloss Korb aus in einer Viertelstunde, sowie auf weiteren Pfaden von Hocheppan und von der Perdoniger Strasse her erreichbar.

Zum Glück wurde diese Anlage im Jahre 1977 von Fritz Delago erworben, der auf eigene Kosten die Mauern und Türme befestigen ließ und die Sanierung des gesamten Gebäudes vorgenommen hat. Heute gibt es dort auch einen Gastbetrieb, der von Ostern bis Ende Oktober geöffnet bleibt. Man kann dort ausgezeichnete Weine verkosten.

Sie kann jederzeit besichtigt werden.

16. KREIDENTURM, 538 m

Wahrzeichen auf der untersten Stufe des Mittelgebirges unter dem Absturz des Gantkofels ist der weit vorgeschobene und durch das Etschtal von Meran her und ebenso vom Eisacktal bei Bozen und aus dem Überetsch hervorragend sichtbare Kreidenturm, der an jener Stelle

Schlosshotel Korb in Missian und (oben)
die Ruine Boumont

steht, wo der Andrianer und der St. Paulser Weg nach Hocheppan zusammenstossen. Er bildet mit dem hochragenden Hocheppan, dem aus dem Wald rot leuchtenden Boymont und dem darunter liegenden Korb aus der Entfernung eine ungemein malerische Burgengruppe.

Der Hocheppaner Kreidenturm, ein auffallend hoher und schlanker Viereckturm, hat einige Meter über dem Erdboden eine Öffnung, die wohl der einstige Einstieg ist, und eine quadergerahmte Rundbogentüre an der Südostmauer, die Zutritt zu seinem heute nicht mehr vorhandenen Wehrgang war, den Kragsteine und Balkenlöcher noch andeuten. Der Turm dürfte zur gleichen Zeit wie Schloß Hocheppan um 1160 entstanden sein; es war kein Wohnturm, sondern diente Wehrzwecken. Er war wohl ein Vorwerk zur Sicherung und zum Schutz des Aufganges nach Hocheppan. Es umgab ihn eine mässig ausgedehnte viereckige Mauer, von der heute nur mehr armselige Reste vorhanden sind; innerhalb des Beringes dürfte einst auch ein kleiner Wohnbau bestanden haben. Von den widersprechenden Meinungen über die Bedeutung und das Alter des Turmes, das sich immerhin doch mit dem 12. Jahrhundert ziemlich genau begrenzen lässt, ist die nach dem Namen Kreidenturm zu erschliessende, dass es sich um einen Signalturm für Kreidenfeuer, für Warn- und Meldefeuer, gehandelt hat, die wahrscheinlichste. Ausserdem aber konnte man von diesem Kreidenturm die Burgstrasse und die ganze Landschaft viel weiter überblicken und bewachen als vom Bergfrit der Burg Hocheppan aus. Weingartner ist der Meinung, dass der Kreidenturm wohl auch zu Signalzwecken verwendet wurde, von allem aber ein wichtiges Vorwerk der Hauptburg Hocheppan war.

Wer die Burgruine Hocheppan besucht, ob er nun auf dem Weg von St. Pauls oder Unterrain und Missian her über den Unterhauserhof oder auf dem steilen Andrianer Steig her kommt, muss am Hocheppaner Kreidenturm vorbei und hat dann noch zehn Minuten bis Hocheppan zu steigen.

17. HOCHEPPAN

Wie ein Adlerhorst steht die Burgruine Hocheppan auf einem kühn aus dem Wald emporragenden Felsen, der auf drei Seiten durch einen Abgrund unzugänglich und auf der vierten Seite nur durch eine schmale Landzunge mit dem Berg verbunden ist. Von Korb und Boymont ist sie rund 40 Minuten entfernt.

Der 23 Meter hohe Bergfrit, heute ohne Stiege, steht nehe dem Burgtor. Von ihm aus überblickt man das ganze Etschtal und die einmündenden Seitentäler, von ihm aus konnte man jede Bewegung bei Freund und Feind überwachen, in ihm besassen die Burgherren ein hervorragendes Instrument der Kriegführung.

Wo ist der Ursprung dieser Burg? Zweifellos haben bereits in frühen Zeiten die Menschen die ausserordentlich günstige Lage dieser Örtlichkeit erkannt und genützt. Gewiss hatten bereits die Räter hier eine Wallburg und vielleicht hat auch Drusus dies sich zunutze gemacht.

Fest steht, dass die durch ihre einzigartigen Fresken berühmte Burgkapelle im Jahre 1131 entstanden ist. Zu dieser Zeit dürfte das Schloß bereits erbaut und auch bewohnt gewesen sein. Die freistehende Kapelle ist ein, wenn auch einfacher, so doch sehr schöner Bau mit drei Apsiden, von denen aber nur eine in der Aussenmauer vorspringend sichtbar ist. Die Kapelle ist aussen teilweise und innen zur Gänze mit geistlichen und weltlichen Wandmalereien geschmückt.

Die nördliche Aussenwand hält in einem überaus interessanten Fresko eine Jagdszene fest: die Legende von Dietrich von Bern als wildem Jäger, vom Gotenkönig Theoderich, der auf der Hirschjagd den höllischen Mächten verfiel. Man erblickt einen von Hunden gehetzten Hirsch, hinter ihm jagt Drietrich von Bern auf einem weissen Schimmel mit gespanntem Bogen und im Hintergrund lauert der höllische Rachen, der Teufel. Weiter sind eine Kreuzigungsgruppe und ein Christophorus zu sehen.

Im Inneren der Kapelle finden sich Szenen aus dem alten und neuen Testament. Über den Apsiden und auf die Seitenwände übergreifend ist Christus als Weltenrichter zwischen den zwölf Aposteln thronend dargestellt. In den Apsiden sieht man das Gotteslamm zwischen Johannes dem Täufer und einem Propheten. Die thronende Maria mit Christkind und Engeln, darunter die klugen und törichten Jungfrauen, Christus zwischen Petrus und Paulus. An der Altarmensa erblickt man einen Kentauren und einen bewehrten Reiter auf einem Ungetüm. An den Seitenwänden stellen über Marmorinkrustationen zwei Reihen Fresken das Leben Jesu dar. Der kunstgeschichtlich bedeutsame Freskenzyklus von Hocheppan stammt aus der zweiten Hälfte des 12. Jahrhunderts und ist eine echte romanische Bilderzählung.

Wenige Jahre nach dem Bau der Burgkapelle änderte sich die Situation der Burgherren vollständig. Gegen Mitte des 12. Jahrhunderts kam die zwischen den Grafen von Eppan und den Grafen von Tirol schon lange bestehende Spannung zu vollem Ausbruch und verschärfte sich von Jahr zu Jahr. In einem Gefecht bei Tisens erlitten die Eppaner eine Niederlage, wodurch eine kurze Kampfpause eintrat.

Im Jahre 1158 hatte sich Papst Hadrian IV, ein Engländer, angeregt durch vorhergehende Übereinkunft, entschlossen, Kaiser Friedrich Barbarossa zum Frieden anzueifern und zur Ermutigung Geschenke zu schicken. Auf Anraten des Herzogs von Bayern machten sich im Frühling diesen Jahres die Kardinäle Heinrich und Hyazinth von Rom auf den Weg zum Kaiser. Sie kamen mit grossem Gefolge und reichen Geschenken glücklich nach Trient, wo Fürstbischof Adalpret II. die päpstliche Gesandschaft empfing. Dieser war unterrichtet, dass die Eppaner Grafen einen Raubüberfall auf die Gesandten des Papstes planten. In der Erwartung, seine Gegenwart werde die Eppaner von dieser Tat abschrecken, beschloss er die Gesandschaft zu begleiten. So machten sich die bei-

Die mächtige Ruine Hocheppan (Westseite)
gegen die Dolomiten

Hocheppan, Burgkapelle, Fresken (Ende 12. Jahrh.)

160

den Kardinäle, die Gesandten des Papstes, gemeinsam mit dem Bischof auf den Weg nach Bozen. An der Salurner Klause, welche von der dort aufragenden Haderburg überwacht werden konnte, wurden die Gesandten mit ihrem Geleite von Bewaffneten unter Führung des Friedrich von Eppan umzingelt und samt dem Bischof, dem Lehensherrn der Eppaner, gefangen genommen. Während nun Friedrich mit seinem Bruder Heinrich die erkleckliche Beute abschätzte, gelang es dem Bischof Adalpret, mit Hilfe eines getreuen Kaplans über die Burgmauern sich in die Tiefe hinabzulassen und zu entfliehen.

Die Eppaner erkannten, dass infolge der Flucht des Bischofs ihre Untat bekannt würde und Papst und Kaiser, versöhnt, gegen sie vorgehen würden. Daher beschlossen sie, die beiden Kardinäle freizulassen, den geraubten Schatz jedoch zu behalten. Aber überraschend schnell kamen Truppen aus Norden und Süden, um die Beleidigung von Papst und Kaiser an den Räubern zu rächen. Die Hilfstruppen befreiten die Gefangenen auf Burg Enn und der Heerführer Barbarossas, Heinrich der Löwe, zerstörte Hocheppan mit Feuer und Schwert.

Heinrich und Friedrich von Eppan baten um Frieden und 1181 wurde auf Burg Formigar, dem späteren Sigmundskron, der Streit beendet. Aber von diesem Tag an war die Macht der Grafen von Eppan gebrochen. Friedrich starb, Heinrich wurde an der Schwelle einer Kirche erstochen und die Söhne teilten sich in den Lehen. Das Geschlecht der Eppaner erlosch um 1300.

Burg Hocheppan war nun in Hand der Grafen von Tirol, die es den Herren von Enn zu Lehen gaben. Margarethe Maultasch gab es dem Petermann von Schenna, ihrem Rat 1358. Später kam es in den Besitz der Greifensteiner, Fuchs, Neidegg, Trautson, 1668 deren von Pach. Heute besitzt Graf Enzenberg die Ruine. Er hat Restaurierungsarbeiten zur Erhaltung der Ruine vorgenommen, wobei ihn die Superintendenz für schöne Künste in Trient mit Professor Dr. Nicolò Rasmo in jeder Weise unterstützte.

Hocheppan, Burgkapelle: die törichten Jungfrauen (Ende 12. Jahrh.)

Die Fresken in der Kapelle wurden vom staatlichen Denkmalamt unter Prof. Rasmo freigelegt Sie sind äußerst wertvoll. In den bewohnbaren Räumen wohnt der Baumann des Grafen Enzenberg, der dort von April bis Oktober eine schlichte Gastwirtschaft führt. Die Burg ist frei zugänglich, für die Besichtigung der Kapelle wende man sich an den Baumann. Erreichbar ist die Burg von St. Pauls über Missian (Fahrweg bis zu den Unterhauserhöfen, Mark. 9, dann Fussweg 20-30 Min.), oder auch von der Ruine Boymont oder von Perdonig her.

18. KAMPAN

Dieser herrschaftliche Anzitz, erbaut von den Herren von Kampan 1268, erhebt sich in einem schönen Park, am sanft ansteigenden Hang, im Ortsteil Mitterdorf von Kaltern. Heute ist von den mittelalterlichen Wehranlagen fast nichts mehr erhalten.

Der heutige westliche Bau stammt von der Umgestaltung in spätgotischer Zeit, der auch die schöne gotische Stube mit dem eingelegten Getäfel im ersten Stock zugehört. Eine Minuskelinschrift von 1514 erzählt von den verschiedenen Teilen der Stube und den einzelnen häuslichen Beschäftigungen. Die übrigen Bauteile, gut erhalten und ausgezeichnet ausgestattet, stammen aus dem Ende des 16. und Anfang des 17. Jahrhunderts.

Der Nordflügel besitzt im Mittelsaal einen grossen Marmorkamin. In anderen Zimmern befinden sich drei schöne Kachelöfen.

Der Mittelhof zeigt eine prachtvolle Loggia der Renaissancezeit, die auf drei Seiten mit schönen toskanischen Säulen und Kapitellen verläuft. Die weiten Galerien haben im ersten Stock Rundbogen und Kreuzgratgewölbe, im zweiten Stock zierliche Balustraden. Der Hof gibt dem Bau eine besondere Harmonie und Schönheit.

Das Schloss wird gegenwärtig von den Grafen Enzenberg bewohnt. Es zu besichtigen ist schwer möglich.

19. SALEGG, WINDEGG, MÜHLBURG u.a.

Neben dem Ansitz Kampan im Mitterdorf von Kaltern ist noch ein zweiter, allerdings erst viel später entstandener Ansitz sehr bedeutend: Salegg. Man betritt einen geräumigen Hof durch ein grosses Tor mit Rusticarahmung mit Wappenstein und der Jahreszahl 1604. Um diesen Hof ist um 1600 der Ansitz der Sepp von Seppenburg mit einfachen gekuppelten Rundbogenfenstern entstanden.

Im alten Ansitz findet man in einem Zimmer schönes Pilastergetäfel und eine Rosettendecke, Türen und Fenster mit Gebälk eingefasst, von 1611. Der südliche Trakt wurde in spätgotischen Formen mit einem prunkenden Marmorstiegenhaus am Beginn unseres Jahrhunderts für die Furstin Campofranco aufgeführt. Ihre Erben besitzen den Ansitz.

Die einfache Kapelle des Hauses besitzt einen Flügelaltar mit Skulpturen und bemalten Flügeln aus der Zeit um 1500.

Heute wird Salegg von der Familie Kuenburg bewohnt, eine Besichtigung des Ansitzes ist nur in Ausnahmefällen nöglich.

Kaltern hat aber noch eine Reihe vornehmer Häuser, so der Freiherren von Buol und derer von Lutterotti, den Ansitz Tonvini mit drei Erkertürmchen, Stuckdecken und Hauskapelle, den Ansitz Windegg der Herren von Dipauli, einen klassizistischen Viereckbau, in dem ein mittelalterlicher Turm steckt und im Ortsteil St. Anton die Mühlburg.

Die Mühlburg ist ein mit jetzt umgebauten Ecktürmen eingeschlossener Ansitz. Sie ist ein Hauptdenkmal des Überetscher Stiles. Sie zeigt eine regelmässige Raumeinteilung mit Mittelsälen, eine prachtvolle Freitreppe mit zweigeschossiger Loggia und zierlicher Balustrade. Die jetzige Anlage stammt aus der zweiten Hälfte des 17. Jahrhunderts.

Der Ansitz Windegg wird heute privat bewohnt. Die Mühlburg ist unbewohnt. Keine von beiden kann besichtigt werden, nur ganz ausnahmsweise wird man eingelassen.

20. RINGBERG

Ringberg ist wahrlich ein beherrschend mitten im Weinland über dem Kalterer See an der prachtvollen Südtiroler Weinstrasse gelegener Herrensitz. Er wurde ebenso wie die in seiner Nachbarschaft gelegenen Ansitze Kaltenburg und Manincor um 1600 erbaut. Sein herrschaftliches Aussehen berechtigt, ihn ein Schloss zu nennen.

Zu dieser Zeit war es üblich, dass die Landesfürsten von Tirol verdiente Beamte mit der Erhebung in den Adelsstand belohnten, für ihre geleisteten Dienste ausserdem in der schönen Gegend von Kaltern mit seinem berühmten Weinbau ein Weingut schenkten. Diese Beamten erbauten sich dann einen behäbigen Ansitz, der sich sehen lassen konnte, und nahmen in der lieblichen Gegend Aufenthalt.

So auch der Gubernialsekretär Bonetti, dem Erzherzog Ferdinand Karl jenes Weingut schenkte, darauf dieser sich Ringberg erbaute.

Später kam Ringberg in den Besitz der Familie Waldthaler und seit vierzig Jahren gehört es den Herren Walch in Tramin.

Seit mehr als dreißig Jahren beherbergt Schloß Ringberg auf Betreiben einer kleinen Gruppe von begeisterten Verfechtern der örtlichen Geschichte und Überlieferung unter Führung von Comm. Walter Amonn das Südtiroler

Weinmuseum, eines der ersten wenn nicht das erste Museum dieser Art in Italien.

Das Südtiroler Weinmuseum, untergebracht zu ebener Erde und im ersten Stockwerk des ansehnlichen Gebäudes, erfeut sich lebhaftesten Besuches aus dem In- und Ausland. Von der Weinstrasse steigt man über Stufen unter Weinpergeln durch den Weinberg, der Muster aller in Südtirol einst und heute bevorzugten Rebsorten zeigt, zum

Schloss Ringberg mit Kalterersee, von Nordwesten gesehen

Ansitz hinan. Ein Rundbogenportal führt in das Unterge-
schoss, in dem die Entwicklung des Rebbaues, der Wein-
bearbeitung und Kellereiwirtschaft im Lauf der Jahrhunderte gezeigt wird. Hier stehen gewaltige Torggeln, in verschiedenen Formen ebenso wie die Gefässe aus Ton, Le-
der und Holz, die bei der Bereitung und Aufbewahrung des
Weines verwendet wurden. Ein anderer Saal zeigt eine
Weinkarte Südtirols, die verschiedensten Gegenstände,
welche mit dem Wein und den Trinksitten zusammenhängen und auf den Wein bezügliche Urkunden und Bücher.
So erhält man ein anschauliches Bild der Weinwirtschaft
im Gebiet von Kaltern und ganz Südtirol.

Im zweiten Stockwerk, zu dem man durch den an der
Bergseite gelegenen Haupteingang kommt, sind im Salt-
nerzimmer zahlreiche Gegenstände ausgestellt, die mit
dem Volksbrauchtum um den Wein zusammenhängen; im
Propst-Weingartner-Zimmer befindet sich ein Fachbüche-
rei und können Forscher arbeiten. In weiteren Räumen
sind zahlreiche Modelle und Lichtbilder der Burgen und
Schlosser Südtirols ausgestellt.

Das Südtiroler Weinmuseum mit der Südtiroler Bur-
genschau kann am Nachmittag täglich besichtigt werden.
Von Oktober bis April ist es geschlossen.

21. WOLFSTURN, 398 m

Vom Platz vor der gotischen Pfarrkirche in Terlan, deren Fassade einen gewaltigen Christophorus zeigt und neben Fassade einen gewaltigen Christophorus zeigt und
neben der ein hoher Glockenturm steht, zweigt eine Strasse ab, welche zuerst über die Bahnlinie Bozen-Meran
und dann über die Etsch und durch Obsthaine in die Gemeinde Andrian führt. Vorüber an dem Gasthof Sichelburg
mit Freitreppe und malerischem Vordach auf zwei hohen

Burg Wolfsturn, Südostseite

Rundpfeilern und der Valentinkirche gelangt man in wenigen Minuten zur kleinen Burg Wolfsturn, nachdem man an einem kleinen weissen Bildstock vorbeigekommen ist. Burg Wolfsturn erhebt sich jenseits der Höllentalschlucht, aus welcher der Andrianer Bach tritt, auf einem wenig bewehrten Hügel in einem Kastanienwäldchen.

Die dunkel-düstere Ringmauer und der Bergfrit stammen von dem im 13. Jahrhundert aufgeführten Burgbau, die Mauer wurde später erhöht, der turmähnliche Torbau und ein einfaches Wohn- und ein Wirtschaftsgebäude hinzugefügt. Die Burg verfiel nach der im 16. Jahrhundert erfolgten Erneuerung und wurde im 19. Jahrhundert wenig glücklich restauriert.

Der Bergfrit ist der Kern der Anlage, daran schliessen im Westen Stall und Stadel, im Norden ein schmaler Wohnbau mit Rundbogenfenstern, im Südosten der mauerumschlossene Garten, im Süden das Eingangstor, befestigt durch einen kleinen Torturm mit Schiessscharten und Schwalbenschwanzzinnen. In den Turm führen zwei Bogentüren, die obere Tür erreicht man mit einer äusseren Holztreppe.

Vermutlich waren die Herren von Andrian die ersten Besitzer des Wehrturms. Dieser ging um 1430 an die Wölfe von Mareit über; daher der Name Wolfsturn. Heute ist Burg Wolfsturn Eigentum des Barons Kripp, der sie 1971 auf 100 Jahre dem Innsbrucker Jugendzentrum Kennedy-Haus zur Verfügung gestellt hat. Innerlich zweckentsprechend adaptiert und eingerichtet, dient sie jetzt als Kindergarten.

Vom Turm bietet sich eine sehr schöne Aussicht, ringsherum Spaziergänge. Etwas höher am Hang erhebt sich der Überrest einer alten Burganlage des 12. Jahrhunderts, vielleicht die einstige Burg Andrian. Noch höher ragt in aussergewöhnlicher Situation die Burgruine Festenstein.

Die Burg kann schwerlich besichtigt werden.

22. FESTENSTEIN, 780 m

Wenn man vor dem Dörfchen Andrian, wo am Ausgang der Gaider Schlucht oder des Höllentales Schloss

Wolfsturn und darüber die letzten Trümmer der Burg Andrian liegen, zur Höhe des Gantkofels blickt, sieht man in den Felswänden des Gaidergrabens hoch erhoben die Burgruine Festenstein und hält es für unmöglich, dass diese auf einem Felszahn aufragende Burg erklommen werden kann. Die Lage der Burg ist unvergleichlich und überraschend. Das viereckige Burgtor liegt einige Meter über dem Boden und ist nur über eine Freitreppe erreichbar. Früher war hier auf einem Pfeiler zwischen den Felsen die Zugbrücke, welche den Weg zum zweiten Burgtor freigab. Der Burgweg steigt zwischen engen Wehrmauern längs des Felsens an und führt durch ein drittes Tor in die eigentliche Burg, die sich auf dem ganzen Felsrücken mit seinen Bodenunebenheiten bis fast in die Bachschlucht erstreckt.

Auf der Spitze des Felszahnes erhebt sich ein bloss einstöckiger fünfeckiger Turm, mit kleinen Fenstern und Zinnen und einem Pyramidendach, in der Form wie ein gewöhnlicher Turm, nur bildet der Fels sozusagen seinen unteren Teil. So hat dieser Burgteil eine bizarre und charakteristische Gestalt. Der Palas steht etwa auf der Höhe des dritten Portals; der Felsen bildete seine Rückwand. Darunter befindet sich ein kleiner Burghof und noch tiefer ein viereckiger Vorbau.

Man kennt den genauen Zeitpunkt, zu dem Festenstein erbaut wurde, nicht. Man glaubt indes, daß diese Burg als Vorposten von Schloß Hocheppan erbaut und von den Grafen von Eppan Ministerialen dieses Geschlechts überlassen wurde.

Im Jahre 1395 hatte es Hans von Villanders zu Leben, 1437 Matthias Sporenberger, dessen Nachkomme Christoph es an Erzherzog Sigismund verkaufte. Kaiser Maximilian belehnte Paul von Lichtenstein und Cyprian von Sarnthein mit Festenstein. Nach dem Brande von 1503 ging die Burg an Hans Übelhör über, dessen Nachkommen sie bis 1659 bewohnten. Im 17. Jahrhundert wur

Burgruine Festenstein oberhalb Andrian, Nordseite

den Restaurierungsarbeiten vorgenommen. Später war Franz von Lanser Lehensträger, dessen Nachkommen sie im 19. Jahrhundert verkauften. Kommenzialrat Vogel liess die Ruine um 1910 sorgfältig sichern und ausbessern.

Die Burgruine Festenstein erreicht man von Andrian aus in einer knappen Stunde, mit einer sehr interessanten Wanderung durch das wilde, im Porphyrgestein tief eingeschnittene Höllental (auch Gaider Schlucht genannt). Der mit Nr. 15 markierte Fussweg führt zuerst in die Schlucht hinein, biegt dann jäh nach rechts ab, erklimmt mit Hilfe einiger kleinen Holztreppen den schroffen Westhang der Schlucht und führt am Fuss des Burgfelsens vorbei. Weniger beschwerlich ist der Zugang zur Burg von oben her, nämlich vom Weiler Gaid, der auch mit PKW von Eppan aus über Perdonig erreichbar ist.

Nach der von einigen Jahren vorgenommenen Konsolidierung der Gemäuer ist der Zugang zur Ruine durch eine Türe versperrt worden, die nur manchmal an Sonn- und Feiertagen geöffnet wird.

23. SCHWANBURG, 356 m

Am bergseitigen Rand des berühmten Weindorfes Nals im Etschtal liegt an der Ausmündung einer wilden Porphyrschlucht das zierliche Schloss Schwanburg.

Schloss Schwanburg ist ein geräumiges, im charakteristischen Überetscher Stil erbautes malerisches Bauwerk. Das breite und behäbige Portal führt in einen pittoresken Hof mit Freitreppen und Loggiengängen an den einzelnen Bauten, dessen asymmetrische Harmonie noch durch die Erker, Fenster und Dachverschneidungen gesteigert wird. In den Sälen und Zimmern finden sich Getäfel und Felderdecken, alte Öfen und Wandmalereien, Gemälde und Wappen. Im Hof wurden, dem Brauch der Renaissance gemäss, römische Steine eingemauert. Am Tor

Schwanburg, der malerische Schlosshof

und an sieben Säulen der nördlichen Loggia sind Wappen angebracht. Auch eine einfache Kapelle ist vorhanden.

Der mittelalterliche Bau, das bereits 1286 erwähnte Haus in der Gaul, wurde von Mezelin, Sohn des Morandin, der Bozner Pfarrkirche geschenkt. Im 14. Jahrhundert kam das Haus an der Gaul in den Besitz der Boymont-Payrsberg. Jakob von Boymont-Payrsberg verwandelte,

Die Schwanburg in Nals und (oben) die Ruine Payrsberg

ohne Rücksicht auf Kosten, den mittelalterlichen Bau in die prunkvolle Anlage der Renaissance, als die sich die Schwanburg heute repräsentiert.

Hatte das Haus zuerst den Namen in der Gaul getragen, so kam das wohl von der örtlichen Lage an einer Schluchtmündung am Bergfuss; den Namen Schwanburg aber erhielt es nach dem Wappen der Boymont-Payrsberg, dem Schwan, den wir überall am erneuerten Bau finden.

Die Baukosten für die Schwanburg, die Jakob von Boymont-Payrsberg 1560 bis 1575 aufbringen musste, stürzten ihn so in Schulden, dass bei seinem Tod 1581 seinem überlebenden Sohn so gut wie nichts übrig geblieben war. Zur Deckung der Schulden ging die Schwanburg an die Grafen Trapp über, von denen eine Linie, die 1691 ausstarb, sich Trapp-Schwanburg nannte. Die Grafen Trapp verkauften 1771 die Schwanburg an die Nalser Familie Thaler, die 1873 erlosch. Des letzten Thalers Witwe, eine geborene Carli, überliess die Burg ihrem Neffen Rudolf Carli, dessen Nachkommen heute Besitzer der Burg sind und dort eine Landwirtschaft und bekannte Kellerei eingerichtet haben.

Die Schwanburg kann nur schwerlich besichtigt werden.

24. PAYRSBERG, 460 m

Inmitten des von Reben, Kastanien und Wald bestandenen Hanges oberhalb der Ortschaft Nals erblickt man am Rand eines steileren Absturzes in hervorragender Lage eine mächtige Gebäudegruppe: die Burgruine Payrsberg. Man erreicht sie von Nals über einen Fahrweg, vorbei an der Schwanburg in allmählichem Anstieg zwischen Reben und Wald. Dann steht man auf einmal vor einem

Torbau und einem mächtigen viereckigen Bergfrit und erblickt den auch in Ruinen mächtigen Komplex von Payrsberg.

Mit den spärlichen Freskenresten, die zwischen Schutt und Trümmern sichtbar sind, deutet sich noch ein Schimmer des alten Glanzes und der grossen Bedeutung an, welche diese Burg seiner Zeit gehabt hat. Man nimmt an, daß das anfänglich nur aus einem Wohnturm bestehende Schloß zu Beginn des 13. Jahrhunderts errichtet wurde und zwar von der Ministerialen-Familie Payr, die sich in der Folge Payrsberg nannten und gegen Ende des 18. Jahrhunderts ausstarben. Doch hatte diese Burg bereits im 16. Jahrhundert Besitzer gewechselt und war an einen Zweig des Geschlechts Boymont gegangen, die sie vollständig umbauen ließen. Die Arbeiten wurden wahrscheinlich im Jahr 1574 abgeschlossen.

Wohlerhalten ist noch der Bergfrit, der im zweiten Stock zwei Rundbogentüren hat und bewohnt war, während der Palas zum grössten Teil verfallen ist. Bereits um 1600 hatte ein schwerer Brand das Schloss verheert, ausgenommen ein Rondell. Nach 1900 wurde die Burgruine abermals erneuert und teilweise bewohnbar gemacht.

Die Payr waren Ministerialen der Grafen von Eppan und erbauten im 13. Jahrhundert die dann Payrsberg genannte Burg. Später gehörte sie den Boymont, die sich den Namen Payrsberg beifügten. Dieses Geschlecht erlosch 1742. Nach verschiedenem Besitzerwechsel erwarb 1890 eine Bauersfamilie das Anwesen. Derzeit ist Herr Johann Malpaga der Eigentümer, der den vorderen Teil der Burg selber bewohnt und dort auch eine kleine Gastwirtschaft führt. Die Burg kann von Mai bis November besichtigt werden.

176

Burgen von Meran

1. Schloss Tirol
2. Brunnenburg
3. Vorst
4. Winkel
5. Knillenberg
6. Rubein
7. Reichenbach
8. Trautmannsdorff
9. Rametz
10. Labers
11. Planta oder Greifen
12. Goyen
13. Rundegg
14. Schenna
15. Zenoburg
16. Katzenstein
17. Fragsburg
18. Thurnstein
19. Landesfürstliche Burg
20. Stadtbefestigung Meran

1. SCHLOSS TIROL, 639 m

Das Schloss Tirol spielt die wichtigste Rolle in der lokalen und Landesgeschichte, denn es und seine Besitzer repräsentierten durch sieben Jahrhunderte das Land, es ist die bedeutendste Burg Südtirols und überhaupt Tirols, und - das steht fest - das ganze Land hat von der edlen Familie deren von Tirol den Namen erhalten. Tirol heisst das Dorf und die Burg, welche seit ungefähr 1100 von den Grafen von Vinschgau besessen wurde. Diese nennen sich 1141 zum erstenmal Grafen von Tirol. Dieses fürstliche Schloß, das die Tiroler «das Herz des Landes» nannten, entstand auf einem Moränenhügel, der auf der einen Seite steil abfällt, etwa in der ersten Hälfte des 12. Jahrhunderts. Erbauer waren die Grafen von Vinschgau, die sich in jener Zeit endgültig oberhalb von Meran niederließen.

Die Grafen von Tirol, eine mächtige Familie, begabt mit zähen und unternehmenden Menschen, konnten nach langen und harten Kämpfen ihr Geschlecht zum herrschenden Haus im ganzen Land erheben.

Im Jahre 1347, als der Luxemburger König Karl von Böhmen im Einvernehmen mit den lombardischen Herren Tirol mit Krieg überzog, leistete die Gräfin Margarethe Maultasch dem Böhmenkönig, der Schloss Tirol belagerte, energischen Widerstand, um seinen Überfall abzuwehren, und der Belagerer musste erfolglos abziehen.

Mit der Abdankung der Margarethe Maultasch 1363 endete die goldene Zeit der Burg Tirol. Schon seit Beginn

Schloss Tirol von NW

180

des 14. Jahrhunderts begannen die Grafen von Tirol auch anderswo Aufenthalt zu nehmen, so auf der 1288 erworbenen Zenoburg. Und dann kam die Zeit, wo sie es liebten, langen Aufenthalt in anderen Schlössern zu nehmen, bis sie schliesslich endgültig die Residenz von Meran nach Innsbruck verlegten. Mit dem Ende des 16. Jahrhunderts beginnt der Verfall der Burg Tirol: schliesslich beherbergte sie nur einen Burgwart, einen Burgkaplan und einen Förster. In der ersten Hälfte des 17. Jahrhunderts wurde die ganze Nordostecke, wo sich die Fürstenzimmer befanden, aus Furcht vor der Brüchigkeit des Moränenhügels, auf dem das Schloss steht, abgetragen. Wahrscheinlich wurde damals auch der Bergfrit zur Hälfte abgetragen und sein Material anderswo verwendet.

Unter keinem glücklichen Stern standen auch die Restaurierungen 1882 bis 1898 und 1904 bis 1912, bei denen Bergfrit, Palas, der ganze Südtrakt und die Kapelle willkürlich umgeformt wurden.

Bei der Annexion Südtirols durch Bayern 1807 wurde Burg Tirol, wohl um die Gefühle der Tiroler zu kränken, für den Betrag von 2000 Florins versteigert. Schliesslich erwarb 1816 die Stadt Meran das Schloss und schenkte es später Kaiser Franz I. als gefürstetem Grafen von Tirol.

Nach 1919 nahm der italienische Staat Burg Tirol als einstigen habsburgischen Besitz in Verwahrung und übergab sie der Obhut des staatlichen Denkmalamtes, welches um die Erhaltung und die Aufsicht bemüht war und bis 1973 sehr umsichtige Restaurierungen vorgenommen hat, um den Gebäudekomplex nach Möglichkeit wieder zu seiner früheren Gestalt zurückzuführen. Dann wurde das Schloss dem Land Südtirol übertragen, welches es für kulturelle Veranstaltungen zu verwenden gedenkt.

Es soll hier darauf verwiesen werden, daß die vom staatlichen Denkmalamt zwischen 1940 und 1973 vorgenommenen Restaurierungsarbeiten beabsichtigten, dem Schloß seine ursprüngliche Struktur wiederzugeben. Das

Schloss Tirol, Kapellenportal

Wetter in den Jahrhunderten hatte diesem wichtigen Schloß äußerst zugesetzt und bei vorangegangenen Restaurierungen waren sträfliche Demolierungen bzw. Anbauten vorgenommen worden.

Heute sind vom Gesamtbau am interessantesten der Kern und der Südteil der Burganlage.

Das Portal am Vorhof des Palas und jenes am Kapeleneingang sind kräftige und bemerkenswerte Äusserungen genialer lokaler Kunst aus dem romanischen Geist des 12. Jahrhunderts. Diese beiden Marmorportale, reich gegliedert und mit zahlreichen symbolischen Skulpturen ausgestattet, gehören zu den originellsten Schöpfungen romanischer Kunst in Tirol.

Der grosse Saal, in den man durch die Vorhalle, eine offene Loggia mit Freitreppe und das erste Portal eintritt, hat gegen Norden und Süden je eine Reihe gekuppelter Rundbogenfenster (nur zum Teil ursprünglich), sowie gegen Westen ein dreiteiliges, erst kürzlich wiederhergestelltes Fenster. Durch das zweite reichgezierte Marmorportal tritt man in die doppelgeschossige Kapelle.

Die Kapelle, mit Rundapsis, hat vier Altäre, Marmorskulpturen, zahlreiche Wandmalereien in leidlichem Erhaltungszustand und eine mächtige Kreuzigungsgruppe, die Kopie eines verschollenem Originals des 14. Jahrhunderts. Eine Legende erzählt, dass immer beim Tod des Schlossherrn ein Stück dieser Holzskulptur verloren geht.

Im kleinen und engen Burgmuseum befinden sich einige alte Messbücher, Kodizes, alte Drucke, Reproduktionen alter Schlossansichten seit dem 18. Jahrhundert und andere Gegenstände lokalen Interesses.

Das Schloß befindet sich heute im Eigentum des Landes Südtirol, das dort weitere Restaurierungen durchführen ließ und noch durchführen läßt. Wegen der Beschaffenheit des Bodens (Moränenhügel) sind die Arbeiten schwierig geworden.

Es ist geplant, in den nächsten Jahren im Schloß-Palas wertvolle historische Sammlungen, archäologische

Funde und eine Dokumentation der Landesgeschichte auszustellen.
Man erreicht Schloß Tirol vom Dorf Tirol aus auf einem Rund zwanzig Minuten dauernden Spaziergang. Von Meran aus mit dem Auto auf einer rund fünf km langen Straße. Es gibt hier auch einen regelmäßigen Busdienst. Das Schloß kann gegen Eintrittsgeld zu festgesetzten Stunden an Wochentagen besichtigt werden.

2. BRUNNENBURG, 549 m

Knapp hinter Dorf Tirol biegt vom Weg nach Schloss Tirol ein steiler Karrenweg links ab, welcher zu jener eigenartigen Burganlage hinabführt, die vielleicht wegen einer nahen Quelle der romantischen Namen Brunnenberg erhielt. Dier Burg beherrscht den Hang zwischen Dorf und Schloss Tirol und steht auf einem aus dem Köstengraben aufragenden, nach drei Seiten abfallenden Glazialschuttkegel.

1904 wurde Brunnenberg auf der Grundlage der Reste der früheren Wehranlagen, die 1241 und 1253 entstanden waren, in spielerischer Form wieder aufgebaut.

Erbaut von einem Zweig der Tarante, belehnte 1269, nachdem die Burg seit mehreren Jahren im Besitz des Brixner Bistums war, Bischof Bruno Graf Meinhard II. von Tirol damit, dem sie eine Plattform zur Verteidigung von Tirol war. 1334 gab König Heinrich die Burg der Witwe und den Kindern des Wilhelm von Brunnenberg zu Lehen. Während der Belagerung der Burg Tirol durch König Karl von Böhmen aus dem Haus Luxemburg wurde Brunnenberg stark beschädigt.

Im Jahre 1457 kaufte Hans von Kripp die Burg, die bis 1812 bei dieser Familie blieb. Sie kam in bäuerliche Hände und verfiel immer mehr, bis sie 1904 von einem Rhein-

Brunnenburg bei Meran, SO-Front

länder erworben wurde, der sie mit vielen Kosten gänzlich in jener bizarren Art erneuern liess, welche der Burg das gegenwärtige eigenartige Aussehen verleiht. Vom ursprünglichen Bau ist nichts mehr übrig geblieben.

Im Jahr 1955 erwarb Prinz Prof. Boris de Rachewiltz, ein vornehmer Archäologe und Schwiegersohn des berühmten amerikanischen Dichters Ezra Pound die Brunnenburg. Der Dichter selbst verweilte seit 1958 auf dem Schloss, wo er an seinen «Cantos» weiterarbeitete.

Die Burg ist geschmackvoll eingerichtet und beherbergt interessante archäologische, insbesonders ägyptische Sammlungen, welche der derzeitige Besitzer zusammengetragen hat. 1974 wurde ausserdem in der Brunnenburg ein interessantes Landwirtschaftliches Museum eingerichtet, welches die Arbeit und Lebensweise der Tiroler Bergbauern veranschaulicht und besichtigt werden kann. Die übrigen Räume sind dem Besucher nicht zugänglich. Das Museum ist täglich aüßer Dienstag von 15-17 Uhr geöffnet.

Die Brunnenburg erreicht man in wenigen Minuten vom Dorf Tirol aus; etwas länger und mühsamer ist der Aufstieg von Gratsch aus.

3. VORST, 350 m

An der von Meran in den Vinschgau führenden Strasse erhebt sich unmittelbar nach der Brücke, auf welcher die Strasse das hier meist wasserarme Flussbett der Etsch überquert, auf einem kleinen Hügel die wohlerhaltene, von Efeu überwachsene Burg Vorst.

Die Herren von Vorst erbauten die Burg im 13. Jahrhundert. Sie starben aber, noch 1242 erwähnt, bald aus. Graf Meinhard I. von Tirol räumte 1256 seinem natürlichen Sohn Wolfhard das Wohnrecht im oberen Teil der Burg ein. Als Herzog Friedrich mit der leeren Tasche Burg für Burg der Mitglieder des Elefantenbundes nahm, eroberte er 1423 auch Vorst. Im unterirdischen Burgverliess soll der berühmte Minnesänger Oswald von Wolkenstein 1427 vom Herzog auf Betreiben von Sabina Hauenstein gefangen gehalten worden sein. Sein alleiniges Vergehen war es, daß er in sie verliebt war, sie aber diese Liebe nicht erwiderte (s. Schloß Hauenstein).

Im weiteren Verlauf hatten die Familien Andrian,

Schlosshotel Vorst, Südseite

Fuchs und von 1519 bis 1877 die Grafen Brandis die Burg in Besitz. Bei einem Brand im Jahre 1803 wurde ein erheblicher Teil der Burg zerstört einschliesslich fast der ganzen Einrichtung und des gotischen Altares der Kapelle.
Gegen Ende des 19. Jahrhunderts unterzog die Fami-

lie Schrott die Burg einer gründlichen Restaurierung, welche von der im Besitz nachfolgenden Familie des englischen Admirals Cross ergänzt wurde. Dessen Witwe Florence Cross verkaufte Schloss Vorst an Hans Troyer, der es in ein Hotel umwandelte und mit viel Geschmack, wenn auch nicht stets ganz orthodox, in den alten Mauern sehr anheimelnd einrichtete.

Burg Vorst befindet sich in sehr gutem Erhaltungszustand und besitzt eine Reihe schöner Bilder des 17. und 18. Jahrhunderts sowie ein prachtvolles Bett mit Einlegearbeiten, in dem angeblich Kaiserin Maria Theresie geschlafen haben soll.

Von Interesse ist die gotische Burgkapelle mit Barokkaltar und der malerische Burghof.

In der Burg kann Wohnung bezogen werden, da sie als Hotel geführt wird. Besichtigung einzelner Teile ist möglich.

4. WINKEL

Der im 14. Jahrhundert der Familie Winkler eigene Gutshof, heute ein geräumiges Bauwerk, wurde im 17. Jahrhundert von Kaspar von Rosenberg, dem Kammerdiener Erzherzog Maximilians II. umgebaut und in die heutige stattliche Gestalt im Stil der Renaissance gebracht.

In der Folgezeit waren verschiedene Adelige Besitzer des Ansitzes; eine kurze Zeit gehörte er auch der damaligen Regentin Tirols Claudia von Medici, die Witwe eines habsburgischen Landesherren war. Im Jahre 1955 erwarb es der Trentiner Antonio Cembran, der das Schloss mit viel Aufwand erneuern und die Einrichtung mit auserlesenem Mobiliar ergänzen liess.

Zur Zeit gehört Schloss Winkel den Erben nach Antonio Cembran. Man erreicht es durch die Cavour- und durch die Winkelstrasse. Eine Besichtigung wird nur schwerlich gestattet.

5. KNILLENBERG

Wenn man vom Brunnenplatz rechts abbiegt, so erblickt man bald rechter Hand ein stattliches, von zwei massigen Ecktürmen mit Oktogon, Kuppel und Laterne flankiertes Herrschaftshaus, umschlossen von einer Tormauer, mit Wirtschaftsgebäude, Verbindungsgang mit Spitzbogenöffnungen und Ziegelbrüstung und einem mittelalterlichen Viereckturm und einem geräumigen Hof, den Ansitz Knillenberg. Der malerische, gut gehaltene Bau enthält romantische Treppen, Räume mit Gratgewölben, Holzdecken, Wandmalereien und Stukkaturen des 17. und 18. Jahrhunderts sowie eine Kapelle mit achteckiger Flachkuppel, die Josef Wengenmayr 1779 ausgemalt hat.

Knillenberg ist vermutlich der Stammsitz der seit dem 12. Jahrhundert erwähnten Herren von Mais. Ihn erwarben 1513 die Knilling, welche kurz vorher geadelt worden waren und das Recht erhalten hatten, sich von Knillenberg zu nennen. Sie tauften den Ansitz 1518 auf Knillenberg um. Sie verkauften ihn 1616 an Johann Eckart von Rosenberg, der ihn wenige Jahre später 1641 an den Fürstbischof Freiherrn Flugi zu Aspermont von Chur veräusserte. In dem unter den Rosenberg umgebauten Haus führten die Flugi ein glanzvolles Leben bis 1776 der letzte Spross, verarmt, starb. Sebastian von Knillenberg erwarb das Haus wieder für sein Geschlecht, Mitte des vorigen Jahrhunderts gehörte es der Tochter des letzten hier sesshaften von Knillenberg, Frau Johanna Verdross, dann den Freiherren von Giovanelli u. seit 1946 ist es Eigentum von Baron Paul Kripp.

Knillenberg ist bewohnt und schwer zu besichtigen.

6. RUBEIN, 370 m

An der Wegkreuzung der Cadornastrasse mit der zum Kirchlein St. Valentin führenden Strasse erhebt sich der stattliche, fünft Stockwerke hohe, bewohnbare Turm der Burg Rubein aus der üppigen Vegetation seines Gartens. Über die Entstehung der Burg bestehen abweichende Meinungen von ziemlicher Verschiedenheit. Der erste namentlich erwähnte Rubeiner ist der 1220 genannte Berthold Rubein, der berühmteste der zur Schule Walthers von der Vogelweide gehörende Dichter Rubin, dessen Vorname unbekannt ist. Im Lauf der Zeit sassen auf Rubein die an der Gassen, von Gagers, von Auer, von Tarant, Garland, Schenken von Tirol, die Rottenburger von Starkenberger, Wirtel, Römer, die Ragonia aus Florenz, von Wangen, von Schneeburg, Grafen Brandis, von Reyer, Grafen Wolff-Metternich. Eine Gräfin Wolff-Metternich liess gegen Ende des 19. Jahrhunderts das Schloss restaurieren und von ihr ererbten es die Grafen Du Parc, die es heute noch besitzen und bewohnen.

Der stattliche Wohnturm reicht weit zurück, wohl ins 12. Jahrhundert, der Palas wurde im 16. Jahrhundert vollständig umgebaut und auch die Kapelle erhielt damals ihr gegenwärtiges Aussehen. Eine Reihe weiterer Umbauten, welche das Innere dem modernen Wohnbedürfnis anpassten und das Äussere stark veränderten, fanden im 19. Jahrhundert statt.

Vom ursprünglichen Schloß zeugten nur mehr der schöne Hauptturm, über zwanzig Meter hoch, mit seinen welfischen Zinnen und dem Pyramidendach, mit dem der Turm noch schlanker wird und die Höhe von 30 Metern erlangte.

Graf Robert Du Parc hat das Schloss mit einer reichen Kunstsammlung verschiedenster Herkunft ausgestattet: flämische Bilder und polnische Luster, Eisenlampen und Holzskulpturen, gotische Gegenstände, Kachelöfen und Ölgemälde. Besonders bemerkenswert ist die schöne

Sammlung von Apothekermörsern, gesammelt von mehreren Generationen; sie enthält einzigartige Stücke von hohem Wert. In letztes Zeit sind im Schloß einige Wohnungen eingerichtet worden.

7. REICHENBACH

In nächster Nähe des Brunnenplatzes in Obermais steht Schloss Reichenbach. Es ist ein einfacher Bau mit einem Turm und schönen Fenstergittern. Der im 14. Jahrhundert aufgeführte Bau wurde 1860 von Gräfin Esterhazy restauriert.

Seine heutige Gestalt geht auf die Restaurierung von 1860 zurück. Seitdem wechselten die Besitzer mehrfach. Heute ist das Schloss von den Eigentümern bewohnt und kann nicht besichtigt werden. Es gehört dem Zisterzfienserkloster von Stams.

8. TRAUTMANNSDORFF, 385 m

So man über den Winkel-Weg oder die Dante-Strasse bei der Talstation der Haflinger Schwebebahn vorübergegangen ist, erreicht man bald ein über dem Naifbach sich erhebendes grosses Gebäude, das zu einer Besichtigung einlädt: Schloss Trautmannsdorff.

Die Überlieferung will wissen, dass Trautmannsdorff erbaut ist über jenem Oratorium des Bischofs Valentin, in dem dieser in seinen letzten Lebensjahren betete.

Tatsächlich wurde hier eine damals Neuberg genannte Burg am Beginn des 14. Jahrhunderts erbaut. Später werden als Besitzer die Familien Angerheim und Suppan genannt. Den Namen Trautmansdorff erhielt es vom gleichnamigen Geschlecht, welches 1551 bis 1679 die Burg besass und 1847 von Graf Trautmannsdorff wieder erworben wurde. Im Jahre 1778 stürzten einzelne Teile des Baues, darunter der Turm und die Kapelle, ein. Nach der Mitte des 19. Jahrhunderts (zwischen 1870 und 1879) wurde mit dem Wiederaufbau begonnen und das Gebäude in der heutigen Gestalt mit Zinnen und Loggia geschaffen. Nach der Erneuerung des Schlosses weilte Kaiserin Elisabeth mehrmals zur Erholung im Schloss und lustwandelte im prachtvollen Park, welcher das grosse Gebäude umgibt. Das Schloß gehört seit geraumer Zeit dem Nationalverband der Frontkämpfer (Opera Nazionale Combattenti). Dieser hat es in den letzten Jahren Landwirten zur Nutzung abgetreten und wird von diesen bewohnt. Es kann nur ausnahmsweise besichtigt werden.

9. RAMETZ, 430 m

cRametz macht weniger den Eindruck einer Burg als vielmehr einer grossen zinnenbekrönten Villa, umgeben von Gärten und Weinbergen, von denen man einen bezaubernden Blick über das Meraner Becken geniesst. Man gelangt über eine Brücke von der Schennaer Strasse zum Schloss.

Erbaut wurde Rametz im 13. Jahrhundert. Es war 1269 im Besitz der Grafen von Ulten. Die nach dem Hof Rametz benannten Herren von Rametz, im 14. und 15. Jahrhundert vielfach erwähnt, starben 1497 aus. Auf sie folgten die Aichner, Quaranta, Planta, Parravicini.

Im Jahr 1836 erwarb der Universitätsprofessor Dr.

Schloss Rametz gegen Untermais und Marling

Franz Flarer von Pavia die Burg, seine Tochter heiratete Agostino Depretis. Heute besitzt die Familie Crastan Schloss Rametz.

Flarer hat die Burg in den Jahren 1843 und 1872 umfassend restauriert und im damals üblichen Münchner Maximilianstil umformen lassen. Bemerkenswert sind

Fresken aus der Schule von Quirico und ein Zimmer mit Renaissancegetäfel und Kassettendecke von 1596. Die Einrichtung ist wertvoll. Die Erlaubnis zur Besichtigung ist schwer zu erhalten.

10. LABERS, 505 m

Links oberhalb von Schloss Rametz, erreichbar auf dem von der Schennaer Strasse abzweigenden Laberser Weg, erhebt sich in wunderbarer Lage Schloss Labers. Labers ist ein zweistöckiger Bau von erheblichen Ausmassen mit zwei Ecktürmen. Der 1185 erwähnte Hof trug den Namen Laubers nach seinen ersten Bewohnern. Angeblich soll er bereits im 11. Jahrhundert, zwischen 1077 und 1082 von einem Ulrich von Laubers bewohnt gewesen sein, von dem unbekannt ist, woher er kam und ob er den Bau aufführte. Nach dem Aussterben der Laubers 1278 begegnet uns ein Christian von Angerheim aus Untermais, dessen Sohn Heinrich Marschall von Tirol war, als Besitzer.

1429 kaufte Jakob Auer das Schloss, unter Herzog Sigismund sind 1452 die Brüder Baumkircher Besitzer. Dann wird 1550 der Kanzler Widmann und weiterhin zahlreiche andere Geschlechter benachbarter Burgen als Besitzer angeführt, schliesslich 1812 die Bombarden, dann 1823 der Chirurg Richard Kirchlechner, 1843 der königliche Rat von Klenze, ein Ratgeber König Ludwig I. von Bayern. 1891 erwarb es ein Däne, Adolf Neubert, der es restaurierte und als Fremdenpension einrichtete, wobei vom alten Aussehen fast nichts übrig geblieben ist. Ausser den im Keller sichtbaren mittelalterlichen Steinlagen und einer Kapelle ist nichts vom alten Bestand bewahrt.

Im letzten Weltkrieg war in Schloss Labers eine Geldfälscherzentrale des Dritten Reiches (Unternehmen Bern-

Schlosshotel Labers in Obermais, Südseite

hard) untergebracht, die falsche Pfund Sterling und Dollars herstellte, welche die Organisation des Admirals Canaris zu Spionagezwecken verwertete. Die Mittel des bekannten Falles Cicero stammten aus der Meraner Fälscherwerkstätte, deren Druckerei mit den vollendetsten Maschinen ausgestattet war.

195

Nach dem zweiten Weltkrieg wurde Schloss Labers bald wieder in Ordnung gebracht und als Hotel eingerichtet. Seine Einrichtung ist zweckbestimmt, aber vornehm. Aus dem schönen Park von Labers bietet sich eine herrliche Sicht über die Stadt Meran. Eigentümer sind die Nachkommen von A. Neubert.

11. PLANTA ODER GREIFEN, 420 m

Dort wo Obermais zu Ende geht und das Passeier beginnt steht die ausgedehnte Anlage von Schloss Planta, dessen Mauern fast vollständig von Efeu überwachsen sind, sodass man es Efeuschloss nennen möchte. Eine Ringmauer mit Zinnen von fast 250 Meter Länge, an deren vier Ecken ein Turm steht, sichert den Hauptturm und den weiten Park um den Schlossbau. Im Schlosshof steht ein aus Sandstein gemeisselter Greif, das Wappen der Burgherren, der Greifen, nach dem es auch Greifen oder Greifenstein genannt wird.

Das Schloß wurde im 13. Jahrhundert zu Wohnzwecken errichtet und in der Folge erheblich erweitert und auch verschönert. Nach dem Erlöschen des Geschlechtes der Greifen am Beginn des 15. Jahrhunderts kam das Schloss in verschiedene Hände.

Da finden wir die Herren von Montani, 1544 die Übelhör und dann die Völs-Colonna, von denen Hans Jakob in der Mitte des 16. Jahrhunderts das Schloss erheblich erweitert und wahrscheinlich auch die vier Eckrondelle erbaut hat. Auf die Völs folgte Maximilian von Mohr und schliesslich am Beginn des 17. Jahrhunderts die 1618 aus der Schweiz vertriebenen Rudolf und Pompejus Planta Freiherren von Wildenburg, welche die Anlage auch erweiterten. Nach dem Tode des Landesfürsten Leopold I., der ein Gönner des Rudolf von Planta war, zog dieser sich nach Meran zurück und machte sich durch seine zahlreichen guten Werke sehr beliebt, bis er 1634 an der Pest starb. Ein einfacher Grabstein in der Kirche Maria Trost in Untermais von 1638 erinnert an ihn und seine Gemahlin Margarethe von Travers. Im 18. Jahrhundert erlosch die Familie Planta. Hiess die Burg zuerst Greifen oder Greifenstein, so bürgerte sich mit den neuen Besitzern der Name Schloss Planta ein und wurde allgemein üblich. Vor etwa zweihundert Jahren kam das Schloss in bäuerlichen Besitz und geriet allmählich in Verfall. Dann folgten als Besitzer die Elsler, Mazegger und Ertl.

Seit 1935 gehört es den Freiherren Senfft von Pilsach, welche eine gründliche Restaurierung vorgenommen und das Schloss mit wertvollen alten Möbelstücken ausgestattet haben.

Bemerkenswert ist neben dem Gesatmkonplex mit seinen regelmäßigen äußeren architektonischen Formgebungen der sogenannte Fresken-Saal, wo Jagdzenen im spätgotischen Stil dargestellt sind.

Das Schloß wird gegenwärtig in Miete von Landwirten bewohnt.

Schloss Planta kann nicht leicht besichtigt werden. Man erreicht es vom Brunnenplatz über die Virgil- und die Hasler Strasse.

12. GOYEN, 618 m

Auf einem Hügel über Obermais steht, schon in der Gemarkung von Schenna, Schloss Goyen, erreichbar auf einem von der Strasse Obermais-Schenna abzweigenden Fahrweg.

Vielleicht hat, kombinieren Dilettanten, in römischer Zeit hier ein Gaius gehaust, woraus allgemach ein Wort

Ostansicht von Schloss Goyen

wie Gajen oder Gaiano entstanden sein mochte, nach
dem späterhin Ort und Schloss benannt sein könnten. Wie
dem sei: es erhebt sich hier ein massiver Bergfrit mit
Schiessscharten und einem Elefantenrelief auf einem
Eckstein. Die hohe bezinnte Ringmauer wird um den
durch eine Quermauer von der Hauptburg abgesonderten
Bergfrit geführt. Der noch heute bewohnte Palas weist

schöne Mittelsäle auf. In ihrer gegenwärtigen Gestalt reicht die Burg nicht über das 12. Jahrhundert hinaus, damals Besitz der Milser, die es 1384 an Hans von Starkenberg verkauften.

Während der Fehde zwischen Friedrich mit der leeren Tasche und dem Elefantenbund wurde Burg Goyen belagert. Nachdem sich der Starkenberger 1422 ergeben hatte, erhielten die Campaner die Burg. Nach deren Aussterben kam sie 1498 an die Botsch, von denen ein Nachkomme leidenschaftlicher Lutheraner war. Der letzte Botsch, Hans Gaudenz, starb 1647 und Goyen erwarben die Brüder Sebastian Georg und Leopold von Stachelberg; der letzte dieses Geschlechts, das uns auch auf der Stachelburg in Partschins begegnet, fiel 1809 in der Schlacht am Berg Isel. Seither wechselten die Besitzer, deren letzter, der Holländer Jan B. van Heek, die Burg unter genauer Rücksichtnahme auf ihre Baulinien einschliesslich des Rittersaales restaurieren liess.

Die Burg, ein gut erhaltener, bemerkenswerter und origineller Bau des 12. Jahrhunderts, um 1600 umgebaut, bietet einen charakteristischen Anblick und ist einmalig unter den Burglagen der Meraner Gegend. Der Bau gruppiert sich um den massiven, schönen romanischen Turm, der besonders durch seine einfache Art wirkt.

Die Burg kann nicht besichtigt werden.

13. RUNDEGG

Schloss Rundegg wurde um 1600 um einen mittelalterlichen Turm erbaut. Es ist ein breit angelegter Baukomplex, der von einem mächtigen Viereckturm beherrscht wird, auf dem ein neues hohes Walmdach ruht. Von Schloss Rundegg geniesst man einen prachtvollen Blick

über das Meraner Talbecken. Das Schloss erreicht man
direkt vom Brunnenplatz aus. Das einfach gehaltene Haus wandelte sich im 17.
Jahrhundert von einem Landhaus in ein Patrizierhaus. Zu
Beginn des 18. Jahrhunderts kaufte der Veltliner Baron
Bernhard Paravicini das Schloss. In der Meraner Lokalge-
schichte ist er wegen seiner ausserordentlich langen Le-
bensdauer bekannt. Mit 82 Jahren schloss er seine vierte
Ehe mit der 18 jährigen Marianne von Zinnenburg, die ihm
noch sieben Kinder schenkte. Er starb mit 104 Jahren und
sein letztes Kind wurde nach seinem Tod geboren. Damals war seine älteste Tochter schon 80 Jahre alt.
Diese Paravicini waren verwandt mit den Khuen-
Belasi, den Planta und den Fluggi. Der letzte des Geschlechtes, Baron Johann Paravicini Capelis, der mit einer Baronin Battaglia vermählt war, hinterliess zwei Töchter, die beide Freiherrn von Riccabona heirateten. Ihre Erben veräusserten Schloss Rundegg 1935 an die Familie
Spitaler, die es heute noch besitzt.
Es ist in ein Hotel umgewandelt werden.

14. SCHENNA, 610 m

Schloss Schenna, nördlich von Meran über dem
gleichnamigen Dorf gelegen und weithin im ganzen Burg-
grafenamt sichtbar, wurde um 1350 durch Petermann von
Schenna erbaut, dem Ludwig von Brandenburg gestattet
hatte, ein neues Schloss in der Nähe der alten Burg
Schenna zu erbauen. Das alte Schloss, als solches 1346
in einer Urkunde erwähnt, reicht in alte Vorzeit zurück. Es
sank in Trümmer und erhalten blieb allein die hochinteressante romanische Rundkapelle St. Georgen.
Petermann von Schenna hatte zwei Töchter; die eine
heiratete den Friedrich von Greifenstein, die andere den

Hans von Starkenberg. Nach Petermanns Tod ging Burg Schenna an den Starkenberger über, der sich dort mit seinen kriegerischen Mannen niederliess. Der Starkenberger erweiterte seinen Besitz durch Erwerbung der Burgen Goyen, Greifen, Vorst, Naturns, Jufal, Greifenstein, Ulten, Hocheppan und anderer Festen im Land an der Etsch. Schliesslich war das Residenzschloss des Landesfürsten, Burg Tirol, gänzlich von den Besitzungen des Starkenbergers eingeschlossen. Das konnte Herzog Friedl mit der leeren Tasche sich nicht gefallen lassen und so kam es zum ersten Streit zwischen beiden.

Dem Hans von Starkenberg folgte sein Sohn Sigismund. Nach dessen Tod führte seine Witwe Osanna von Ems die Vormundschaft über des Sigismund beide Söhne und verwaltete mit viel Geschick die ausgedehnten Besitzungen. Sobald die Söhne herangewachsen waren, liess sich der eine Sohn auf Greifenstein, der andere in Schenna nieder. Der neue Herr auf Schenna, Ulrich von Starkenberg, heiratete die reiche Ursula Truchsess von Waldburg.

Indessen regte sich bei Herzog Friedrich der alte Groll gegen die Starkenberger. Er war schon seit langem entschlossen, die Macht dieses Geschlechtes zu brechen und wartete auf die erste Gelegenheit, die Ulrich in seinem Verhalten bieten würde, um die Feindseligkeiten zu beginnen. Als Ulrich von Starkenberg sich in Innsbruck befand, forderte Herzog Friedrich von ihm eine grosse Geldsumme. Ulrich gab ihm zur Antwort, er müsse vorerst einige Aufzeichnungen in seiner Burg nachsehen.

Der Herzog liess Ulrich durch einige Meraner Edelleute seines Gefolges nach Schenna begleiten. Als sie am Schloss angelangt waren, liess Ulrich alle Tore schliessen und rief ihnen zu: «Hinaus!». Damit begann der Krieg. Später wurde Ulrich von Herzog Albrecht, dem Bruder Friedrichs mit der leeren Tasche, zur Teilnahme am Krieg gegen die Hussiten eingeladen. Ulrich verabschiedete sich bei Herzog Friedrich und empfahl diesem Frau, Kinder und Habe zum Schutz. Aber kaum war Ulrich in den Kampf gezogen, nahm ihm Friedrich die Burg in Schlanders samt den zugehörigen Besitzungen weg. Das war der Beginn des Unterganges der starkenbergischen Macht. Nach Schlanders fiel ein Schloss um das andere, mit Ausnahme von Schenna und Greifenstein.

Im Jahre 1422 begannen die Scharen Friedrichs die Belagerung der Burg Schenna. Ulrich von Starkenberg wandte sich an den Hof König Sigismund um Recht und Hilfe. König Sigismund schrieb an Herzog Friedrich, er möge von den Feindseligkeiten ablassen, zumal er den Kampf ohne Kriegserklärung begonnen habe, sodass der Gegner sich nicht zur Verteidigung rüsten konnte. Er befahl dem Herzog, die besetzten Burgen zurückzustellen und die Belagerung von Schenna aufzuheben. Wenn der Herzog wirkliche Rechte in Anspruch zu nehmen habe, so sollte er ihm zwei Männer seines Vertrauens zur Prüfung der Rechtslage namhaft machen. Herzog Friedrich antwortete dem König, dass er völlig rechtlich handle und jede Einmischung zurückweise. So wurde der Kampf fortgesetzt. In Abwesenheit des Gemahls leitete Ursula von Truchsess mit unerschrockenem Mut die Verteidigung. Sie hatte Feuerwaffen und 43 treu ergebene Soldaten, deren Namen in den zeitgenössischen Chroniken überliefert sind.

Herzog Friedrich aber war seiner Sache sicher und hatte keine Eile. Er stellte von der Burg Schenna, nachdem er sie in einer schnell eingerichteten Giesserei hatte herstellen lassen, eine Kanone auf. Auch hatte er einen Wall aufwerfen und durch Steinmetzen Kugeln für die Kanone anfertigen lassen. Der Kampf der Belagerer dauerte vierzig Tage. Dann kam am 15. Jänner 1423 ein Waffenstillstand von vier Wochen zustande. Sollte nach dessen Ablauf kein Ergebnis der Verhandlungen erzielt worden sein, so hätte die Burgherrin die Burg Schenna unter folgenden Bedingungen zu übergeben: Freier Abzug für alle in der Burg Anwesenden, während die Burgpforte von ei-

nem Kriger des Herzogs bewacht wird. Ursula von Truchsess sollte nichts mitnehmen dürfen, was Eigentum Ul-
richs von Starkenberg sei, sondern nur ihre eigene Habe,
ihre Mitgift und ihren Schmuck; desgleichen ihre Jung-
fern. Auch die Soldaten könnten ihre Rüstungen und Waffen mitnehmen und den bis zum Tag des Abzuges erhalte-

Schloss Schenna, Ostseite

nen Sold; jedoch müssten sie schwören, niemals mehr gegen Herzog Friedrich zu kämpfen. Die Zeit des Waffenstillstand verfiel, ohne dass ein Friedensvertrag vereinbart war. Also übergab Ursula am 16. Februar 1423 die Burg Schenna. Aber der Abzug gestaltete sich nicht gemäss den Abmachungen. Die Burgfrau musste den Raub ihres Schmuckes beklagen, für den sie später als geringen Ersatz zweitausend Gulden erhielt. Die Burg wurde ausgeplündert und der Kanonier des Herzogs bemächtigte sich für seine Person des wohlgefüllten Kellers. Die Burg Schenna war keine Gefahr mehr für den Herrn auf Tirol.

Friedrich besetzte also Schloß Schenna und setzte dort Verwalter ein. Sein Nachfolger Sigmund veräußerte es an die Rottensteiner, dann wurde es von den Lichtensteinern übernommen. Unter diesen Geschlecht erlebte sie glänzende Tage und wurde um 1700 gründlich erneuert. Damals erhielt sie die gegenwärtige Form, die wuchtigen Bauwerke und den malerischen Hof.

Kaiserin Maria Theresia belehnte nach dem Aussterben der Lichtenstein auf Schenna 1752 den kaiserlichen Reitergeneral Graf Paul Bettoni aus Brescia mit dieser Burg, in dessen Familie sie bis 1813 blieb. In diesem Jahr wurde sie unter der bayrischen Herrschaft an Dr. Johann Goldrainer verkauft, dessen Witwe sie 1844 an Erzherzog Johann übergehen liess, dessen Nachkommen, die Grafen von Meran sie noch heute besitzen.

Des Erzherzogs Sohn, Franz Graf von Meran liess in den Formen eines hochgotischen Chores 1869 aus rötlichem Granit eine Grabkapelle errichten, die neben der kleinen Martinskapelle und der Pfarrkirche auf dem Friedhof von Schenna steht. Hier ist die weihevolle Ruhestätte der sterblichen Hülle des Erzherzogs Johann und seiner so heissgeliebten schönen Gemahlin Anna Plochl, der Postmeisterstochter von Bad Aussee in der Steiermark. Dem Kaiser, seinem Bruder, hatte der Erzherzog erst die Zustimmung zu dieser morganatischen Liebesheirat abringen müssen. Er musste aber für seine Nachkommen auf den erzherzoglichen Titel verzichten, doch wurde ihnen der Titel der Grafen von Meran verliehen.

Die Gemeinde Schenna gedachte 1959 festlich des hundertsten Todesjahres des grossen Freundes Tirols und der Gemeinde Schenna, der hier den letzten Schlummer schläft und dessen Nachkommen sein Erbe verwalten und Burgherren auf Schenna sind. Die heute in Graz lebenden Grafen von Meran nehmen oft und gerne Aufenthalt auf Burg Schenna. In den Sälen der Burg befinden sich interessante Sammlungen von Waffen, Gemälden, Porträts, Kachelöfen, alten Möbeln, Holzreliefs u.a. Leider wurden von einigen Jahren mehrere wertvolle Stücke aus der Waffensammlung gestohlen.

Man erreicht Schloss Schenna auf einer schönen, aussichtsreichen Strasse von Meran, welche vom Brunnenplatz in Obermais als Schennaer Strasse sich auf der östlichen Talseite des Passeier durch das an Ansitzen reiche Obermais und seine Gärten und Kastanienhaine und durch das Rebland über dem Dorf Schenna emporhebt. Die Burg kann von April bis Oktober wochentags besichtigt werden.

15. ZENOBURG, 398 m

Um auf den Felshügel zu gelangen, welcher die nach dem Schutzpatron des Wassers benannte Zenoburg trägt, verlässt man Meran durch das Passeirertor oder steigt von der Gilfpromenade über einen Steig mit Stufen empor zu Jaufenstrasse, wo man in wenigen Minuten, auf der Strasse mit dem Wagen, auf dem Steig zu Fuss, am Ende der Steigung an einem kleinen Platz angelangt ist, an dessen rechter Seite auf einer Felskanzel die Burg und die Reste eines alten Heiligtums stehen.

Dieser Hügel besitzt eine strategische Lage erster Ordnung, er beherrscht die aus dem Passeier nach Meran führende Strasse: eine immer geschätzte Eigentümlichkeit. Hier war in vorgeschichtlicher Zeit eine Wallburg und als an der Zeitenwende die Römer bei ihrem Vormarsch

Zenoburg, Ostseite

ins Alpen- und Donauland auch hieher kamen, errichteten sie vermutlich an dieser Stelle das castrum majense als einen Hauptstützpunkt zur Verteidigung der durch Rätien führenden Strasse.

Die Kapelle erhielt in mittelalterlicher Zeit den Charakter einer Pfalzkapelle und diente durch viele Jahrhunderte nach ihrer geschichtlichen Bestimmung als Burgkapelle. Sankt Zeno, der in den ersten Jahrhunderten lebte, hatte hier ein berühmtes Heiligtum, das viele Pilger und Wallfahrer anzog. Zwischen 470 und 474 wurden hier die Gebeine des Ausgburger Bischofs Sankt Valentin und 725 auch jene des Freisinger Bischofs Sankt Korbinian beigesetzt. In diesen Jahrhunderten war dieses Heiligtum überaus bekannt und seine Bedeutung ging erst zurück, nachdem die sterblichen Hüllen des hl. Valentin 765 nach Passau und des hl. Korbinian 768 nach Freising überführt wurden.

Die religiöse Bedeutung dieses Ortes verfiel langsam und konnte auch nicht wiederhergestellt werden durch die Gewährung eines Ablasses, die 1288 gegen Leistung eines Beitrages der Gläubigen zur Wiederherstellung des verfallenen Heiligtums gewährt wurde.

Damals konnte Meinhard II. von Tirol sein Verlangen nach Einverleibung dieses strategisch bedeutsamen Punktes durch einen starken Druck auf die Suppan, welche die beiden nördlichen und westlichen Befestigungen bei der alten Kapelle erbaut hatten, befriedigen. Zwischen 1285 und 1290 baute Meinhard II. die Befestigungen und das Heiligtum auf dem Hügel der Zenoburg als eigene Residenz aus.

In diesem wichtigen Augenblick wurde auf dem Zenoberg aus dem einfachen Heiligtum eine zweigeschossige Pfalzkapelle wie auf anderen Herrschaftssitzen. Meinhard führt aber auch andere Arbeiten der Erneuerung und Erweiterung durch, so wurden an der Kapelle das interessante Rundbogenportal und der Tiroler Adler und der Lindebaum, Wappen und andere Reliefs angebracht. An

Zenoburg, romanisches Kapellenportal

diesem Torbogen ist die älteste Darstellung des Tiroler Adlers zu sehen.

Die Zenoburg war die Lieblingsresidenz der Tiroler Fürstenfamilie, bis Karl von Böhmen in dem Krieg gegen Margarethe Maultasch sie 1347 zerstörte. Allmählich strebten die Habsburger die Wiederherstellung der Zenoburg in alter Pracht wieder an; aber alle edlen Vorsätze und Absichten konnten dies nicht mehr verwirklichen. In den folgenden Jahrhunderten verfiel die Zenoburg. Im Jahre 1800 erwarb die Familie Leopold von Braitenberg die Zenoburg für 2000 Florints. Sie ist heute im Besitz der Familie Braitenberg. Der heutige Besitzer, Senator Dr. Karl von Braitenberg, hat sich mit Energie und Hingabe um die Restaurierung der Kapelle und des Turmes und eine geschmackvolle Einrichtung und Annehmlichkeit der Wohnräume bemüht. Die Burg kann nicht besichtigt werden.

16. KATZENSTEIN, 463 m

Katzenstein erhebt sich hoch oben am Berg über der Staatsstrasse im Etschtal, nur wenige Kilometer von Meran entfernt. Aus dem südlichen Vorort Sinich führt eine Strasse zur Burg Katzenstein hinauf.

Sie ist ein einfacher, aber malerischer Bau, mit Palas und Kapelle, einem zinnengekrönten Zwinger und Bergfrit. Das Schloss wurde um 1866 von Franz Huber und in neuester Zeit von den heutigen Eigentümern wieder restauriert.

Über dem Eingang steht die Jahreszahl 1553. Im ersten Stock befindet sich ein schöner Saal, dessen Türe Säulchen des 17. Jahrhunderts umrahmen und über der ein Holzrelief der Apostel Christi angebracht ist. Ein

Wandgemälde stellt die heilige Familie mit Johann dem Täufer und Johann dem Evangelisten dar, datiert von 1643. In den Gemächern findet sich ein schöner Kachelofen aus der Renaissancezeit und viel altes Mobiliar. Zur Zeit der Margarethe Maultasch wohnten die Herren von Katzenstein auf dieser Burg, die in ihrem Wappen eine sitzende Katze trugen, wie aus Urkunden des 14. Jahrhunderts hervorgeht. Die beiden Brüder Dietpold und Rudolf von Katzenstein teilten sich 1347 in die Burg. Dietpold begegnet uns 1355 als Rat des Markgrafen Ludwig von Brandenburg, des Gemahls der Margarethe Maultasch. Beide Brüder sind 1361 auf dem Landtag von Meran, als Meinhard III. die Herrschaft antrat, die allerdings mit seinem frühen Tod zwei Jahre später erlosch, wichtige Persönlichkeiten gewesen.

Nach dem Aussterben des Mannesstammes derer von Katzenstein 1450 übernahmen die Auer das Lehen, später die Jäger und die Katzenböck. Durch viereinhalb Jahrhunderte wechselte Herr auf Herr - manches erinnert an den Baron Priam am Ende des 18. Jahrhunderts -, bis die Burg Eigentum der Familie Menz wurde, die sie heute bewohnt. Die Räume sind für private Wohnzwecke umgestaltet, weshalb die Burg nicht zu besichtigen ist.

17. FRAGSBURG, 727 m

Die Fragsburg kann sich rühmen, das höchstgelegene unter den Meraner Schlössern zu sein, steht sie doch in einer Höhe von 727 Metern. Von der Stadt Meran aus ist sie auf einer guten Strasse in sieben Kilometern, in eineinhalb Gehstunden, erreichbar.

Man fährt von Meran über den Brunnenplatz in Obermais in die Schennaer Strasse, weiter über die Brücke des Naifbaches, vorbei an den Schlössern Rametz und

211

Schlosshotel Freiberg (Fragsburg)

Labers, wobei ersteres zur Rechten, das andere zur Linken bleibt; mit einer betonten Steigung kurvt die Strasse empor nach Freiberg, durch prachtvolle Bestände von Kastanien und Nussbäumen. Dann tritt die Strasse aus der Baumzone in eine besonnte, grüne Hochfläche, führt vorbei am Gasthof Weissplatter und oberhalb von Burg Katzenstein, zieht in Kehren durch Buschwald, vorbei am

Gasthof Fragsburg und zu der auf einem kleinen Felshügel zwischen Gestrüpp und Gestein stehenden Burg, die in jüngster Zeit vollständig restauriert und zum «Schlosshotel Freiberg» eingerichtet worden ist. Die letzten Forschungen haben ergeben, daß Fragsburg schon in vorgeschichtlicher Zeiteine bewohnte Befestigungsanlage aufwies. Das Schloß hingegen soll erst in der zweiten Hälfte des 13. Jahrhunderts von Otto von Auer errichtet worden sein. Es war ein tirolisches Lehen und als solches hatte es lebhaften Anteil am Geschick und an der Geschichte der Grafen von Tirol.

In den zum grössten Teil noch wohlerhaltenen zinnenbekrönten Mauern lebt die Atmosphäre der Geschichte und lädt zum Besuch der Burg ein; von der alten wertvollen Ausstattung hat sich aber sehr wenig erhalten.

Im Jahre 1479 wurde das Schloß von den Wiederthor gekauft, die es fast ein Jahrhundert lang behielten und es Ende des 14. Jahrhunderts gründlich umbauten. Dabei enstand der gegen Süden offene Loggia-Hof.

In der Folge wechselte die Fragsburg noch öfters den Besitzer und erfuhr in der Mitte des 19. Jahrhunderts erhebliche Umbauarbeiten. Während des letzten Weltkrieges ging leider fast das gesamte Inventar verloren.

Der Hof der Burg hat eine zweigeschossige Loggia. In der Kapelle und mehreren Zimmern und Sälen sind Getäfel und Kassettendecken erhalten geblieben, Werke aus dem 15. bis 17. Jahrhundert. Der schöne Kachelofen wurde vom Kunstdenkmalamt nach Trient verbracht.

Im 16. Jahrhundert gehörte die Fragsburg dem bekannten Ritter Prack aus dem Abteital, später verschiedenen Adelsfamilien und Bauern.

Nach dem ersten Weltkrieg und bis vor wenigen Jahren gehörte die Burg der Opera Nazionale Combattenti (Nationaler Frontkämpferverband) und wurde unter anderem als Ferienheim für Kinder benützt. Stark abgekommen, wurde sie im letzer Zeit veräussert restauriert und 1969 als erstklassiges Hotel verwertet.

Der Hotelbetrieb ist von Ostern bis Ende November geöffnet. Unterbringungsmöglichkeiten gibt es auch im anliegenden Gebäude, das als gastgewerblicher Betrieb eingestuft ist.

18. THURNSTEIN, 554 m

Unter der Nordkette der Meraner Talbucht steht an den Hängen der Mutspitze, westlich von Schloss Tirol, an der Kreuzung der von Algund und Gratsch nach Tirol führenden Wege, inmitten der Weinberge wie ein Wächter Thurnstein: ein massiver und hoher Turm, verbunden mit einem Wohnbau aus dem 16. Jahrhundert, der im 19. Jahrhundert erweitert, aber nicht vollendet wurde.

Ursprünglich führte der Turm den Namen Platzleid oder Platzlei und wird in der zweiten Hälfte des 13. Jahrhunderts erwähnt. Meinhard II. gab ihn 1282 dem Konrad Milser zu Lehen. Der Name Thurnstein erscheint zuerst 1478. In der Folgezeit hatten die Burg die Heustadel, Katzpück, Planta, Eyrl, Rottenpuecher und Wittenbach zu Lehen.

An der Wende zum 18. Jahrhundert gelangte Thurnstein in den Besitz des Alexander von Egen, dessen Erben, die Familie Baur, sie heute noch besitzen. Seit einigen Jahrzehnten ist die im Schloss untergebrachte Gastwirtschaft ein beliebtes Ausflugsziel, wo auch der berühmte Napoleon-Wein serviert wird. Den Namen erhielt die Weinsorte beim Eintreffen der Nachricht von der Gefangennahme des französischen Kaisers Napoleon III. bei Sedan.

Im Zuge der letzten Restaurierungen ist das Gebäude weitgehend saniert worden. Die gegenwärtigen Eigentümer haben es zudem reich ausgestattet mit alten Möbeln und Gegenständen verschiedenster Herkunft (Waffen,

Schloss Thurnstein, NO-Seite

Rüstungen usw.). Man findet diese in den Gemeinschafts-
räumen des Hotels. Die Kapelle hingegen wurde einfach
und schlicht eingerichtet.

Man erreicht Thurnstein von Meran her durch die Lau-
ringstrasse und weiter auf der Strasse, die am Fusse von
Burg Tirol langsam nach Thurnstein aufsteigt. Auch über
den Tappeinerweg und Gratsch oder von Dorf Tirol über

Burg Tirol und Sankt Peter in Gratsch kommt man (zu Fuss) nach Thurnstein. Ein Busdienst verkehrt regelmässig zwischen Meran und Thurnstein.

19. LANDESFÜRSTLICHE BURG

Inmitten der alten, schönen, an rühmlichen Erinnerungen reichen ersten Landeshauptstadt der gefürsteten Grafschaft Tirol, Meran, in Nachbarschaft der charakteristischen Laubengasse und wenige Schritte vom Rathaus entfernt, befindet sich der einstige Lieblingsaufenthalt der Tiroler Landesfürsten: die landesfürstliche Burg.

Die landesfürstliche Burg ist ein zierlicher und malerischer zinnengekrönter Bau, der durch Erzherzog Sigismund den Münzreichen vor 1480 in die bis heute erhalten gebliebene Gestalt gebracht wurde. Schon ein Jahrhundert früher hatte der Vater der Margarethe Maultasch gerne hier gewohnt. Sigismund, Romantiker und Mäzen, liebte es, mit seiner Gemahling Eleonora von Schottland hier zu weilen.

Nach Sigismund nahm auch Maximilian I. gerne hier Aufenthalt. Seit dieser Zeit heissen der Saal und die anschliessende Kammer im ersten Stockwerk die Kaiserzimmer. Es sind dies Räume von ausserordentlicher Einfachheit: der Saal diente gleichzeitig als Empfangs-, Speise- und Aufenthaltsraum, in der Kammer pflegte der Kaiser zu schlafen. Hier hängen, zur Erinnerung, zwei Bildnisse von ihm.

Auch die Familie Kaiser Ferdinands I. nahm hier, geflüchtet vor einer Epidemie aus Innsbruck, Aufenthalt. Die Hofärzte hatten der kaiserlichen Familie die Übersiedlung nach Meran geraten, als einem hervorragenden Ort in allerbester Lage. Man geht nicht fehl, wenn man mit diesem Datum die Geburt der Stadt Meran als Kurort festsetzt.

Die letzte illustre Persönlichkeit, welche in der landes-

Landesfürstliche Burg in Meran, Ostseite

fürstlichen Burg wohnte, war Erzherzog Maximilian der Deutschmeister, Hochmeister des Deutschen Ritterordens, Mitte des 17. Jahrhunderts.

Später wurde wenig auf den guten Zustand des Gebäudes gesehen und allein die Kapelle wurde besser ausgestattet, ansonst verfiel der Bau. Die Bayern überliessen 1806 die landesfürstliche Burg mitsamt dem Kelleramt als Ersatz für das abgeschaffte Postregal dem Fürsten von Thurn und Taxis; schliesslich erwarb die Stadt Meran, als sich kein anderer Käufer fand, die landesfürstliche Burg. Kurz darauf wurde erörtert, ob man sie nicht abbrechen sollte. Die einen waren für den Abbruch und den Neubau einer Schule an dieser Stelle, die anderen zeigten Pietät für die Burg und waren von der Absicht einer Demolierung unangenehm berührt. Schliesslich beschloss der Meraner Gemeinderat am 26. Jänner 1876 mit Mehrheit die Erhaltung der landesfürstlichen Burg. Also kam es zu einer Restaurierung des landesfürstlichen Herrschersitzes. Diese nahm Rücksicht auf den ursprünglichen Zustand der Burg und setzte alle daran, um seine frühere Art getreu wiederherzustellen. Mit grösster Sorgfalt wurde bei der Einrichtung vorgegangen: die landesfürstliche Burg wurde so ausgestattet, wie sie in ihrer besten Zeit eingerichtet war, nämlich gemäss dem alten Inventar der Jahre 1518 bis 1528.

Wenn man die Struktur dieser Burganlage genauer betrachtet, so erkennt man, dass sie in ihrer Architektur wie Ausstattung durch einfache Vornehmheit des Geschmakkes bestimmt ist. Der Grundriss hat die Form eines ungleichmässigen Rechteckes; durch ein Rundbogenportal betritt man über einen Vorhof das Innere des kleinen, schönen zinnenbekrönten Burgbaues.

Die Burgkapelle ist klein und befindet sich im ersten Stock hinter einem masswerkverzierten Holzgitter. Sie hat einen gemusterten Ziegelboden und Gratgewölbe sowie zwei Spitzbogenfenster. Das Altarbild stammt von einem Meraner Meister, man sieht Wandgemälde, Kerzenstangen, ein Kreuzigungsbild, St. Georg den Drachentäter, die Heiligen Oswald und Conifrid, alles aus der Zeit um 1450.

Von der Kapelle tritt man in eine Schlafkammer, die ebenso wie andere Zimmer der Burg sehr stimmungsvoll getäfelt ist. In ihr steht ein zweischläfriges gotisches Bett - auch das Bettzeug darauf ist alt -, ein mit Holzreliefs verzierter Schrank, ein Lavabo, ein Bild der Muttergottes mit dem Kinde und Heiligen, eine Büste des Kaisers Maximilian. Von besonderem Reiz ist der Erker.

Landesfürstliche Burg in Meran: gotische Stube

Die anschliessende Stube - sie diente zugleich als Aufenthaltsraum, Speisesaal und zur Geselligkeit - ist der interessanteste Raum der Burg. Auch hier schöne Täfelung und eine Balkendecke aus Zirbenholz, eine hervorragende Arbeit. Durch das hohe Fenster des Stubenerkers wird der behaglich und sorgfältig ausgestattete Raum erleuchtet, nur haben die Bilder teilweise durch die Feuchtigkeit gelitten. Eines der Gemälde zeigt die Hochzeit Erzherzogs Sigismund des Münzreichen, des Bauherrn der Burg, mit Eleonora von Schottland. Ein anderes zeigt eine Gesellschaftsszene von Rittern und Damen in einem Garten. Die Täfelung einer Wandseite ist mit einer Jagdszene geziert. Verschiedene Gegenstände wie ein Tintenfass, eine Sanduhr, alte Bücher stammen noch aus der alten Zeit. In einer Ecke steht ein herrlicher spätgotischer Kachelofen mit zahlreichen Wappenbildern.

Bemerkenswert ist im Erdgeschoß die Ausstellung alter Waffen. Die Waffen hängen an den Wänden. Weiters findet man hier einen großen Reisekoffer aus dem 16. Jahrhundert und andere wertvolle Ausstattungsgegenstände.

Die Zimmer im zweiten Stockwerk sind einfacher gehalten, aber die ganze Burg ist vollständig und gut mit Stücken des 15. Jahrhunderts eingerichtet und in bestem Erhaltungszustand mit aller ihrer kostbaren Ausstattung wie Bildern, Möbeln, Kunstwerken aller Art.

Die landesfürstliche Burg kann täglich zwischen 8 und 12 sowie 14 und 18 Uhr besichtigt werden. Im Winter und an Sonn- und Feiertagen ist sie geschlossen.

20. STADTBEFESTIGUNG MERAN, 324 m

Meran besass eine seit dem Anfang des 14. Jahrhunderts errichtete und in der Folgezeit mehrfach erneuerte und ausgestaltete Stadtbefestigung. Von ihr haben sich ein zwischen dem Pulverturm, dem seit 1629 in die Stadtbefestigung einbezogenen Bergfrit der Burg Ortenstein, und dem Passeiertor eingefasstes Mauerstück und drei Tortürme erhalten. Sie befinden sich zwischen dem Pulverturm - vormals Bergfrit der Burg Ortenstein, 1629 in die Stadtmauer einbezogen und dem Ufer der Passer. Ortenstein wurde zu einem der Angelpunkte der Stadtbefestigung. Die Burg wurde im genannten Jahr als Schießpulver-Lager verwendet und daher rührt auch die heutige Bezeichnung Pulverturm.

Die 1237 erwähnte Burg Ortenstein ist früh verfallen und es blieb von ihr allein der Bergfrit über, der hoch über dem Boden eine quadergerahmte Rundbogentüre und einige Lichtschlitze hat.

Am Passeiertorturm, der ursprünglich nach der Stadtseite offen war, sieht man noch das Spitzbogentor mit Klauensteinen und Rollen für ein Fallgitter. Das Bozner Tor trägt einen gemalten Doppeladler und gemeisselte Wappen von Österreich, Tirol und Meran.

Durch das Passeier Tor gelangte man auf die Straße nach Schloß Tirol und zur Zenoburg, also zu den Ansitzen der Familien, die dieses Gebiet beherrschten. Aus diesem Grunde war das genannte das wichtigste Stadttor.

Das Vinschgauertor, im 16. Jahrhundert umgebaut und früher als Bürgergefängnis verwendet, zeigt gemalte Wappen von Österreich, Tirol und Meran mit der Jahrzahl 1589.

Es kann angenommen werden, daß die Meraner Stadtbefestigungen - hier errichteten die Grafen von Tirol im 13. Jahrhundert eine Münzstätte - mehr aus verwaltungsmäßigen Zwecken denn zur Verteidigung errichtet wurden. Denn Meran war eine vielbesuchte Handelsstadt geworden (Kauf und Verkauf von Getreide, Salz usw.) und dies erforderte laufende Zoll- und Abgabenkontrollen, die bekanntlich zu jener Zeit sehr ertragreich waren.

Burgen der Umgebung von Lana

1. Lebenberg
2. Braunsberg
3. Brandis
4. Leonburg
5. Mayenburg
6. Eschenloch
7. Casatsch
8. Katzenzungen
9. Fahlburg
10. Zwingenberg
11. Werburg

1. LEBENBERG, 519 m

In der zweiten Hälfte des 13. Jahrhunderts erbauten die Herren von Marling auf einem lieblichen Rebenhügel zwischen Meran und Lana über dem Ort Tscherms die malerische Burg Lebenberg. Mit dem Aussterben der einen Löwen im Wappen führenden Herren von Lebenberg 1426 fiel die Burg durch Heirat an die Herren und späteren Grafen Fuchs, deren letzter Spross 1828 in dieser Burg starb. Die Burg wechselte seitdem häufig ihren Besitzer, zeitweilig war sie teils Bauernhaus, Gastwirtschaft und Villa. Um die Mitte des vorigen Jahrhunderts schrieb hier der Münchner Lentner seine bekannte Lebenberger Chronik. Im Jahr 1920 erwarb der venezianische Graf Miori die Burg, derzeit gehört sie der hier wohnenden Familie van Rossem.

Die auf einem schönen, aber von der Natur wenig geschützten Hügel gelegene Burg besteht aus einer ausgedehnten Gruppe von malerischen Gebäuden, die vom Bergfrit überragt werden; die grossen Zinnen aller Mauern verleihen dem ganzen Komplex ein imponierendes Aussehen.

Sehr anmutig sind weiters die beiden kleinen Höfe aus dem 16. Jahrhundert mit ihren Loggien, weiters der «italienische Garten», der sich im unteren Abschnitt befindet und auch heute sehr gepflegt wird.

Die Burg wurde im 16. und 17. Jahrhundert mehrfach verändert und erweitert. Aus dieser Zeit stammen auch die verschiedenen Holz- und Stuckdecken mit Balken und Feldern in einer Anzahl von Sälen der Burg.

Zwei davon sind besonders bemerkenswert: der «Rittersaal» und der «Spiegelsaal», in denen es kostbare Möbel mit Einlegearbeiten, Bildersammlungen, möchtige Öfen mit wunderbaren Fliesen und andere Gegenstände aus jener Zeit zu sehen gibt. In anderen Räumlichkeiten werden seltene Möbel aus dem 15. Jahrhundert aufbewahrt, dann ein «faltbares» Bett, ein Rarität - weiters Archivschränke aus dem 16. Jahrhundert, ein großer Stammbaum der Familie Fuchs und viel anderse Mobiliar. Alles wird heir mit besonderer Sorgfalt aufbewahrt.

Zudem wurde in den letzten Jahren der Bergfrit mit einem schindelbedeckten Pyramidendach versehen.

Erreichbar ist die Burg, auch mit Wagen, von Marling oder Tscherms aus, wie auch zu Fuss auf dem schönen Marlinger Waalweg. Sie kann während der ganzen touristischen Saison von Ostern bis Oktober besichtigt werden (Führungen).

2. BRAUNSBERG, 400 m

Auf einem hohen Felsen über den Gaulschlucht, in welcher die Falschauer aus dem Ultental ins Etschtal durchbricht, erhebt sich, umgeben von dunklen Zypressen, die kleine, einfache Burg Braunsberg und reckt ihre Zinnenkrone himmelwärts.

Die Burg war 1231 im Besitz des Ulrich von Braunsberg. Seine Nachkommen gründeten verschiedene Linien und nach dem Aussterben des Geschlechtes 1393 (1361) geriet die Burg in den Besitz der Mareider von Eppan. Vermutlich 1492 kam die Burg aus dem Eigentum des Landesfürsten an die Grafen Trapp, die sich noch heute besitzen.

Hinter den Zinnen der Umfassungsmauer und des Portals erblicken wir einen kleinen Hof, den Palas, die Kapelle und turmartige Zubauten. An der Fassade der Kapelle sind die Wappen von Österreich, Tirol und der Grafen Trapp angebracht, ausserdem mehrere Fresken. Die Kapelle besitzt einen 1660 errichteten Altar mit einem Gemälde, das den heiligen Blasius zwischen den Statuen der heiligen Valentin und Erasmus darstellt. «Zum Lob und zur Ehre des hl. Blasius hat diesen Altar gelobt und errichtet. Herr Karl Trapp, Graf von Matsch, Richter in Ulten 1660», lautet die Inschrift. Das Gestühl der Kapelle ist mit Adlern aus Metall und Trappschen Wappen geschmückt. Ein Kelch aus Silber, mit einer gravierten Gotteshand auf der Patene, elf Zentimeter hoch, aus dem 13. Jahrhundert, wird am Blasiusfest benützt und darin geweihter Wein gegen Halsleiden gereicht. Alte Fresken wurden laut Inschrift 1699 erneuert.

Wie fast jede Burg so hat auch Braunsberg seine besondere Geschichte. Sie ist festgehalten im Bild eines unbekannten Meisters aus dem Jahre 1748 im linken Kapellenschiff. Es zeigt das Schloss und eine Frau, die sich in die Schlucht hinabstürzt. Zur Linken stehen zwei rote Figuren und in der Mitte ein Ritter zu Pferd. Ein Mann und eine Frau umarmen sich, rechts reiten vier Personen zum Schloss. Eine Inschrift im äussersten rechten Eck gibt folgende Erläuterung:

«Gegen Ende des 13. Jahrhunderts wurde die schöne Burgherrin namens Jutta, während ihr Gemahl am Krieg teilnahm und abwesend war, vom Burghauptmann schwer belästigt. Weil sie seine ehebrecherischen Angebote zurückwies, rächte er sich bei der Heimkehr des Gatten, indem er die Frau der Untreue bezichtigte. Die ungerecht angeklagte Schlossherrin Jutta war über diese Anschuldigung so empört, dass sie sich von einem Balkon des Palas zum Fluss hinabstürzte. Doch Gott bewahrte die Unschuldige vor jedem Schaden.

Von dieser göttlichen Fügung erschüttert, geriet der Burghauptmann ausser sich und stürzte sich selbst in den Abgrund. Er aber ertrank in den schäumenden Fluten am

Fuss der Felsschlucht. Sein ruheloser Geist spukt noch heute als bläuliche Flamme in der Gegend von Braunsberg. Die beiden, die sich auf dem Bild umarmen, sind der Graf und die so wunderbar errettete Gräfin Jutta». Nach zeitgenössischen Berichten stürzten 1510 ein ganzer Flügel der Burg und ein Turm in die Tiefe der Gaulschlucht.

Die Burg kann schwerlich besichtigt werden. Mann errreicht sie von Oberlana auf der Ultner Strasse in ca. 10. Minuten Aufstieg (mit Auto 2-3 Minuten).

3. BRANDIS, 373 m

Südlich der Pfarrkirche von Niederlana erhebt sich über der Talsohle, und daher auch von der Staatsstrasse auf der anderen Seite der Etsch sichtbar, die mächtige Ruine der Burg Brandis. Sie besteht aus drei verschiedenen Bautengruppen: dem Wohnhaus mit dem Burgeingang, den Stall- und Wirtschaftsgebäuden im Norden, und auf der höchsten Erhebung dem heute allerdings eingestürzten freistehenden Bergfrit. Sämtliche Gebäude befinden sich im fortgeschrittenen Verfall.

Nach einer Version reicht die Burg ins sechste Jahrhundert zurück; nach der allgemein angenommenen Überlieferung wurde das Schloss um 1179 von Heinrich Brandiser an den bereits bestehenden Turm angebaut. Urkunden berichten 1236, Pranthoch Brandiser hätte von seinen drei Brüdern, die sich in die benachbarte Leonburg zurückgezogen hätten, das alleinige Nutzungsrecht für die Burg Brandis und die Erlaubnis zum Bau eines Wehrturmes erhalten. Dieser Turm ist jüngerer Entstehung als die anderen Wehrbauten des Burgkerns.

Die Kapelle wurde um 1500 gebaut (sie steht im Norden der Burgmitte). In der zweiten Hälfte des 16. Jahrhunderts ging Brandis entsprechend den veränderten Lebensgewohnheiten seines Festungscharakters verlustig und es wurden erweiternde Zubaute zum Wehrturm aufgeführt, Palas und andere Wohnbauten im Nordteil. Die Erneuerungen und Erweiterungen währten zwei Jahrhunderte bis zur endgültigen Gestaltung der Kapelle im 17. Jahrhundert.

Im Jahre 1807 stürzte ein Teil des arg zerklüfteten Turmes eines Nachts auf den Wohnbau, wobei die Frau des Schlossverwalters, Anna von Rutter, den Tod fand. Darauf entschloss sich Graf Brandis zum Bau eines neuen Schlosses auf einer wenig entfernten Anhöhe. Bei Einsturz des Bergfrits soll auch eine reiche Waffensammlung verschüttet worden sein. Deshalb hat der jetzige Graf Brandis Nachforschungen im Schutt anstellen lassen und tatsächlich Reste von Rüstungen entdeckt.

Brandis wie Leonburg haben das seltene Glück, seit dem 12. Jahrhundert im Besitz derselben Familie zu sein. Durch die Klugheit des Hildebrand von Brandis blieben beide Burgen 1292 von Meinhard II. verschont, indem er beide dem Sieger anbot und sie von ihm wieder zu Lehen erhielt.

Die Ruine kann mit Erlaubnis des Grafen Brandis besichtigt werden.

4. LEONBURG, 595 m

An der Gampenstrasse, die von Lana zum Mittelgebirge von Tisens und weiter über den Gampenpass zu den Gemeinden der Deutschgegend und in den Nonsberg führt, steht auf einem isolierten Porphyrhügel, schon von weitem an seinen charakteristischen Vierecktürmen erkennbar, die malerische Leonburg.

Dieses Schloß hat ausnahmsweise eine italienische Bezeichnung (Leon), die auch im Deutschen unverändert geblieben ist. Diese Bezeichnung soll nach Ansicht eini-

Leonburg bei Lana, SW-Front

ger Fachleute darauf verweisen, daß es sich hier um eine
sehr mächtige und widerstandsfähige Burg handelte.

Um 1200 von einem Vorfahren der Grafen Brandis errichtet, hat die Leonburg im Unterschied zu fast allen anderen Burgen dieser Gegend, welche durch die Gewalt
der Ereignisse oder die Willkür des Landesfürsten immer
wieder genötigt waren ihre Herren zu wechseln, ebenso
wie Brandis das seltene Glück, von der Gründung bis heu-

te im Besitz der gleichen Familie zu verbleiben: bei dem Geschlecht, das sie erbaute.

Obwohl das Gebäude seit Beginn der sechziger Jahre unbewohnt ist, so haben doch die Brandis seit 800 Jahren nie aufgehört, ihre Zuneigung dieser Burg zu schenken, wie auch die jüngste Neubedachung der Türme bestätigt. Auf Grund eines Teilungsvertrages erhielt 1236 Pranthoch von Brandis die gleichnamige Burg, während seine drei Brüder die Leonburg bekamen. Als Meinhard II. 1292 die ihm feindlich gesinnten Brandis besiegte, bot der Herr von Leonburg wie auch von Brandis dem siegreichen Landesherrn demütig die Schlüssel der Burg an. Dieser aber gab sich mit der Entwaffnung zufrieden und beliess die Burg dem Besitzer als Lehen.

Menschlichem Zerstörungswerk entronnen, fiel Leonburg 1450 weitgehend einem verheerenden Brand zum Opfer. Aber der Palas wurde grösser und wohnlicher als vordem wieder aufgebaut.

Heute lebt die Leonburg von der Erinnerung. Auf dem festen Porphyrhügel, verlassen und verwildert inmitten von Buschwald, steht die Burg als Hüter über dem Etschtal und hält gleichsam alle Widrigkeiten fern.

Der Schlossherr Dr. Clemens Graf von Brandis lebt auf Neubrandis in Niederlana; bei ihm ist die Erlaubnis zur Besichtigung der Burg einzuholen, die jedoch in der Regel nur an wissenschaftlich arbeitende Forscher erteilt wird. Er hat in letzter Zeit die baufälligen Mauern befestigen lassen.

5. MAYENBURG, 704 m

Auf einem langgestreckten, von Natur aus kaum bewehrten Hügelrücken, unweit von Völlan im Tisenser Mittelgebirge, steht die stattliche Ruine der Mayenburg.
Zahlreiche Forscher sind überzeugt, daß es sich hier

um eine vorgeschichtliche Befestigungsanlage handelt, nicht zuletzt, weil diese Burg in einer strategisch besonders wichtigen Lage steht. Die Burg könnte ein Glied im Befestigungssystem gewesen sein, das die Grafen von Eppan schufen. Nach dem Niedergang derselben fiel es 1253 an die Grafen von Tirol (Tabarelli). Der Stamm der Mayenburg erlosch im Jahre 1358, und das Schloß wechselte mehrmals Besitzer, bis es im Jahre 1600 (laut anderen Angaben 1648) an das Geschlecht der Brandis ging. Die erhaltenen Teile der zinnenbekrönten Ringmauer umschliessen zwei geräumige Höfe mit dem Palas und angeschlossenen Wohnbauten.

Im Süden erhebt sich neben dem Spitzbogentor in der überhöhten Ringmauer der Bergfrit aus der Zeit um 1200, vor ihm eine zinnengekrönte Bastei. Weiter nördlich befindet sich die Kapelle, deren Wände Spuren von Wandmalereien aus dem frühen 15. Jahrhundert aufweisen. Südlich der Kapelle steht ein runder Turm, der oben einen Taubenschlag, unten den Schlossbrunnen enthielt.

Bereits in sehr schlechtem Zustand, wurde die Burg 1814 an einen Bauern verkauft und verfiel zur Ruine. Dann erwarb sie der Meraner Arzt Dr. Josef Auffinger und begann eine bescheidene Restaurierung. Die Ruine ist immer noch Eigentum der Familie Auffinger.

Still und verträumt steht die Burg in einsamer Gegend. Man sieht von der Burgruine aus über das grüne Etschtal mit dem Silberstreifen des Flusses und der von raschen Wagen befahrenen Staatsstrasse. Unten das flüchtige Leben, in der stillen Mayenburg die Geruhsamkeit der Bereinsamkeit. Der Turm und ein Teil der Ruine wurden in den letzten Jahren etwas hergerichtet.

Zur Besichtigung der (verschlossenen) Ruine wende man sich an das nahe Gasthaus am Völlaner Weg.

Man gelangt zum Schloß, indem man vor Völlan von der Gampenstraße auf den zum Schloß führenden Fahrweg abbiegt.

6. ESCHENLOCH

Vom einstigen Bergschloss Eschenloch im Ultental steht mitten im Nadelforst auf kahlem, nur von wenigen Fichten bestandenem steilem Hügel nur noch der Bergfrit. Rings um den Turm sind noch wenige Reste anderer Bauten und einer Ringmauer erhalten. Der mächtige Turm mit seinen Schwalbenschwanzzinnen ist von einem hohen abgewalmten Satteldach bedeckt, welches 1913 in der alten Form erneuert wurde.

Die 1189 erwähnte Burg Ulten war der Sitz einer Seitenlinie der Grafen von Eppan, die auch Herren des Ultentales waren. Als diese Linie 1248 ausstarb, kam sie an die Grafen von Tirol und später an die Landesfürsten. Den Namen erhielt sie wohl von Berchtold von Eschenloch und Heinrich von Eschenloch, einem natürlichen Sohn Meinhard II., der 1319 bis 1349 Pfleger der Burg war. Im 14. Jahrhundert sassen die Herren von Matsch und nach ihnen bis heute die Grafen von Trapp auf der Burg. Seit 1700 ist die Burg verlassen.

Man gelangt in etwa zehn Minuten Fußweg zu dieser Burg. Der entsprechende Steig zweigt von der Ultner Straße ab.

Die Ruine kann zu gewissen Stunden besichtigt werden.

7. CASATSCH, 440 m

Auf einem Felsvorsprung, der zwischen Prissianer und Giessen-Bach am Rand des Etschtales gegen Nals vorspringt, stehen die Reste der Burg Casatsch.

Bischof Konrad von Trient erteilte 1194 fünf Männern aus Tisens, vielleicht aus der Familie der Herren von Tisens, die Erlaubnis zur Errichtung einer Burg. Von ihr hat sich die ungefähr ovale Ringmauer und ein kleiner Einbau in Trümmern erhalten. Die vorhandenen Reste sind aber jünger als die am Ende des 12. Jahrhunderts entstandene erste Anlage.

Im 14. Jahrhundert war Casatsch Lehen des Paul von Zwingenstein, dann seines Schwiegersohnes Franz von Greifenstein. Durch Erbschaft kam es 1390 an die Bozner Botsch, die Casatsch bis zum Aussterben im 17. Jahrhundert besassen. Später wechselten die Besitzer und heute besitzen die Freiherren Giovanelli die Burgruine. Die Burgruine kann besichtigt werden. Man kann zu ihr von Nals auf- oder von Prissian über den Hang des Vorderbichl absteigen.

8. KATZENZUNGEN, 610 m

Katzenzungen erhebt sich als massiver quadratischer Bau am Nordende von Prissian auf einer Terrasse über dem Prissianer Bach. Entwickelt aus einer einfachen turmartigen Baulichkeit, die schon im 13. Jahrhundert errichtet wurde, erweiterten es um die Mitte des 16. Jahrhunderts die Herren von Breisach.

Der ursprüngliche Name «Katzenzungen» stammt laut Tabarelli von einer Ministerialenfamilie - den Katzenzungen -, der das Schloß seit 1200 gehörte. Der Namen ist in Urkunden aus dieser Zeit erwähnt. Doch gibt es auch die Vermutung, daß die Bezeichnung der kleinen alten Siedlung und somit auch des Schlosses auf die charakteristischen Falltüren zurückgeht, die die Form von Katzenzungen hatten und sich bis heute erhalten haben.

Man nimmt weiters an, daß sich bereits vor dem Jahre 1200 auf diesem einsamen Hügel ein von einer Mauer umgebener Wachturm befunden habe. Die heutige Form des Schlosses rührt aus den Umbauten des 16. Jahrhunderts her, die von den Breisach vorgenommen wurden.

Nach den Katzenzungen wechselte das Schloß häufig Besitzer, bis es 1535 von der Familie Breisach erworben wurde, die es gänzlich umbauten. Sie hielten es bis 1706 in ihrem Besitze. Heute ist es bäuerlicher Besitz und von armen Familien bewohnt. Der zustand ist desolat. Besichtigung ist gestattet.

9. FAHLBURG

Mitten im Dorfe Prissian steht der sehr alte Edelsitz Fahlburg. Hier stand zuerst der Turm zu Prissian, die Vall genannt. Er gehörte 1280 den Zobl, die 1368 ausstarben. Nachdem ihn die Werberger und Schlandersberger beses-

Die Fahlburg in Prissian, SO-Front

sen hatten, erwarben die Brandis die Fahlburg, welche noch heute Besitzer sind. Die regelmässige quadratische Burganlage reicht ins 13. Jahrhundert zurück. Vom Bau hebt sich eine Kapelle mit polygonaler Apsis ab. Veit Benno von Brandis brachte den wehrhaften Ansitz um 1640 in die Gestalt einer Renaissancevilla mit Vorhof, zwei Türmen, regelmässiger Raumeinteilung und Kapelle. Die Säle haben einfaches Getäfel und Holzdecken. An der Nordseite befindet sich noch der alte Turm, über dem Tor erkennt man vermauerte Zinnen und ein gemaltes Allianzwappen des Veit Benno Brandis. Das Schloß ist in jüngster Zeit restauriert und als Hotelbetrieb hergerichtet worden. Bei dieser Gelegenheit wurden auch zahlreiche Bilder und einige historisch bedeutsame Räumlichkeiten in Zusammenarbeit mit dem Landesdenkmalamt restauriert.

Man kann es besichtigen, soweit dies bei der gegenwärtigen Verwendung möglich ist.

10. ZWINGENBERG, 780 m

Aus den Baumwipfeln des Waldes zwischen Prissian und Gfrill, zwischen Gampenstrasse und Prissianer Bach ragen die Reste der Burg Zwingenberg auf. Erhalten haben sich nur der stark erneuerte Bergfrit, Teile der um ihn führenden doppelten Zwingermauer und geringe Reste des talwärtig gelegenen Palas sowie das alte, romanische Tor.

Zwingenberg ist der Stammsitz der 1234 erwähnten gleichnamigen Herren. Zur Sicherung des Etschtales auf dem Gampenweg und gegen den Nonsberg kam der Burg im 13. Jahrhundert grosse Bedeutung zu. Ursprünglich Eigen des Deutschen Ritterordens, ging sie durch Kauf an den Grafen von Tirol über. Im Jahre 1647 wurde Zwingenberg Sitz der Grafen Stachelburg, die eine ihrem Familiennamen gleiche Burg in Partschins besaßen. Später bäuerlicher Besitz, geriet die Burg in völligen Verfall und wurde teilweise um 1900 von Graf von der Schulenburg ohne Verständnis für die alte Anlage restauriert. Heute ist die Ruine in bäuerlichem Besitz. Die Besichtigung ist zwar möglich aber kaum lohnend.

11. WERBURG, 617 m

Eine Fülle von Burgen und Ansitzen findet sich im Gebiet der Gemeinden Nals, Tisens und Lana. In Nals die Schwanburg und Payrsberg, in Tisens Werburg, Ruine Casatsch, Katzenzungen, Fahlburg, Ruine Zwingenberg und Ruine Mayenburg, in Lana die Leonburg, Ruine Brandis und Schloss Neubrandis, Braunsberg, die Ansitze Goldegg, Larchgut, Gösslheim, Koflegg, Gagers, Lobenstein, Zurglburg und andere. Auf dem Tisenser Mittelgebirge aber ragt durch Lage und Erhaltungszustand die Werburg bei Prissian hervor.

Wo die fruchtbare Mittelgebirgsterrasse von Tisens-Prissian gegen Nals abfällt, erhebt sich auf der etwas abseitigen, aber nicht schwer zugänglichen Höhe des Prissianerberges Burg Werburg.

Werburg ist mit seinen Vierecktürmen, seinen breiten Stiegen, seinen Rundgobenfenstern mit zierlichen Säulchen und Mauerfresken gut erhalten. Von Werberg aus übersieht man das ganze Mittelgebirge von Tisens und Prissian und bis zu den Bergen hinter dem Passeiertal, man überschaut das Etschtal zwischen Bozen und Meran mit seinen zahlreichen Siedlungen. Fürwahr eine ausserordentlich günstige Lage.

Gleich hinter dem befestigten Eingang von Werburg steht frei die Kapelle, erbaut im 15. Jahrhundert, im 17. Jahrhundert umgebaut, mit einem bemerkenswerten

237

Schlosshotel Werburg bei Prissian, gegen Bozen

Fresko. An den Palas schliesst ein gut erhaltener Viereckturm. Ihm gegenüber steht ein zweiter Turm zur Verteidigung des Geländes hinter der Burg. Ein Hof verbindet die
Hauptbauten. Ringmauern und Türme mit Zinnen vollen-
den das Bild einer echt mittelalterlichen Festung.

   Die Herren von Werburg sind schon 1229 genannt.
Um 1300 erhielt die Tochter des Heinrich von Werburg die
Burg als Mitgift in die Ehe mit einem Morandin von An-

drian. Ulrich und Reinprecht von Werburg erwarben 1353 die Burg wieder dem männlichen Stamm ihres Geschlechtes zurück. Jakob Morandin gelang es 1411 die Burg wieder in den Besitz seiner Familie zu bringen, die sie dann bis zu ihrem Erlöschen 1798 behielt. Die Burg verfiel im 19. Jahrhundert, bis ein ungarischer Graf sie erwarb und um 1900 gründlich restaurierte. Im Jahre 1932 gingen aus dem Kunstbestand der Burg zwei wertvolle Stücke leider verloren: ein männlicher Torso der attischen Schule und eine Muttergottes von Giovanni Santi; sie wurden nach Berlin verkauft. Nach dem ersten Weltkrieg gelangte die Burg in den Besitz des Engländers Artur Rudston Brown, von dem sie der Mohrenwirt von Prissian, Hermann Holzner, von wenigen Jahren erworben und zu einem Hotel umgewandelt hat. Wie viele anderen Burgen hat auch Werburg ihre Sage. Der hier spukende Schlossgeist soll jedem, der im Schloss nächtigt, die Haare abschneiden. Ob er sich an einem Friseur rächen oder dem Hotelier einen Tort antun will, ist noch nicht geklärt.
Werburg kann besichtigt werden.

Burgen im Passeier

1. Auer
2. Jaufenburg
3. Schildhöfe

1. AUER, 670 m

In der Geschichte von Tirol werden «die Herren von Auer oberhalb Tirol» häufig erwähnt. Damit sind die Lehensträger von Burg Auer gemeint, einer am Eingang in das seenreiche Spronser Tal gelegenen Feste. Urkundlich weiß man von diesem Schloß seit Ende des 13. Jahrhunderts. Der heutige Bau, der zu Wohnzwecken verwendet wird, scheint im folgenden Jahrhundert erstmals auf.

Nach dem Erlöschen der Herren von Auer kam die Burg an jene Rossi, die von einer florentinischen Bankiersfamilie stammten, nach Bosen eingewandert waren und sich hier mit dem Familiennamen Botsch nannten (sie sind die Stifter der mit so bemerkenswerten Fresken ausgestatteten Johannes-Kapelle an der einstigen Bozner Dominikanerkirche). Nach den Botsch (1637) gelangte die einsame, abseitiggelegene Burg in den Besitz verschiedener Adesfamilien, zuletzt der Grafen Giovanelli. Zu einem Bauernhaus herabgesunken, des altertümlichen Charakters entkleidet, hat erst in jüngster Zeit ein Mitglied der Familie der Grafen von Khuen, die jetzt im Besitz der Burg ist, durch Erneuerung den alten Stil wiederherzustellen gesucht.

Burg Auer ist ein malerischer mittelalterlicher Bau. Er ist ein enggeschlossene Anlage ohne Bergfrit, mit efeuüberwachsener zinnenbekrönter Ringmauer, herrschaftlichem Wohnbau und Gesinde- und Wirtschaftsgebäuden. Bemerkenswert ist der im 16. Jahrhundert geschickt eingefügte Mittelsaal mit Balkendecke und dem Freskenschmuck von Wappen der den Botsch verwandten Geschlechter. Ausserdem ist eine besonders schöne spätgotische Stube vorhanden mit einem berühmten Getäfel und eine Kapelle mit einem kleinen Flügelaltärchen. Es gibt hier auch eine kleine dem heiligen Andreas geweihte Kapelle, die im 14. Jahrhundert erstmals erwähnt wird. In jüngster Zeit sind die Dächer von Schloß Auer mit finanzieller Beihilfe des Denkmalamtes erneuert worden. Die Burg ist von Dorf Tirol aus auf einem bequemen Fahrweg erreichbar und noch bewohnt, daher kaum zu besichtigen.

2. JAUFENBURG, 803 m

Ein einsamer hoher Turm und wenige Mauertrümmer auf einem bewaldeten Hügel über St. Leonhard sind alles, was von der schönen Jaufenburg übrig geblieben ist, die einst Treffpunkt angeregter höfischer Gesellschaften war; auch das bekannte Jaufenburger Liederbuch aus dem Mittelalter erzählt davon.

Die Burg wurde nach Meinung einiger im 12. Jahrhundert erbaut. Andere wiederum verlegen das Datum ins 13. Jahrhundert. Sie wurde von den Grafen von Tirol als Gerichtssitz ihren Ministerialen, den Herren von Passeier, überlassen. Nach ihrem Erlöschen erwarben sie die Fuchs von Fuchsberg, Vasallen der Grafen von Eppan, die es verstanden haben, bei deren Niedergang die eigene Macht und den eigenen Reichtum zu vermehren.

Jaufenburg erlangten die Fuchs durch die Heirat des Christoph Fuchs 1383 mit der Barbara von Passeier. Ein Mitglied dieser Familie, Karl Graf Fuchs von Fuchsberg, zeichnete sich durch seine vornehmen Eigenschaften besonders aus und die Bevölkerung verehrte ihn wie einen Heiligen. Aber später verdarben Verschwendung, Luxus und endlose Feste das Geschlecht und sein Vermögen.

Schulden und Streitigkeiten zerrütteten in kurzer Zeit die Grundlagen ihrer Existenz. Im Jahre 1788 verloren die Fuchs ihren ganzen Besitz und gingen unter. Der letzte Fuchs, Johann Graf Fuchs sagte das Lehen auf und nach seinem Tod, 1828, wurde die halb verfallene Jaufenburg an seinen Bauern verkauft, der dort einen Hof machte.

Vom schönen Schloss mit seinen fünf Stockwerken sind heute nur einige Reste vorhanden. Am besten erhalten ist der Bergfrit, ein letztes Zeichen versunkener Pracht. An ihm sieht man die Wappen der Herren von Passeier in Marmor, verblasste Wappen der Fuchs und an den Fenstern einige Freskenreste. Über dem Hauptportal sind drei französische Kanonenkugeln von 1809 eingemauert.

Die Burgruine kann besichtigt werden. Sie ist entweder im Aufstieg von St. Leonhard aus (15 Min.) oder im Abstieg von der zweiten Nadelkehre der Jaufenstrasse (5 Min.) leicht zu erreichen.

3. SCHILDHÖFE

In dem Tale Passeier stehen zwölf sogenannte Schildhöfe, deren Inhaber bis in die neueste Zeit herauf nach altem Recht Adelsfreiheiten und Vertretung im Tiroler Landtag besassen, als Gegenleistung für bestimmte, dem Grafen von Tirol zu leistende Dienste. Diese so genannten Schildlehen stammen aus dem 14. Jahrhundert. Unter Ludwig dem Brandenburger und Margarethe Maultasch findet man zuerst Angaben über diese Lehensträger. Diese Schildhofbesitzer und auch die Freisassen der Goldegghöge und des Rofner Hofes bildeten eine Art Leibgarde für den Landesfürsten und hatten eine Stellung zwischen Volk und Adel. Das Recht der Schildhofleute umfasste den eigenen Schild, eigenen Gerichtsstand, Befähigung auf Rittertagungen zu erscheinen, Jagd und Fischerei, Steuerfreiheit, mit Schwert und Lanze vor Gericht und in der Kirche zu erscheinen und einige andere Freiheiten und Nutzungen. Es liegen im Gebiet der Gemeinde St. Martin in Passeier acht Schildhöfe. Die Schildhöfe Kalm oder in der Kalb, heute Lanthaler, und Pseirer, einst Widersicht am Jaufen, beide 1288 erwähnt, zeigen noch alte Türme und Reste der Ringmauer. Der ebenfalls 1288 genannte Schildhof Gereut, früher auch Obergereut zum Unterschied von Untergereut, das jetzt Baumkirch heisst, weist noch altes Mauerwerk auf; Baumkirch ein derbes Fresko des hl. Christoph in seltsamer Kleidung aus dem 14. Jahrhundert. Stattlich liegt auf einem Hügel das 1285 verzeichnete Steinhaus oberhalb der Pfarrkirche von St. Martin mit Erkern, Spitzbogen- und Eselsrückentüren und gratig gewölbter Flur von 1500. Nach dem Aussterben der Edlen von Steinhaus ging es an die Herren von Niederthor, die von Firmian, dann die Grafen von Sinzendorf über, die es 1803 an das Stift Marienberg, das hier die Seelsorge versieht, verkauften, von dem es durch die Säkularisation der Bayern abkam. Heute ist es bäuerlicher Besitz. Während der 1284 erwähnte Edelsitz Weingarten heute Granstein heisst und das 1317 erwähnte Obersaltaus jetzt Haupold genannt wird, beide vollständig erneuert, heist das 1230 erwähnte Untersaltaus nun Saltaus und trägt Zinnengiebel und im jetzt unterteilten Saal eine schöne Balkendecke des 16. Jahrhunderts.

Im Gebiet der Gemeinde St. Leonhard im Passeier liegen vier Schildhöfe: der einst Endhof genannte Schildhof Happerg, Gomion, Ebion und Buchenegg, alle schon im 14. Jahrhundert erwähnt und ohne bauliche Besonderheiten. Hier versieht der Deutsche Orden die Seelsorge und deshalb ist der Widum mit Stuckdecken und Deutschordenswappen und auf ihn bezüglichen Medaillons verziert.

Bei einem Spaziergang im Passeier bietet sich Gelegenheit, diesen oder jenen Schildhof zu besichtigen.

Burgen im Vinschgau

1. DIE SCHLÖSSER VON PARTSCHINS, 626 m

In der kleinen Ortschaft Partschins über der Talstufe der Etsch bei der Töll und der Herabkunft des Zielbachtales aus der Texelgruppe, stehen drei schlossartige Edelsitze, bei denen allerdings spätere Zubauten den ursprünglichen Charakter ziemlich verändert haben. Bei genauerer Betrachtung erkennt man jedoch die alten Wehranlagen, welche diesen Edelsitzen am Eingang in den Vinschgau zur Verteidigung eigen waren.

Der bedeutsamste der drei Ansitze ist die Stachelburg. Sie besteht aus zwei Gebäudeteilen und dem alten, viereckigen Bergfrit, der ursprünglich als «Partschinser Turm» bekannt war. Er dürfte zwischen 13. und 14. Jahrhundert erbaut worden sein. Ursprünglich soll das Schloß einem Zweig der Familie Tarautsberg gehört haben, denen im 16. Jahrhundert die Familie «von Stachelburg» folgte. Diese baute das alte Schloß zu einem Adelssitz mit bedeutsamen, massiven Grundmauern um und verleiht dem Schloß das eigene Adelsprädikat.

Es folgt der Ansitz Spauregg, ein Bau aus dem vierzehnten Jahrhundert. Der Ansitz gehörte den Grafen Spaur und wurde vor kurzem gänzlich umgebaut.

Der Gaudententurm wurde von dem 1357 erwähnten und 1394 verstorbenen Gaudenz von Partschins erbaut, um 1600 von den Rolandin bewohnt; er gelangte später in den Besitz der Familie von Isser, die von dem Schloss ihr Adelsprädikat trug und heute ist er Eigentum derer von Sölder. Seine heutige Gestalt mit Erkeranbau, Sonnenuhr und Allianzwappen stammt aus dem 17. Jahrhundert. Derzeit ist die schöne Villa eine Privatwohnung. Die drei Ansitze von Partschins (Stachelburg, Spauregg und Gaudententurm) werden seit einiger Zeit privat bewohnt und können deshalb nur in Ausnahmefällen besichtigt werden.

2. TARANTSBERG ODER DORNSBERG, 549 m

Die Burg Tarantsberg ist abseits von der Vinschgauer Strasse auf der rechten schattigen Talseite unter den Hängen des Hochwart auf einem bewachsenen Hügel gelegen, mittwegs zwischen Plaus und Naturns. Sie ist auf einem mässigen Fahrweg von Naturns oder über Plaus erreichbar.

Die ausgedehnte und schöne Burg, in deren Mitte der massive viereckige Bergfrit aufragt, wurde um 1217 von den Herren von Tarantsberg erbaut. Graf Meinhard II. von Tirol erwarb 1291 die Burg, 1347 Heinrich von Annenberg. Sie war bis zum Aussterben dieses Geschlechtes 1699 dessen Hauptsitz und fiel nun den verwandten Grafen von Mohr zu, dann den Giovanelli und Fuchs.

Die Burganlage der romanischen Zeit wurde im 16. Jahrhundert gründlich umgebaut und damals um die Vorwerke und den Arkadenhof bereichert und im Inneren reich ausgestattet. Der Rittersaal und andere Zimmer erhielten prachtvolles Getäfel und schöne Kassettendecken, Wappen und Bilder; in der Kapelle steht ein Flügelaltar.

Bis zum Ende des zweiten Weltkrieges war Tarantsberg gut eingerichtet und instandgehalten. Leider machten sich dann verschiedene Leute darin zeitweilig ansässig, wobei zahlreiche Schäden zugefügt wurden und auch viele Gegenstände verschwunden sind. Unter anderem diente die Burg auch als Jugendherberge. Endlich wurde sie 1964 von den Herren Gottschall aus München ange-

Tarantsberg (Dornsberg), Ostseite

kauft, die sie unter erheblichem Kostenaufwand wieder herstellten und deren Sohn sie heute besitzt.
Die Burg kann nicht besichtigt werden.

3. HOCHNATURNS, 566 m

Beherrschend ragt mit ihren beiden Türmen die Burg Hochnaturns über das Dorf, dem sie den Namen gegeben hat. Sie liegt 15 Kilometer von Meran entfernt. Von der

Dorfmitte von Naturns ist sie auf einem guten Fahrweg (1 km) zu erreichen.

Der mittelalterliche Bau entwickelte sich aus einem alten romanischen Turm. Der in der Mitte des 13. Jahrhunderts erbaute, «Oswald-Turm» genannte Turm trägt seinen Namen von Oswald von Naturns, einem Ritter des Deutschen Ordens; in dieser Zeit wurde auch der kleinere Turm von den Herren von Naturns errichtet, welcher der «kleine Turm» genannt wird.

Schloss Hochnaturns, Südfront

Nach dem Erlöschen der Familie der Herren von Naturns waren hier die von Starkenberg, Maretsch und Völs
begütert. Ein späterer Besitzer, Abundus von Tschötsch,
baute nach einem Brand die Burg wieder auf und richtete
einen Saal der Reformatoren ein, in dem er Bilder von Luther, Huss, Calvin und Zwingli malen liess. Die Legende
berichtet, dass dieser Abundus bei einem Jagdunfall in
der Nähe des Schlosses verstarb und sich in einen
schwarzbärtigen Hund verwandelte, zur Strafe für sein un-
gläubiges Leben. Nach verschiedenen Besitzern, unter denen die Burg
den grössten Glanz im 16. Jahrhundert erlebte, wurde sie
ausgebaut und erweitert und mit hölzernem Getäfel, Holzdecken, marmornen Türeinfassungen, Kachelöfen und
ähnlichem ausgestattet. Nach einer Zeit des Verfalles begann Franz Ritter von Goldegg sie 1895 zu erneuern, bis
sie aus seinem Besitz in bäuerliche Hand kam.

Nachdem sich ein Herr Kleeberg sehr um ihre In-
standsetzung gekümmert hatte, wurde die Burg 1952 von
Frau Mastropaolo-Schguanin erworben und als Schlosshotel eingerichtet. Die Räume enthalten zum Teil antike
Möbelstücke.

Das Gebäude ist gut erhalten, seine ursprüngliche
Struktur ist aber durch die verschiedenen Umbauten sehr
verändert worden. Es besitzt zahlreiche Schöpfungen des
heimischen Kunstgewerbes und bemerkenswerte Skulpturen, Steinmetzarbeiten und Einlegearbeiten.

Die Besichtigungsmöglichkeit wird durch die gastgewerbliche Bestimmung bedingt.

4. JUFAL, 925 m

Die geräumige und mächtige Burg Jufal steht hoch auf
einem Berghang über der Mündungsschlucht des Schnals-
tales in das Etschtal. Man erblickt sie schon von ferne

von der Vinschgauer Strasse aus auf der linken Talseite. Zu erreichen ist Jufal in einer Knappen Stunde auf einem steilen Fussweg, der beim Gasthof Schwarzer Adler in Staben von der Staatsstrasse abzweigt.

Die Burg besteht aus mehreren Gebäuden, die von einer Ringmauer umgeben und mit vier viereckigen Türmen bewehrt sind.

Der Ursprung der Burg reicht ins 12. Jahrhundert zurück. Dokumente aus der Zeit um 1200 erwähnen die Burg und die umliegenden Höfe zuerst. Ihnen zufolge war Hugo von Montalban, aus einer der reichsten Vinschgauer Familien, Besitzer der Burg. Am Beginn des 14. Jahrhunderts erhielt Friedrich Zobl die Burg zu Lehen. Markgraf Ludwig von Brandenburg verlieh 1349 die Burg einem Edelmann seines Gefolges; nach seinem Tod vergabte sie Gräfin Margarethe Maultasch an den Landeshauptmann Ulrich von Matsch, den wir in engen Beziehungen zu den Herren von Tirol und den Habsburgern finden. Für ein Jahrhundert war Jufal der Gerichtsherrschaft Schlanders unterstellt, welche auch für die Erhaltung der Burg sorgte. Mitte des 16. Jahrhunderts wurde Johann Tinkmoser Besitzer.

Dieser Tinkmoser restaurierte mit gewaltigem Kostenaufwand 1581 die Burg und gestaltete sie zu einem wohleingerichteten und luxuriösen Herrschaftssitz. Er erweiterte den Palas, errichtete den Torturm und die Mauertürme, die Burgmauer, den unteren Burghof und erneuerte die dem hl. Georg geweihte Kapelle. Er stattete auch das Stiegenhaus und die Zimmer mit originellen Wandmalereien aus, die von einem guten Renaissancemaler stammten, wie die wenigen erhaltenen Fragmente erkennen lassen.

Später gelangte die Burg an die Hendl, welche sie verfallen liessen und dann an zwei Bauern verkauften. Die Inneneinrichtung kam vollständig abhanden. Erst 1913 kam sie in den Besitz eines verständnisvollen Höllanders, eines gewissen Rowland, der durch eine grosszügige Restaurie-

Burg Jufal von NW

rung 1925 rettete, was noch zu retten war. Seine Witwe, eine Meranerin, verkaufte 1953 die inzwischen wieder sehr heruntergekommene Burg dem in Meran ansässigen Ingenieur Klotzner.

Der heutige Erhaltungszustand dieses Bauwerks wird als nicht ausreichend bezeichnet. Man sollte mehr Augenmerk darauf verwenden und sich stärker dafür einsetzen. Die Burg kann nicht besichtigt werden.

5. HOCHGALSAUN, 782 m

Über dem Dorf Galsaun, das zwischen Tschars und Kastelbell auf der linken Etschtalseite den Hang hinansteigt, liegt eine ausgedehnte, unregelmässige Häusergruppe, der Ansitz Kasten. Dieser ist ursprünglich der Getreidekasten der Burgherren von Hochgalsaun gewesen. Er war vermutlich bis zum Beginn des 14. Jahrhunderts im Besitz der Reichenberger, welche in Reichenberg über Taufers im Münstertal ihren Stammsitz hatten, dann aber seit 1317 in jenem der Schlandersberger, die meist hier wohnten. An der Eingangstür ist ein gekreuzter Rundstab und darüber das Allianzwappen Schlandersberg-Annenberg. In der Halle trägt das Gewölbe eine umfangreiche Ahnentafel des Hans Ulrich von Schlandersberg von 1595, welche die weitverzweigten und vornehmen deutschen Beziehungen dieses Geschlechtes zeigt. In der angrenzenden Kapelle zur hl. Dreifaltigkeit ein Schlandersberger Allianzwappen, auch an dem von 1600 stammenden Altar mit seltener Darstellung der hl. Dreifaltigkeit. Heute ist Kasten im Besitz der Familie Pohl, die den Ansitz gut in Stand hält und die bäuerliche Wirtschaft führt.

Auf einem gut geschützten Felsenhügel liegen die spärlichen Reste der Burg Hochgalsaun, die zu oberst den Bergfrit und unterhalb einige Wohnbauten erkennen lassen, die einen schmalen Hof mit offenen Rundbogen umschlossen hielten. Die Burgkapelle dürfte am «Kirchenknott» gestanden haben. In der Mitte des 13. Jahrhunderts waren die Herren von Montalban Besitzer der Burg, die gegen Ende des Jahrhunderts auf Geheiss der Landesfürsten zerstört wurde. Das verfallene Schloss erhielten 1329 die Schlandersberger, ein Seitenzweig der alten Montalbaner, welche die Burg neu erbauten. Sie wurde 1423 durch Herzog Friedl mit der leeren Tasche erneut zerstört, um deren Macht zu brechen. Seit dieser Zeit liegt sie in Trümmern.

Der Stammsitz der Herren von Montalban aber lag auf einem bewaldeten Hügel über der heutigen Halbruine Kastelbell. Diese Familie erscheint zuerst als welfische, dann nach Mitte des 12. Jahrhunderts als tirolische Ministerialenfamilie. Sie starb im 14. Jahrhundert aus. Die Burg Montalban wurde 1317 vom Landesfürsten gegen den Turm zu Galsaun eingetauscht, vermutlich das heutige Turngut, und geschleift. Man erkennt noch die Grundmauern der einst ausgedehnten Burganlage mit Bergfrit, Palas, Kapelle, Brunnen, Ringmauer, Zwinger.

Man kann die Burgruinen Hochgalsaun und Montalban ebenso wie die Halbruine Kastelbell und den Ansitz Kasten besichtigen. Aber es ist nicht ungefährlich.

6. KASTELBELL, 580 m

Auf einem mächtigen, gegen die Vinschgauer Strasse andrängenden Felsen thront die eindrucksvolle Ruine der Burg Kastelbell, zu der man in wenigen Minuten von der Strasse auf einem Fahrweg emporsteigt.

Die zuerst als landesfürstlich erwähnte Burg war im 14. Jahrhundert im Besitz der Herren von Schlandersberg und seit 1531 der Grafen Hendl.

Im Jahre 1824 hat ein furchtbarer Brand die Burg fast

Burg Kastelbell von SW

ganz vernichtet. Nur ein kleiner Teil konnte von den Grafen Hendl bewahrt und inmitten der Ruinen bewohnbar erhalten werden.

Nachdem 1949 der letzte männliche Nachkomme der Grafen Hendl verstarb, wurde das Schloß vom Staat angekauft und ab 1960 umfassend restauriert. Die Arbeiten wurden vom Denkmalamt vorgenommen, das mit großer Sorgfalt zu Werke ging. In allerletzter Zeit sind ein Reihe von Befestigungsarbeiten vorgenommen worden.

Gegenwärtig wird Schloß Kastelbell von der Gräfin Hendl beaufsichtigt, der letzten Nachfahrin des Geschlechts, und es kann auf Anfrage von Mitte Juni bis Mitte September besichtigt werden.

7. GOLDRAIN, 700 m

Auf dem Berghang über dem Dorf Goldrain steht der ausgedehnte Bau des gleichnamigen Schlosses, das von mächtigen Mauern mit vier Rundtürmen und Kegeldächern an den Ecken umgeben ist. Hinter den Umfassungsmauern befindet sich der Palas mit einem schönen Renaissancehof und einem kleinen Turm.

Erbaut wurde das Schloss von den Hendl von Goldrain am Ende des 15. Jahrhunderts. Das gegenwärtige Aussehen stammt von einer gründlichen Restaurierung am Ende des 16. Jahrhunderts. Es ist ein charakteristischer Herrensitz der Renaissance im Vinschgau. Bemerkenswert ist die herrliche Loggia des Innenhofes mit seiner harmonischen Bogenfolge.

Es sei hier daran erinnert, daß dieser Ort bereits in vorangegangenen Jahrhunderten einen Verteidigungsbau aufwies, der für die damalige Zeit bezeichnend war: ein Wohnturm, der vermutlich um 1200 von einem Ministerialen der Bischöfe von Chur, einem gewissen Schenk, erbaut worden sein dürfte. Der Renaissance-Umbau drei Jahrhunderte später hat die mittelalterlichen Strukturen völlig überdeckt und ausgelöscht.

Nach dem Erlöschen des Geschlechtes der Hendl von Goldrain wurde das Schloss an die Plawenn vererbt und von diesen 1863 an die Gemeinde verkauft. Lange Zeit stand es völlig verlassen und geriet in einen trostlosen Zustand. Im Jahr 1902 sturzte ein grosses Gewölbe ein. Gegenwärtig dienen einige Räume dem Pfarrer und dem Messner als Wohnung, die übrigen sind leer. In den letzten Jahren sind Restaurierungsarbeiten vorgenommen worden.

8. MOOSBURG UND SCHANZEN

Während der Ort Goldrain mit dem gleichnamigen Ansitz am linken Etschufer sich ausbreitet, liegen die in seiner Gemarkung stehenden alten Ansitze Ober- und Unter-Moosburg und Schanzen auf der rechten Talseite nahe der von der Vinschgauer Staatsstrasse nach Morter führenden Strasse.

Ober- und Unter-Moosburg sind zwei malerische, mit Zinnengiebeln ausgestattete Häuser, die ins 14. Jahrhundert zurückreichen. Einfacher ist Unter-Moosburg, das in einer Stube im ersten Stock altes Getäfel mit Balkendecke und in einer Kammer Wandgemälde des 15. Jahrhunderts aufweist. Anfang des 19. Jahrhunderts gelangten beide Ansitze in bäuerliche Hand.

Der Hof Schanzen ist ein kleiner, regelmässiger viereckiger Bau mit Zierzinnen und verwitterten, gemalten Fenstereinfassungen. Im erneuerten Inneren ist noch eine Kammer mit Getäfel und Felderdecke aus dem 16. Jahrhundert erhalten. Neben dem Hof steht das im 16. Jahrhundert erbaute Kirchlein St. Anna in Scanzen mit einem späten Flügelaltar, schönen Seitenaltären, Hendl'schen Grabsteinen und Votivbildern.

Der Hof Schanzen ist bereits 1156 erwähnt. Damals gehörte er dem Hochstift Chur und dem Kloster Katzis. Hier sass der churische Gotteshausrichter für die churischen Eigenleute im Vinschgau. Später kam der Hof in andere Hände.

Heute ist in Obermoosburg eine Gastwirtschaft untergebracht. Untermoosburg und Schanzen sind bewohnt und können nur ausnahmsweise besichtigt werden. Seit 1976 werden in den beiden letztgenannten Ansitzen Sanierungsarbeiten durchgeführt, ein neues Schindeldach ist angebracht worden.

9. MÜHLRAIN

Im kirchenreichen Latsch ist ausser dem Turm und alten dicken Mauern des einstigen Stammsitzes der Herren von Latsch, der in einem völlig umgebauten Haus steckt, an der Strasse ein arg verwahrloster roter behäbiger Herrensitz, Mühlrain, zu sehen.

Der stattliche Bau mit regelmässigen Fensterreihen, zwei schmucken Erkern, Stukkaturen und Wandmalereien an der Fassade, mit einem Getäfel aus der Zeit von 1580 und Holz- und Stuckdecken des 18. Jahrhunderts im Inneren, erhielt die heutige ansprechende Form um 1580 von den Kleinhaus, die sich seit 1619 von Mühlrain nennen. Neben dem Haus die stilgleiche St. Annakapelle.

Der Herrensitz Mühlrain ist lange Zeit in einem recht verwahrlosten Zustand belassen worden. Erst in letzter Zeit ist hier mit umfangreichen Restaurierungsarbeiten begonnen worden. Damit wurden vor allem auch die wunderschönen Fassaden vor dem sicheren Verfall gerettet.

Der Ansitz ist privat bewohnt und schwerlich zu besichtigen.

10. ANNENBERG

Hoch oben an den kahlen Hängen der Grauwand, gegenüber der Einmündung des Martelltals ins Vinschgauer Etschtal, erhebt sich auf einer stark abfallenden Felskuppe ein grosses, hellgraues Gebäude in scheinbar gutem

Zustand: Burg Annenberg mit ihren hohen Mauern und Türmen.

Die hochgelegene Burg gehörte im 13. Jahrhundert den Herren von Wangen, dann denen von Matsch und schliesslich jenem Geschlecht, das sich nach der Burg nannte: denen von Annenberg. Diese Familie ist auch die Stifterin des Heilig-Geist-Spitales in Latsch, das 1334 durch Heinrich von Annenberg gegründet wurde. In Urkunden wird dieser Heinrich Ritter und Burggraf genannt und als Besitzer von Gütern in Partschins, Schlanders und Naturns. Was den jungen Ritter Heinrich von Annenberg 1334 zur Stiftung des Spitals in Latsch bewog, ob Busse für Sünden oder Edelmut, ist unbekannt; jedenfalls erhielt er dazu am 25. März 1334 die Bewilligung des Fürstbischofs Ulrich von Chur in Burg Tirol.

Trotz der Gründung des Latscher Heilig-Geist-Spitals, in dem ein berühmter Flügelaltar von Jörg Lederer steht, muss Heinrich von Annenberg nicht eben ein Heiliger gewesen sein. Denn 1340 wurden er und sein Sohn vom Bann befreit, mit dem sie wegen Störung von Begräbnisfeierlichkeiten in der Peter- und Paulskirche in Latsch belegt worden waren. Auf eigene Kosten liess er 1360 eine Brücke über die Etsch erbauen, wofür ihm Ludwig von Brandenburg die Jagd-, Fischerei- und Holzrechte zwischen Latsch und Schlanders verlieh.

Die Freiherrn von Annenberg starben 1695 aus. Die Burg verfiel rasch und war schliesslich nur mehr eine Ruine mit Resten von Rundtürmen und Mauern, welche von Efeu überwuchert waren. Die Restaurierung im Jahre 1910 bewahrte die Burg von völligem Verfall. Damals wurden Palas und Treppenturm um ein Stockwerk erhöht, der südseitige Eckturm und die talseitige Ringmauer verändert und der ganze Bau bewohnbar gemacht. In den letzten Jahrzehnten verfiel aber die Burg neuerdings, so dass sie heute als unbewohnte Halbruine dasteht. Sie gehört den Erben nach dem Grafen Benza aus Genua und ist zeitweise bewohnt.

Die Burg ist von einem Ringmauerviereck mit vier Eckrondellen umgeben und wirkt noch imponierend. Ausserhalb der Burgmauern steht etwas höher die der hl. Anna geweihte spätgotische Burgkapelle. Sie besitzt ein Sakramentshäuschen von 1517 und Wandgemälde. Das gotische Chorgestühl und der bemerkenswerte Renaissance-Altar von Sebastian Scheel wurden zur Verfallszeit der Burg am Beginn dieses Jahrhunderts ins Tiroler Landesmuseum Ferdinandeum nach Innsbruck gebracht, wo sie sich auch heute befinden.

Man erreicht Annenberg auf einem schmalen Fahrweg von Goldrain aus; der Aufstieg zu Fuss beansprucht ungefähr eine Stunde. Für die Besichtigung wende man sich an das knapp unter der Burg liegende Bauernhaus.

11. OBERMONTANI, 838 m
UNTERMONTANI, 754 m

Die altersgrauen Mauern der Burg Obermontani und auch jene des tiefer gelegenen Untermontani ragen vor dem Eingang des Martelltals auf einem quer vorspringenden Felsrücken auf, als wollten sie das Tal absperren.

Erbaut hat Graf Albert II. von Tirol diese Burg 1228. Meinhard II. hat sie seiner Gemahlin Elisabeth von Bayern überantwortet. Als deren Sohn, Heinrich, König von Böhmen und Graf von Tirol, in dritter Ehe Beatrix von Savoyen heiratete, gab er ihr Obermontani als Morgengabe.

Wenig später war Obermontani Sitz der Herren von Montani, einer adeligen Familie des Vinschgaues, seit 1299 erwähnt und 1614 ausgestorben.

Der Verfall der Burg begann nach dem Aussterben des Geschlechtes Montani. Aber sie wurde immer noch bewohnt, bis sie 1839 an einen Bauern verkauft wurde. Jetzt wurden die Einrichtungsgegenstände und alles, was nicht niet- und nagelfest war, verkauft und vertragen. Es ist geradezu ein Wurder, dass nicht Kataster, Manuskripte

Burg Obermontani, Südseite

und Kodizes verheizt wurden, sondern wie das alte Mobiliar in verschiedene Sammlungen wanderten. Der bekannte Marienberger Benediktiner Beda Weber entdeckte hier jene Handschrift des Nibelungenliedes, die sich heute in Berlin befindet.

264

Die kunsthistorisch bedeutenden Wandmalereien sind zugrundegegangen. Die Mauern und Gewölbe, längst ohne Dach, sind weitgehend eingestürzt. Um dem weiteren Verfall Einhalt zu gebieten sind kürzlich vom staatlichen Denkmalamt (der Staat war inzwischen Eigentümer geworden) bedeutende Konsolidierungsarbeiten vorgenommen worden. Auch wurde ein Abguss des schönen, jetzt auf Schloss Tirol aufbewahrten Wappensteines von 1927 an der ursprünglichen Stelle über dem eleganten Renaissancepfeiler mit Kapitell im Burghof angebracht.

Nach einer alten Erzählung, die vom Volkskundler Hans Fink aufgezeichnet wurde (s. von F. Riedl «Schlösser in Südtirol», 1976), geht in den Ruinen von Schloß Montani jedes Jahr am Vorabend von Allerheiligen ein «Todesreiter» um, der jedesmal dieselbe Aufforderung wiederholt: den eigenen Blutsverwandten darf Hilfe nicht versagt werden, ansonsten müssen sie mit schweren Folgen rechnen. So wie es jenem Vasallen Teodorichs geschah, der nach dem Tode des Gotenkönigs in Montani das erste Schloß erbaut hatte. Er hatte die eigene Tochter und deren Verlobten sterben lassen, ohne ihnen Hilfe zu bringen.

Unweit von Obermontani erhebt sich die ebenfalls stark verfallene Burgruine Untermontani. Ihr Turm ist grösstenteils eingestürzt infolge der Erosion am moränischen Baugrund durch den Plima-Bach. Westlich der Burg Obermontani steht die einsame kleine St. Stephanskirche, 1487 geweiht, mit zahlreichen gut erhaltenen Wandgemälden; ihre zwei Flügelaltäre sind im Bozner Städtischen Museum aufgestellt.

Obermontani und die Stepharskirche sind heute staatliches Eigentum und können besichtigt werden. Man fährt über Morter ins Martelltal bis kurz nach der ersten Brücke über den Plimabach. Dort zweigt dann links ein Weg zur Burg und Kirche ab. Zur Besichtigung wende man sich an das nächstliegende Bauernhaus.

12. SCHLANDERSBURG, 1060 m

In Schlanders, dem Hauptort des mittleren Vinschgaues, findet sich inmitten der von gepflegten Obst- und
Kastanienhainen und den letzten Weinbergen umsäumten
Siedlung, die zahlreiche Edelsitze und Häuser mit Zinnen
und schöne Kirchen aufweist, der gegenwärtig als Bezirksgericht benützte Ansitz Schlandersburg. Ein Raum
wird manchmal für Kunstausstellungen verwendet.
Dieses Schloß bestand anfänglich nur aus dem vierek-
kigen Bergfrit, der im 13. Jahrhundert von einer Ministerialenfamilie der Grafen von Tirol errichtet worden war
(sie nannten sich Schlandersberg), und wurde in der ersten Hälfte des 16. Jahrhunderts umgebaut und erweitert.
Nach dem Aussterben der Schlandersberg gehörte die
Burg den Hendl und anderen Familien.
Was wir heute vorfinden, ist also ein recht bemerkenswerter Bau aus dem 16. Jahrhundert. In diesen Bau wurde
der alte Turm miteinbezogen. Er ragt nur ganz wenig über
die Dächer empor.
Hier kann man einen geräumigen, zweigeschossigen
Loggienhof bewundern, der von einem lombardischen
Baumeister gegen Ende des 16. Jahrhunderts erbaut wur-
de. Der Ansitz ist wohl der bedeutendste Renaissancebau
im Vinschgau.
Schlandersburg kann besichtigt werden.

13. SCHLANDERSBERG, 1075 m

Hoch über Schlanders liegt auf einer Stufe des Berghanges die die Gegend beherrschende Burg Schlandersberg. Sie besteht aus einem mittelalterlichen Turm, der
später von allen Seiten umbaut wurde. Der Gesamtbau erhielt die heutige Gestalt im 16. Jahrhundert.
Schlandersberg ist der Stammsitz der Herren von

Schlandersberg, eines Zweiges der Herren von Montalban, seit dem 13. Jahrhundert. Die 1696 gegrafte Familie starb 1755 aus. Seitdem wechselte Schlandersberg häufig die Besitzer und befindet sich heute in bäuerlicher Hand. Der im 16. Jahrhundert in die bestehende Gestalt gebrachte Bau ist bewohnt. Er wurde von denselben Arbeitern ausgeführt, die auch die nahegelegene Schlandersburg erbaut hatten.
Die Burg kann nicht besichtigt werden. Erreichbar ist sie auf einem Fussweg in ¾ Stunden.

14. EYRSBURG UND MOOSBURG

Das kleine Dorf Eyrs liegt westlich des durch seine Marmorbrüche bekannten Laas an der Vinschgauer Staatsstrasse und hat in der Eyrsburg und Moosburg zwei malerische Ansitze.
Die Moosburg besteht aus einem viereckigen Turm, um den in der Folge ein größeres Gebäude errichtet wurde. Dieses sieht heute sehr malerisch aus und stellt gewiß einen alten Vinschgauer Ansitz dar. Diese Anblick besteht allerdings erst seit dem 17. Jahrhundert, seit der Ansitz umgebaut wurde. Er hatte in seinem mittelalterlichen Teil schwere Schäden erlitten, als 1283 Meinhard II. von Tirol die Herren von Moosburg besiegte.
Der Gebäudekomplex kam bald in bäuerlichen Besitz und ist heute recht verwahrlost.
Das zweite Schloß steht gegenüber auf der anderen Straßenseite. Es war vormals mit dem erstgenannten verbunden und wurde als Residenz der Grafen Moosburg verwendet. Seit der erwähnten Niederlage im Jahre 1283 ist es Ruine geblieben. Es gehört einer Bauernfamilie.
Beide Gebäude bzw. Ruinen können besichtigt werden.

Ruine Tschengelsberg von SW

15. GSCHLÖSSL UND TSCHENGLSBERG

Wenige Kilometer von Eyrs liegt auf der anderen Talseite der Etsch die Ortschaft Tschengels mit zwei Burgen. Die untere Burg ist ein einfacher, im 14. Jahrhundert erbauter Edelsitz, der von einer Ringmauer eingeschlossen wird, innerhalb der sich um einen quadratischen Turm die anderen Bauten gruppieren. In leidlichem Zustand, ist das «Gschlössl», bis zum Erlöschen des Geschlechtes 1760 lichtensteinisch, von Bauern bewohnt.

Die hoch am Berg gelegene obere Burg Tschengelsberg, auch Hinterburg genannt, ragt auf einer beherrschenden Stelle einsam auf, umgeben von steilen Wiesen und vom dunklen Nadelwald. Heute eine Ruine, bewahrt sie noch die hohe Ringmauer und den runden Bergfrit, der sich inmitten der grünen Landschaft malerisch abhebt.

Tschengelsberg ist der Stammsitz der Ritter von Tschengels, die zuerst 1192 erwähnt werden und 1421 ausstarben. Später waren die Lebenberg, Fuchs, Lichtenstein Burgherren. Kürzlich erwarb Prinz von Rachewiltz, der Besitzer der Brunnenburg bei Meran die Ruine. Beide Burgen können besichtigt werden.

16. CHURBURG, 983 m

Auf beherrschender Anhöhe über der Gemeinde Schluderns, von der Vinschgauer Staatsstrasse schon von weither sichtbar, wenige Kilometer von Mals, dem Hauptort des oberen Vinschgau entfernt, mit schöner Sicht über das Etschtal und auf die Gletscherwelt des Ortler, erhebt sich die grossartige Churburg, eines der schönsten und das wohl am besten erhaltene Schloss Südtirols.

Der Kern der Burganlagen ist die Hochburg, bestehend aus Bergfrit, Palas und Ringmauer. Sie wurde um

1259 vom Fürstbischof von Chur, Heinrich Graf von Mont-
fort, erbaut.

Das Fürstbistum Chur (Schweiz), dessen Jurisdiktion
sich über den ganzen Vinschgau bis einschliesslich Meran
erstreckte, stand zu dieser Zeit in Auseinandersetzung mit
den kriegerischen und gewalttätigen Herren von Matsch.

Churburg, NO-Seite

Churburg, Arkadenhof, 1. Stock

Wenige Jahrzehnte nach der Erbauung fiel die Churburg bereits in die Hand des Grafen Meinhard II. von Tirol
und 1297 hatten sie bereits die Matscher inne, deren
Machtgewinn damals erheblich war. Die ursprüngliche
Residenz der streitbaren Familie, Burg Matsch im gleichnamigen Tal, das von Schluderns gegen Norden zieht,

271

liegt heute in Trümmern. Die Matscher zogen von dem abseits gelegenen Matsch damals in die Churburg. Die Vögte von Matsch nahmen im 14. und 15. Jahrhundert mancherlei Um- und Zubauten vor und nicht minder die Trapp, denen 1504 die Churburg als Erbe zuteil wurde. So haben die Besitzer durch alle Jahrhunderte die Burg verschönert und die Grafen Trapp, welche sie heute noch besitzen, haben mit wahrer Leidenschaft ohne Rücksicht auf Kosten mit Sachkenntnis und Liebe die Churburg erhalten. Zwischen 1537 und 1560 erneuerten die Trapp die ganze Burg. Sie modernisierten den Palas, erbauten die neue Kapelle (die auch heute benützt wird), liessen den prachtvollen Loggienhof errichten, der in harmonischer Weise Gratgewölbe und Rundbogen über reich gearbeiteten Pfeilern aus weissem Marmor, jeder anders gestaltet und verziert, wie es Sitte dieser Zeit war, und romanische und gotische Motive in glücklicher Weise verbindet.

Die bis 1580 ausgeführten Wandmalereien mit ihren herrlichen Farben und den wechselvollen Motiven aus der Tier- und Pflanzenwelt weisen klaren Einfluss der Renaissance auf.

Hier findet man auch einen großen Stammbaum mit dem gemalten Wappen auf einem eleganten Holzportal mit Einlegearbeiten. Dieses Portal führt ins Privatarchiv von Jakob Trapp. Ein weiterer Stammbaum über neunzehn Generationen befindet sich an der Mauer der Treppe, die zur Loggia im ersten Stockwerk hinaufführt.

Vom Hof betritt man die schöne gotische Kapelle mit einem Altar von 1568 und wertvollen Totenschildern mit den Wappen des Georg und Oswald Trapp. Drei Pfeiler sind bei der jüngsten Restaurierung aufgedeckt worden. Die Churburg besitzt zahlreiche hervorragend eingerichtete Säle.

Im Saal des Obergeschosses stehen antike Möbel und hängt ein prächtiger Gobelin des 16. Jahrhunderts, ein Marmorkamin und Gemälde von Ahnen der Familie Trapp.

Churburger Rüstkammer, gotische Harnische

Die Stube, klein und gedrängt, zeigt Wappen der Matsch und Trapp, eine eingelegte Tür und eine schöne Holzdecke des 16. Jahrhunderts.

Im Arbeitszimmer steht ein kunstvoller Schrank aus Zirbelholz, mit schönen Schnitzarbeiten, das Meisterstück eines Vinschgauer Handwerkers von 1580.

Im Jakobszimmer, so genannt nach Jakob Trapp, steht eine Orgel von 1559, ein grosser Kachelofen und eine Statue, die einen Ritter im Gewand der Kreuzfahrer zeigt, von 1560, als katholische Soldaten Jerusalem zurückgewinnen wollten.

Bewundernswert ist ein auf Goldgrund gemalter Kreuzweg, aus der Zeit von 1380, übertragen in die alte Kapelle.

Der Ahnensaal zeigt Bilder aller Angehörigen der Familie Trapp zwischen 1600 und 1800.

Der bemerkenswerteste Schatz der Churburg aber ist ihre Rüstkammer, die nicht irgendeine Waffensammlung ist, sondern ausschliesslich in der Burg verwendete und vorhandene Waffen zeigt. Es finden sich hier rund fünfzig vollständige Rüstungen, alle in bestem Zustand. Es ist dies eine der reichsten Sammlungen mittelalterlicher Waffen und gewiss die umfassendste und beste Waffensammlung, die es in privatem Besitz gibt. Hier finden sich die Kürasse der Mitglieder der Familien Matsch und Trapp und jene der Angehörigen der Burgwache.

Besonders erwähnenswert ist die Rüstung des Ulrich von Matsch, aus der Zeit um 1450, die 2,20 Meter gross ist und 46 Kilogramm wiegt; ausgeführt vom Mailänder Waffenschmied Missaglia. Weiter findet sich ein Kürass mit einer Wolfsgugel von 1380, auch von einem Matsch. Die Rüstungen stammen aus dem besten oberitalienischen, süddeutschen und tirolischen Werkstätten.

Die Churburg kann von März bis Oktober zu festgesetzten Stunden unter Führung und gegen Eintritt besichtigt werden. Wer mit dem Auto kommt, findet einen geräumigen Parkplatz zu Füßen des Schlosses.

Churburg, alte Kapelle: romanische Madonna
(Holzskulptur, um 1270)

17. MATSCH

Zwischen zwei Bachläufen liegen auf einem schmalen Hügelrücken in dem von Schluderns aus dem Etschtal nordwärts ziehenden Matscher Tal die Burgruinen Ober- und Untermatsch.

Die obere Burg entstand vielleicht schon Ende des 11. Jahrhunderts. Von ihr stehen heute noch der untere Teil des Bergfrits und die Kapelle aus dem 12. Jahrhundert mit Ausstattung aus der Mitte des 17. Jahrhunderts. Sie hat eine polygonale Apsis, die im 17. Jahrhundert augefügt wurde.

Die untere Burg ist - sie ist größer als die obere - ebenfalls ganz zerfallen. Es finden sich nur mehr spärliche Mauerreste, der künstliche Halsgraben, Reste eines turmartigen Gebäudes und ein Anbau mit zwei Fenstern mit Seitensitzen.

Die 1160 erwähnten Vögte von Matsch waren vermutlich ein Seitenzweig der herren von Tarasp. Wegen ihrer Vogtei über Marienberg hiessen sie Vögte von Matsch. Sie waren reich, mächtig und gewälttätig und hatten Besitz bis ins Veltlin und in die Schweiz. In der Geschichte von Tirol und Chur spielen sie eine grosse Rolle. Die Burgen waren Schauplatz zahlreicher Familienfehden. Nach Vertreibung der Obermatscher 1358 waren beide Burgen in einer Hand, wurden aber wegen der Übersiedlung auf die Churburg vernachlässigt und verfielen seit Ende des Mittelalters.

Von den Matsch gingen die Burgen an die Trapp über, welche sie noch heute besitzen. Man kann die Burgruinen besichtigen. Eine mässige Fahrstrasse führt von Tartsch bei Mals, mit prächtiger Aussicht auf den Ortler und das Obervinschgau, ins Matscher Tal hinein. Etwa 1 km vor dem Dorf Matsch zweigt rechts ein Karrenweg ab, welcher den Bach überquert und zu den Burgruinen führt. Der Ausflug ist auch landschaftlich sehr interessant.

18. FRÖHLICHSBURG, 1051 m

In dem durch seine Türme bestimmten schönen Ortsbild von Mals tritt neben den romanischen Kirchtürmen besonders der feste Drossturm hervor. Der Drossturm wird im 13. Jahrhundert als Besitz der Vögte von Matsch erwähnt. Er wurde 1903 um einige Meter erniedrigt und geschmacklos umgestaltet. Wie er war auch die Fröhlichsburg, so genannt nach den Herren von Fröhlich, die sie seit Ende des 16. Jahrhundert besassen, Besitz der Matscher Vögte. Sie entstand im 12. und 13. Jahrhundert und es haben sich noch Überreste von hohen Palasmauern mit Viereck- und Rundbogenfenstern und Schwalbenschwanzzinnen, von Zwingern und Spuren eines Grabens sowie der schöne, runde Bergfrit erhalten. Sämtliche Mauern sind kürzlich restauriert worden.

In Mals finden sich eine Reihe von alten Häusern mit zinnenbekrönten Tormauern, Spitz- und Rundbogentüren, Freitreppen, Erkern, Wappen und getäfelten Räumen. Erwähnt seien die ehemaligen Ansitze Malsegg, Lichtenegg und das einstige Stamserhaus.

19. GLURNS, 907 m

Das kleine Städtchen Glurns, ein paar Kilometer südlich von Mals auf dem flachen Talboden gelegen, ist eine der wenigen noch intakt gebliebenen wehrhaften Städte - wie Pienza (Siena), Terra del Sole (Forlì) und einige andere. Sie weist noch unverändert die alten Verteidigungsanlagen auf und hat auch alle Merkmale einer kleinen Stadtsiedlung beibehalten (ein Hauptplatz, zwei Strassen, Häuser mit Erkern und Zinnen, kleine Gärten).

Glurns wird als «Dorf» erstmals im Jahre 1178 erwähnt. Sein entstehen ist mehr auf wirtschaftliche und

Glurns, Malser Tor

278

Glurnser Stadtmauern, Westtrakt

verkehrstechnische Ursachen zurückzuführen denn auf militärische Erwägungen (eine Zeit lang war die Stadt ein bekanntes Handelszentrum für Salz). Erst zu einem späteren Zeitpunkt lenkte es das Augenmerk der Mächtigen auf sich und ging in den Besitz von Meinhard von Tirol und in der Folge in jenen der Habsburger über.

Die heutige Stadtbefestigung wurde an Stelle einer älteren, im Engadiner Krieg am Ende des 15. Jahrhunderts stark beschädigten Anlage um 1580 errichtet. Die Wirkung der überaus eindrucksvollen Stadtbefestigung wird durch geschmacklose Vorbauten von Kasernen beeinträchtigt.

Die Stadtbefestigung von Glurns ist ein ziemlich regelmässiges Ringmauerviereck mit drei Mittel- und vier Eckrondellen und drei Tortürmen: dem Malser, Schludernser und Münstertor. Vor den umlaufenden Ringmauern sind teilweise noch Graben und Zwinger erhalten. An der Ringmauer befindet sich ein Wehrgang mit Schiessscharten, an den nach innen offenen Rondellen verschiedene Scharten für Handwaffen und Geschütze.

Die viereckigen Tortürme mit quadergefassten Spitzbogentüren haben Fresken und Wappen des Deutschen Reiches, Österreichs, Tirols, der Stadt Glurns und der Trapp. Im Gerichtshaus ist ein mittelalterlicher Turm eingebaut, auch finden sich in der Umwallung mehrere schöne Häuser und ist die ehemalige Haupt- und heutige Hintergasse durchgehend mit Lauben ausgestattet.

Außerhalb der Umfriedung aus dem 16. Jahrhundert ist die Pfarrkirche zum Hl. Pankraz sehenswert. Diese wurde Ende des 15. Jahrhunderts gebaut und auch sie ist trotz der mehrmaligen Brände fast in ihrem ursprünglichen Zustand verblieben.

Ab 1974 wurden umfangreiche Arbeiten zur Sanierung der Außenmauern, des «Schludernser Tors» und anderer Gebäude innerhalb der Stadtmauern in Angriff genommen, die stufenweise zur totalen Sanierung führen werden.

20. LICHTENBERG, 1020 m

Zwischen dem Münster- und Trafoital, auf der Schattseite des Vinschgau, erhebt sich wenige Kilometer südlich des durchaus befestigten kleinen Städtchens Glurns, das noch ganz von 1580 erbauten mächtigen Wehrmauern mit wuchtigen Tortürmen umwallt ist, die ausgedehnte Anlage der Burgruine Lichtenberg. Sie ist wegen der Wandgemälde, die einst den Palas zierten und ein Muster der ritterlichen Malerei des 14. Jahrhunderts sind, einer der wichtigsten Wehrbauten Südtirols.

Die Burg wurde als Stammsitz der seit 1228 nachweisbaren Herren von Lichtenberg erbaut. Im Lauf der Zeit, besonders aber im 19. und zu Beginn des laufenden Jahrhunderts, erlitt sie schwere Schäden und der Verfall der romantischen Ruine schreitet unaufhaltsam fort. Bis zum Tod der Letzten ihres Geschlechtes, Daniel und Christoph, 1430, residierten hier die Lichtenberg. Dann kam die Burg in den Besitz der Gradner und des Erzherzogs Sigismund. Im Jahre 1462 verlieh Kaiser Friedrich III. die Burg den Spaur, 1513 ging sie an die Khuen-Belasi über, welche noch heute Eigentümer sind.

Während des 16. Jahrhunderts wurden verschiedene Verbesserungs- und Restaurierungsarbeiten vorgenommen, wodurch die Gebäudeanlage ihren heutigen Umfang erhielt.

Es ging mit dem Schloß rapide abwärts, als es zur napoleonischen Zeit als Gefangenenlager verwendet wurde. Ende des 18. Jahrhunderts befand es sich in einem verzweifelten Zustand.

Doch auch zu jener Zeit konnten im gesamten Gebäude noch die Wandgemälde bewundert werden. Sie schmückten in zwei übereinandergelagerten Reihen di Nord- und Südwände des Palas. Mit den Fresken von Burg Runkelstein sind sie die wichtigsten profanen Freskenzyklen des Mittelalters. Weil die Burg immer mehr verfiel und die noch wohlerhaltenen Teile der Fresken vom Untergang bedroht waren, wurden sie 1912 abgenommen und in das Tiroler Landesmuseum Ferdinandeum in Innsbruck gebracht, wo sie zu den schönsten Sehenswürdigkeiten zählen.

An der Südwand war die Schöpfung in typisch mittelalterlicher Weise dargestellt. Um das religiöse Thema waren höfische Szenen, ein Duell zwischen einem riesenhaften Ritter und einem Zwerg mit Waffen des 14. Jahrhunderts gezeigt, die malerische Wiedergabe der Sage des Kampfes zwischen Dietrich von Bern und dem Zwergenkönig Laurin.

Eine andere Szene zeigte ein Turnier mit Lanze und Keule, wieder andere eine Jagdszene mit Pferden, Rittern und Falken, einen Reigen von Rittern und Frauen in der Tracht ihrer Zeit, alles mit grösster Genauigkeit ausgeführt. Ein anderes Bild zeigt eine Allegorie des Glücks und den Liebeshof. Unter der Jagdszene, die nicht abgenommen wurde und sich noch an der Palaswand der Ruine vorfindet, erblickt man die Fabel vom lahmen Fuchs, der den Gänsen predigt.

Nach dem zweiten Weltkrieg sind bedeutsame Restaurierungsarbeiten vorgenommen worden, um den endgültigen Verfall des Gebäudes zu unterbinden.

Die Burgruine kann trotz Einsturzgefahr besichtigt werden. Man erreicht Lichtenberg auf guten Fahrstrassen, sowohl von Mals über Glurns wie auch von Prad aus.

21. FÜRSTENBURG, 1202 m

Die junge Etsch purzelt aus dem Haidersee bei St. Valentin über die Malser Heide abwärts in eine Mulde, in der die malerische Ortschaft Burgeis liegt, mit alten Häusern, schönen Kirchen, überragt von der einer Gralsburg gleichenden Benediktinerabtei Marienberg. Unterhalb der Ortschaft erhebt sich auf einem niedrigen, von Natur aus wenig geschützten Felsenhügel die Fürstenburg.

Nach der Überlieferung, welche der Marienberger Chronist Goswin aufgezeichnet hat, soll an dieser Stelle eine noch ältere Burg gestanden haben, die jedoch vom

282

Die Fürstenburg in Burgeis, von NW

Stifter des Klosters, dem Ulrich von Tarasp, im 12. Jahrhundert zerstört worden ist. Von diesem legendären älteren Bauwerk finden sich aber keine Spuren. Die Fürstenburg liess Bischof Konrad von Chur im letzten Viertel des 13. Jahrhunderts erbauen und sie diente ihm und vielen seiner Nachfolger als Zuflucht vor Feinden. Mehrmals wurde Fürstenburg - oder Fürstenberg - auch belagert. Die bauliche Entwicklung von Fürstenberg vollendete sich im 16. Jahrhundert, als die Fürstbischöfe von Chur hier eine ständige Residenz einrichteten. Aus dieser Zeit stammen die Wandgemälde an der Hauptfront, die Ausstattung der Fürstenzimmer, von denen einzelne noch ihr Getäfel bewahrt haben, die Küche, die Kapelle, der Ziehbrunnen und die Verließe.

Noch im Jahr 1791 hat ein Mönch von Marienberg ein Zimmer der Burg mit gotischen Holzschnitzereien geziert. Bis zur Säkularisation im Jahre 1803 war Fürstenberg bischöflicher Besitz und die Churer Bischöfe hielten hier einen eigenen Burghauptmann. Zwischen 1807 und 1850 war Fürstenberg Gerichtssitz, später Sitz des Finanzamtes und 1859 wurde es an die Gemeinde Burgeis verkauft, welche es als Kaserne und Armenhaus verwendete.

Jetzt gehört die Fürstenburg der Benediktinerabtei Marienberg, die darüber verfügt. Zur Zeit beherbergt sie eine landwirtschaftliche Schule.

Die eigentümliche Lage, der mächtige Zinnenturm, welcher den gesamten Burgkomplex beherrscht, die geräumigen Wohngebäude, die noch die Ausstattung des 17. Jahrhunderts besitzen, sie geben der Burg einen besonderen Reiz. Vom Rundturm an der Etsch führt ein nun verfallener unterirdischer Gang zu einem kaum mehr sichtbaren Rondell und weiter zu einer Mühle. Im Mörtel einer Schießscharte ist die Jahreszahl 1527 eingeritzt, woraus man die Bauzeit erschliessen kann. An den Wänden und Säulen erkennt man noch Verzierungen; in den Gewölbefeldern sieht man Ranken und musizierende Engel. Auch

Stift Marienberg, Krypta: die herrlichen Fresken
aus der 2. Hälfte des 12. Jahrh.

ein Fresko des hl. Franziskus und das Wappen des Fürstbischofs Johann Fluggi von Aspermont ist noch zu sehen.
Die Burg liegt wenige Minuten vom Dorf Burgeis entfernt,
zu dem eine kurze Abzweigung von der Reschener Strasse
oberhalb Mals führt. Heute kann die Fürstenburg frei besichtigt werden. Sie
wurde vom Land Südtirol angekauft und beherbergt eine
Landwirtschaftsschule.
Seit 1977 werden dort bedeutende Sanierungsarbeiten
am Turm und an anderen Teilen des Gebäudekomplexes vorgenommen. Die Arbeiten sind noch nicht gänzlich abgeschlossen.

22. MARIENBERG, m 1651

Etwa 50 Gehminuten oberhalb der Abtei Marienberg befinden sich die wenigen Reste der Burg «Castellaz». Sie hatte den Herren von Tarasp gehört, war aber - wie der Marien-
berger Chronist Goswin berichtet - von Ulrich von Tarasp, dem
Klostergründer, abgerissen worden, damit sie niemals eine
Bedrohung für die Abtei darstellen könne.
Das Kloster Marienberg, im übrigen die höchstgelegene
aller Benediktinerabteien, wirkt vom Tal her sehr kräftig und
solid, da es von hohen, mächtigen Mauern abgestützt wird.
Das Kloster leuchtet auf halber Hanghöhe aus dem Grün des
Waldes auf und beherrscht den ganzen oberen Vinschgau.
Es war Ende des 11. Jahrhunderts in der Nähe der alten Ste-
fanskirche gegründet, dann aber 1150 hierher verlegt worden; doch es weist keinerlei Befestigungsanlagen auf.
Die Bauwerke gehen in ihrem Kern auf die Zeit der Klo-
stergründung zurück. Die Krypta wurde 1156 geweiht, die Kirche 1201. Umfassende Umbauarbeiten erfuhren sowohl das
Kloster als auch die Kirche nach dem Brand im Jahr 1418
sowie im 16., 17. und 18. Jahrhundert, als es seine heutige
barocke Gestalt erhielt.
Von größtem Interesse sind die Marienkriche mit romani-
schem Portal und barockem Innenraum sowie die Krypta mit

287

Stift Marienberg, Kirchenportal,
gotische Madonna (um 1400?)

den großartigen romanischen Fresken, die erst vor einiger Zeit vom Bozner Denkmalamt in ihrer ganzen Schönheit gebührend bekanntgemacht worden sind.

Dieses herrliche Benediktinerkloster war im übrigen im Mittelalter der Schauplatz eines Ereignisses, das heute in der Polizeichronik veröffentlicht würde ([1]).

Im Jahr 1301 wurde der junge Hermann von Schönstein zum Marienberger Abt gewählt, ein «unbequemer» Abt, der vom Chronisten Goswin, einem Mönch, als reinherzig und unbestechlich beschrieben wird.

Er unterscheidet sich von seinen unmittelbaren Vorgängern schon allein dadurch, daß er das moralische und materielle Leben neu regeln und dem Kloster damit seine ursprüngliche Größe und Würde zurückerstatten möchte.

Doch diese seine Haltung bringt ihn bald in Konflikt mit den «tonangebenden» Herren, die dem Kloster in der Zwischenzeit eine andere, von den Mönchen sklavisch erduldeten Ausrichtung gegeben hatten.

Goswin berichtet nämlich, daß das Kloster Gewalttätigkeiten und Ausbeutungen von seiten der mächtigen Familie der Grafen Matsch, die auch Kirchenvögte waren, ausgesetzt war und daß eben die Matsch begonnen hatten, sich widerrechtlich die kirchlichen Besitztümer von Marienberg anzueignen. Dabei ließen sie ihre militärischen Privilegien stärker gelten als die Gebote des Glaubens und die jahrhundertealten Rechte der Kirche.

So beschließt Ulrich von Matsch, Vogt und damit Beschützer des Klosters und eben eine dieser Vinschgauer «Respektspersonen», nachts verstohlen in die Sakristei einzudringen, in der sich das Kirchenarchiv befand, und etliche Urkunden mitgehen zu lassen. Und da er sich von der neuen, unzulässigen Haltung des jungen Abts zutiefst beleidigt und geschädigt fühlt, entführt er auch den Abt, der einige Tage lang vergebens gesucht wird. Doch dann entdeckt der Mönch Viso-

---

([1]) Siehe: Zeitschrift «Letture Trentine e Altoatesine», Nr. 48, Februar 1986, S. 43-44, mit einer Untersuchung von Giuseppe Albertoni.

Die Burgruinen von Reichenberg und (oben) Rotúnd bei Taufers im Münstertal

ne - im übrigen der nächste Marienberger Abt - im Schliniger Tal den Leichnam des geköpften Abts Hermann.

Das Kloster, das besichtigt werden kann, ist von Burgeis aus mit dem Auto in wenigen Minuten oder zu Fuß in 20 Minuten zu erreichen.

23. ROTUND, 1509 m - 24. REICHENBERG - 25. HELFMIRGOTT, 1345 m

Auf einem dem Berghang vorgelagerten Hügel nördlich von Taufers, dem letzten Südtiroler Dorf vor der Schweizer Grenze, erheben sich nicht weit voneinander entfernt die Burgruinen Rotund, Reichenberg und Helfmirgott. Man erreicht sie auf einem Fußweg von der romanischen Johanneskirche in Taufers aus, die interessante Fresken aufweist.

Auf dem höchsten, steilen und kahlen Hügel ragt die Burg Rotund auf, von der noch ein Rundturm, die hohen Palasmauern (auf der ungeschützten Seite ohne Fenster) und die einstige Kapelle mit Freskenspuren des 15. Jahrhunderts erhalten sind.

An der Bergseite befindet sich ein künstlicher Halsgraben, über den einst eine Zugbrücke führte, sowie an der nordwestlichen Ecke ein großes Rondell, das bei den Restaurierungsarbeiten der Burg im 16. Jahrhundert errichtet worden war.

Um die Mitte des 12. Jahrhunderts befand sich die Burg im Besitz der Herren von Rotund, die gegen Ende des 13. Jahrhunderts ausgestorben zu sein scheinen. Sie ging dann an die Matsch, die Reichenberg, die Trapp und die Schlandersberg über. Herzog Friedrich «mit der leeren Tasche» belagerte und zerstörte Rotund, die später in den Besitz der Hendl kam.

Auf einem tiefergelegenen Absatz des gleichen Berghangs liegt die Burgruine Reichenberg. Der runde Bergfried erhebt sich auf einem viereckigen Fundament, die Palasaußenmauer ist drei Stockwerke hoch, und auch die Ringmauer ist noch teilweise erhalten. An der Bergseite befindet sich ein kleiner Halsgraben.

Nach der Mitte des 12. Jahrhunderts befand sich Burg Reichenberg, ein Lehen der Churer Fürstbischöfe, im Besitz der Herren von Reichenberg. Diese Familie starb im 15. Jahrhundert aus, aber die Burg war schon 1373 an die Grafen von Matsch verkauft worden, von denen sie in der Folge an die Trapp, die Schlandersberg und an die Hendl ging.

Im 16. Jahrhundert und in der ersten Hälfte des 17. Jahrhunderts waren die Befestigungsanlagen der Burg Rotund, die eine äußerst günstige strategische Position einnahm, immer bestens instandgehalten worden. In der Folgezeit wurden die beiden Burgen bald aufgegeben, sodaß sie in kurzer Zeit zu Ruinen verfielen.

Etwas weiter östlich erhob sich, als Rest eines Vorpostens der beiden Burgen, der Turm Helfmirgott, der nach dem Ersten Weltkrieg eingestürzt und daher heute kaum noch zu erkennen ist.

Um seinen Namen rankt sich folgende Legende: Ein recht zügelloser junger Mann, der auf Burg Rotund lebte, versuchte eines Tages ein Mädchen zu verführen, das sich allein im Turm befand. Da das junge Mädchen keinen Ausweg wußte, stieg sie auf die Turmspitze und stürzte sich mit dem Ruf «Helfe mir Gott!» in die Tiefe. Und tatsächlich stand sie nach dem Sturz unverletzt vom Boden auf. Der junge Mann, den diese Szene zutiefst beeindruckt hatte, warf sich dem tugendhaften Mädchen zu Füßen, bat sie um Verzeihung und tat lange Buße.

Diese Ruinen sind - wie schon erwähnt - von Taufers aus zu Fuß in etwa einer Stunde zu erreichen.

Burgen im unteren Eisacktal

1. Kampenn	16. Gravetsch	
2. Karneid	17. Branzoll	
3. Steinegg	18. Anger	
4. Stein am Ritten	19. Säben	
5. Zwingenstein	20. Garnstein	
6. Kastelruth	21. Summersberg	
7. Aichach	22. Koburg	
8. Salegg	23. Velthurns	
9. Hauenstein	24. Ranuihof	
10. Zimmerlehen	25. Bischöfliche Hofburg in Brixen	
11. Prösels	26. Pallaus	
12. Kolmann	27. Ratzötz	
13. Trostburg	28. Karlsburg	
14. Lusenegg	29. Neustift	
15. Ingramhof	30. Salern	

1. KAMPENN, 616 m

Wer von Bozen eisackaufwärts blickt, sieht über dem Eingang ins Eggental die Burg Karneid und gegenüber etwas höher gelegen die Burg Kampenn.

Ursprünglich befand sich hier nur ein bescheidener Ansitz bestehend aus einem massiven viereckigen Turm und einem kleinen Palas, beide vermutlich für Wohnzwekke errichtet. Der Bau dürfte um das Jahr 1200 entstanden sein. Von der ältesten Geschichte und den ersten Bewohnern ist aber nur wenig bekannt. Im Jahre 1325 besass die Benediktinerinnenabtei Sonnenburg im Pustertal Burg Kampenn und auf sie folgten verschiedene Adelsgeschlechter als Eigentümer, so zu Beginn des 15. Jahrhunderts die Herren von Lichtenstein, im 16. Jahrhundert jene von Maretsch und von 1599 bis 1801 die Herren von Kuepach. Die Burg wechselte dann häufig den Besitzer, bis sie 1896 von Johann Weithaas erworben wurde, der vor dem ersten Weltkrieg den heutigen Zustand herstellte.

Im heutigen Zustand besitzt Kampenn einen viereckigen schönen Bergfrit, an den sich links der Palas und rechts die Kapelle anschliesst. Eine Mauer mit einem Eckturm verbindet beide Gebäude. Der quadratische Hauptturm besteht aus regelmässigem Mauerwerk des 13. Jahrhunderts, hat aber verschiedene Umformungen erfahren. Es ist zweifelhaft, wie weit der Bau des Palas zurückreicht, seine Eckloggien stammen aus der Renaissance. In dieser Zeit wurden auch das Portal und das Ecktürmchen erbaut, das innen eine interessante Bemalung

Schloss Kampenn bei Bozen

mit Früchten und Tieren und ein Wappen des Ferdinand von Kuepach und seiner beiden Gemahlinnen Eva von Pucher und Katharina von Trapp von 1605 besitzt. Auch die einfache Kapelle wurde damals errichtet.

Die Erweiterung des Palas, die Erneuerung des Bergfrits, die Galerie des Burghofes und die Ringmauer wur-

den erst 1914 vollendet. Nach dem zweiten Weltkrieg erwarb der Journalist Dr. Gasbarra die Burg und hat die nach dem Tode des Besitzers Weithaas wieder vernachlässigten Baulichkeiten sorgsam instandgesetzt und wohnlich gestaltet. Ein ca. 3 km langer, allerdings ziemlich steiler Fahrweg führt von Bozen zur Burg Kampenn hinauf; er zweigt bei der Talstation der Kohlerer Seilbahn von der Brennerstrasse (Virgl-Variante) ab.
Die Burg ist bewohnt und nicht zu besichtigen.

2. KARNEID, 486 m

Karneid ist eine der charakteristischesten und schönsten Burgen Südtirols. Sie erhebt sich über steilem Felsabsturz beherrschend und auffällig linksufrig vom Eisack über dem Dorf Kardàun und lenkt den Blick des auf der Brennerstrasse kommenden Reisenden durch ihre majestätische Lage auf sich. Sie steht als Wächter über der grossen Schlagader des Nord-Süd-Verkehrs auf hohem Fels und sperrt den Eingang in die enge Schlucht des Eggentales.

Die Ursprungsgeschichte dieser mächtigen Burganlage ist in Dunkel gehüllt. Doch sind viele der Meinung, daß das Schloß um das Jahr 1200 entstanden sei und daß es, aufgrund einiger urkundlichen Hinweise, im Besitze der Greifensteiner war (Tabarelli). Der Bau des Bergfrits dürfte hingegen etwas später erfolgt sein (Ende des 13. und Beginn des 14. Jahrhunderts). 1370 finden wir die Herren von Völs, die damals wohl auch Steinegg besassen, auf Karneid. Aber 1387 belehnten Albrecht und Leopold von Österreich als Grafen von Tirol Hans und Wilhelm von Lichtenstein mit Karneid. Hans der Ältere war einer der Anführer der «Elefantenliga» genannten Verbündung der Tiroler Adeligen gegen Friedrich mit der leeren Tasche.

297

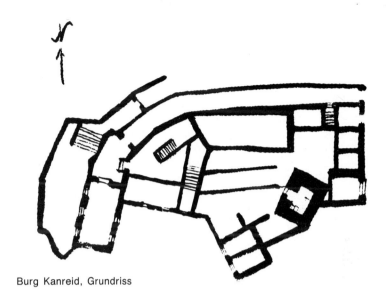

Burg Kanreid, Grundriss

Damals wurde Karneid belagert und nach langem Widerstand erobert. Die Schlossherren, gewaltige Recken, wurden verbannt und nur durch Vermittlung des Minnesängers Oswald von Wolkenstein wieder befreit. Nach länge-
rer Unterbrechung kehrten die Lichtensteiner wieder nach
Karneid zurück und sie besassen es bis zu ihrem Aussterben 1760. Bald darauf gelangte Karneid 1766 in den Besitz der Stadt Bozen, der es bis zur Einziehung durch
Bayern 1808 verblieb. Im Jahre 1838 kauften es die Herren von Goldegg, die es 1880 an die Familie Miller von
München veräusserten. Der bekannte Erzgiesser Ferdinand von Miller und sein Erbe Konrad von Miller liessen
die Burg in grosszügigster Weise mit viel Verständnis und
Eifer restaurieren und stilgerecht ausstatten. Das dem ge-

299

Ansicht von Süden (Eggentaler Schlucht)

schichtlichen Charakter und behaglicher Wohnlichkeit gemäss erneuerte Schloss wird vom derzeitigen Eigentümer, dem Münchner Ing. F. von Malaise, zeitweilig, besonders in den Sommerferien, bewohnt.

Die weitläufige Flucht der sonnigen Zimmer ist mit vortrefflichem Geschmack eingerichtet - Rittersaal, blauer und roter Saal, neues Zimmer, gotische Stube u.a.; mehrere Täfelungen und Kassettendecken sind gut erhalten. Bemerkenswert ist die in gotischem Stil gehaltene Bibliothek mit originalem Fussboden und Täfelung in Holz. Der fünfeckige Palas umschliesst mit dem Bergfrit einen malerischen Hof mit Brunnen, Freitreppen u. zweigeschossiger Loggia. Vom Palas erreicht man einen freistehenden Wohnturm. Dem fünfgeschossigen Bergfrit ist auf der Angriffsseite die Kapelle vorgelagert. Die Kapelle besitzt bemerkenswerte Fresken des 13. Jahrhunderts, darunter einen Triumph des Todes und einen gigantischen Christophorus.

Die Burg kann nicht besichtigt werden, doch ist ihr Anblick von der Höhe aus, gegen das sonnige Bozner Talbecken hin, ein Landschaftsbild von unübertroffener romantischer Schönheit. Vom Dorf Kardàun aus folgt man zuerst dem Fahrweg, der zum Dorf Karneid emporführt; von ihm zweigt nach ca. 1 km rechts ein steilerer Weg und von diesem nach weiteren 200 m an der Nadelkehre der ebene Burgweg ab.

3. STEINEGG

Auf einem von Natur aus wenig gesicherten Hügelrücken liegt unterhalb des gleichnamigen Dorfes die Ruine Steinegg im Mittelgebirge zwischen Blumau und Karneid über dem linken Eisackufer. Vom Tal sieht man die Burgruine nicht und selbst im Vorübergehen kann man sie leicht übersehen.

Auf dem Hügelrücken steht die Ruine eines dreigeschossigen viereckigen Wohnbaues und der Rest einer ziemlich umfangreichen Ringmauer. Vom Bergfrit ist nichts mehr vorhanden. Die wenig geschützte kleine Burg verfügte aber noch über eine zweite Befestigungsanlage auf einem nahe gelegenen Felszahn am Steilhang des Tierser Tales, der nur auf einem schmalen, schwindelnden Stein zu erreichen ist. Man sieht hier zwei Wehrmauern mit Zinnen, Schiessscharten und einem verfallenen Rundbogentor. Aber es fehlt jede Spur eines Wohnbaues, sodass hier also lediglich ein Rückzugsort bei Gefahr, keine bewohnbare Anlage vorhanden war. Man weiss wenig von der Burg und ihren Herren. Die Wohnburg dürfte an der Wende vom 12. zum 13. Jahrhundert, die Zufluchtsstätte dagegen ein Jahrhundert später erbaut worden sein. Die Herren von Steinegg, ein Zweig der Herren von Völs, werden Ende des 13. Jahrhunderts erwähnt. Seit dem 14. Jahrhundert waren Steinegg und Karneid immer im gleichen Besitz. Von 1387 bis zu ihrem Aussterben 1760 waren die Herren von Lichtenstein Besitzer. Anscheinend unter Herzog Friedrich am Beginn des 15. Jahrhunderts zerstört, wurde Steinegg nicht wieder aufgebaut und ist seit dem 16. Jahrhundert aus der Geschichte verschwunden.

4. STEIN AM RITTEN, 743 m

Nördlich vom Völser Steg im Eisacktal liegt in einsamer Gegend auf einem nach zwei Seiten abfallenden Felsenkegel über dem vom Ritten kommenden Steger Bach in der Gemarkung der Gemeinde Ritten die Burgruine Stein am Ritten. Die für die Verteidigung ausserordentlich günstige Lage dürfte zur Wahl dieses Ortes für eine Wehranlage geführt haben. Hier finden sich kein weiter Ausblick, kein Burghof, nur enge Räume, ein wenige Meter grosser Garten hängt über den abstürzenden Felsen; auch der Zungang zur Feste ist kein bequemer.

Vermutlich ist die Burg Stein, 1281 als Burg Ritten erwähnt, von fürstbischöflich trientnerischer Seite erbaut worden. In der ersten Hälfte des 13. Jahrhunderts wurde sie dem Hugo von Stein zu Lehen gegeben. Nach dem frühen Aussterben dieses Geschlechtes gingen Burg und Gericht Stein am Ritten an Graf Meinhard II. von Tirol über, was Fürstbischof Egno von Trient am 23. September 1265 anerkannte. Damit war der gesamte Ritten landesfürstlich geworden. Bis ins 16. Jahrhundert war Stein am Ritten Sitz des Rittner Gerichtes.

Später kam Stein in den Lehensbesitz der Herren von Villanders; weil aber Engelmar von Villanders im Kampf zwischen Luxenburgern und Wittelsbachern zu ersteren hielt, wurde die Burg Stein belagert und genommen und Engelmar enthauptet. Nach verschiedenen Inhabern besass bis 1811 der Deutsche Ritterorden die Burg.

Heute ist die Burg völlig verfallen. Sie ist von Steg aus (Gasthaus an der Brennerstrasse, der Eisenbahn-Haltestelle Völs gegenüber) auf steilem Fussweg (Mark. 11) in ca. einer Stunde erreichbar. Kürzer ist der Abstieg von den untersten Höfen von Siffian am Ritten, die von Klobenstein aus auf Fahrstrasse zu erreichen sind.

5. ZWINGENSTEIN

Deutlicher erkennbar als die kümmerlichen Reste der bereits 1275 zerstörten Burg Zwingenstein bei Unterinn am Ritten ist nur ein kleines Stück der Ringmauer in der Nähe der St. Sebastianskirche noch erhalten, sonst sieht man nur Steinschutt und armselige Mauerreste.

Die Burg war Stammsitz der im 12. Jahrhundert erwähnten Herren von Zwingenstein, die Trienter Ministerialen waren. Sie spielten in der Auseinandersetzung Meinhards II. von Tirol mit dem Trienter Fürstbischof, der auf Zwingenstein seinen Gerichtssitz am Ritten hielt, eine erhebliche Rolle. Die Zwingensteiner hielten dem Bischof die Treue, ihre Burg wurde belagert und zerstört.

Die Burg wurde unter König Heinrich wieder aufgebaut und 1361 verpflichtete sich Hans von Zwingenstein, die Burg Herzog Albrecht offen zu halten. Im 15. Jahrhundert hören wir nichts mehr von Zwingenstein, das Geschlecht selbst lebte an anderen Orten und starb 1536 aus. Vermutlich wurde es zur Zeit von Ludwig dem Brandenburger oder unter Herzog Friedrich erneut zerstört und nicht wieder aufgebaut.

Die unauffällige Ruine befindet sich auf einer bewaldeten Kuppe, einige hundert Meter von der neuen Rittner Strasse und der Sebastianskirche bei Unterinn entfernt. Man erreicht sie durch Wiesen und Wald, indem man von der Strasse 300 m oberhalb der Gasthauses Eberle rechts (südlich) abbiegt.

6. KASTELRUTH

Die Herren von Kastelruth, Vasallen des Fürstbischofs von Brixen, hatten am Beginn des 12. Jahrhunderts oberhalb der Dorfsiedlung Kastelruth am sogenannten Kofel eine grosse Burg erbaut. Sie dürfte auf den Resten einer prählstorischen Wehranlage errichtet worden sein. Auf dieser Anhöhe, die seit uralten Zeiten besiedelt war, hatten die Räter etwa tausend vor Christus eine ihrer über das ganze Eisackgebiet ausgebreiteten Wallburgen errichtet.

Fürstbischof Bruno von Brixen brach 1262 die Burg. Sie wurde von Meinhard II. in der Folge wieder aufgebaut. Um 1675 errichtete Georg von Kraus eine Kalvarienberganlage, die sogenannten Kofelkapellen, an der Stelle der einstigen Burg. Dabei wurde der alte Bergfrit, von dem noch zwei Geschosse erhalten waren, einbezogen und in ihm zwei Kapellen eingebaut. Man kann die Kofelkapellen mit den spärlichen Burgresten besichtigen.

7. AICHACH, 743 m

Auf ebenem Boden, der aber auf drei Seiten steil abfällt und gegen die tiefe Schlucht des Schwarzgriesbaches vorspringt, welcher von Seis her dem Eisack zueilt, steht die Brugruine Aichach.

Heute steht die Ringmauer mit einem nach innen offenen Torturm nur noch an der Angriffsseite in voller Höhe, ansonst ist sie eingestürzt. Sie trägt Schwalbenschwarzzinnen und hat einen Absatz für einen Wehrgang. Am dreigeschossigen Turm ist ein Rundbogentor und im obersten Geschoss eine zum Wehrgang führende Rundbogentüre. Die Ringmauer ist vermutlich im 14. Jahrhundert erhöht worden.

Vom 12. bis 14. Jahrhundert war die Burg als brixnerisches Lehen im Besitz der Herren von Aichach, die ein Zweig der Herren von Kastelruth waren. In der Geschichte spielt sie keine Rolle. Heute ist die Burgruine bäuerlicher Besitz.

Die Burgruine kann besichtigt werden. Man erreicht sie von Seis aus auf dem neuen Fahrweg, der zur Fraktion St. Oswald hinabführt; der Weg zieht wenig oberhalb der Ruine vorbei.

8. SALEGG

Mitten im schweigenden Wald erheben sich auf einem Hügel südlich von Seis am Schlern die bescheidenen Ruinen der alten Burg Salegg; wahrlich wenige Überreste, durchlöcherte Mauern und hohle Fensteröffnungen, durch die man zu den Wänden des Schlern blickt, und später angebaute Ecktürmchen, die wie einstigen Angriffen auch dem zeitlichen Zerfall standgehalten haben.

Salegg gehörte vermutlich einem nach dieser Burg benannten Zweig der Herren von Kastelruth, die seit dem 12. Jahrhundert als Brixner Ministerialen erwähnt werden.

Im Jahre 1438 wurde ein Teil der Burg dem Kaspar von Gufidaun abgenommen und dem Konrad von Kraig verliehen; 1473 war die gesamte Burg Besitz der Zwingensteiner und von der Mitte des 16. Jahrhundert an bis ins letzte Jahrhundert eignete sie den Wolkensteinern.

Um die einsam gelegene Burgruine zu erreichen, benützt man den markierten Weg Nr. 3a, der vom Hotel Salegg in etwa zehn Minuten zur Stelle führt.

9. HAUENSTEIN, 1273 m

Die Ruinen der Burg Hauenstein liegen in einem dichten Forst östlich von Salegg auf 1273 m Höhe, von dessen dunklem Grund sich die roten Wände des Schlern und die Santnerspitze abheben.

Die Herren von Hauenstein finden schon am Ende des 12. Jahrhunderts Erwähnung; wahrscheinlich hängen sie ebenso wie die Herren von Salegg mit der Familie der Kastelruth zusammen.

Diese Burg ist vermutlich Ende des 12. Jahrhunderts erbaut und im 15. und 16. Jahrhundert erweitert worden.

Im Unterschied zu Salegg, das auf einem bewaldeten Hügel steht, erhebt sich Hauenstein auf einem von den Schlernwänden abgestürzten mächtigen Dolomitblock, zu dem in Serpentinen ein treppenartiger, teilweise in den Fels gehauener Pfad emporführt.

Die Burg eignete 1367 dem Ekkehard von Villanders,

dessen Tochter Katharine die Gemahlin des Friedrich von Wolkenstein, Herr auf der Trostburg, war. So kam die Burg als Erbe an die Wolkensteiner.

In der Burg zu Seis hausten die letzten Hauensteiner: Barbara von Hauenstein und ihre Tochter Sabine, eine Frau von seltener Schönheit und unglaublicher Geistesschärfe. Das Schicksal wollte es, dass sich zwischen den Geschlechtern von der Trostburg und von Hauenstein eine unlösbare Gefühlsbeziehung einstelle, zwischen Sabine, der Tochter der Barbara von Hauenstein und Oswald von Wolkenstein, dem bekannten Dichter aus Tirol. Der Name Oswalds von Wolkenstein zählt zu den bekanntesten Minnesängern und seine Werke haben grundlegende Bedeutung in der deutschen Literatur. Oswald war zugleich vornehmster Dichter, Kriegsmann und Diplomat. Er war persönlicher Freund des römischdeutschen Kaisers und sein Legat in Portugal. Er eilte als Kreuzfahrer ins Heilige Land, er kämpfte in Deutschland gegen die Slawen, er stritt gegen Schotten und Türken. In Tirol beteiligte er sich an der Elefantenliga des Adels gegen den Tiroler Landesherrn Herzog Friedrich mit der leeren Tasche.

Auf Hauenstein erlebte Oswald die entzückendsten und tragischesten Stunden seines Lebens. Hier lernte der Jüngling Sabine kennen und beide verliebten sich ineinander. Die Maid stimmte seinem Anerbieten zu. Mit der Zusage ihrer Hand trat Oswald aber zunächst, in Erfüllung eines Gelübdes, zur Tilgung seiner Sünden die Pilgerfahrt ins Heilige Land an. Traurige Nachrichten erwarteten den Kreuzfahrer bei seiner Heimkehr: er fand die Trostburg trauernd um den Tod des Vaters und das Brautgemach zu Hauenstein besetzt: Sabine hatte einen Handelsmann namens Jäger geheiratet. Oswald war bestürzt und im Schmerz über das, was ihm Sabine angetan hatte, leitete er bei Herzog Friedrich das Verfahren um Bestätigung des Besitzrechtes der Wolkensteiner auf Burg Hauenstein ein.

Der Prozess währte Jahre und indessen kam es zur Auseinandersetzung zwischen Herzog Friedrich und dem Tiroler Adel. In deren Verlauf verlor Oswald, während der Verteidigung der Burg Greifenstein, durch einen Pfeilschuss ein Auge; es hätte nicht viel gefehlt, und es hätte ihm das Leben gekostet. Als der Krieg beendet war, verzieh Friedrich - Gnade auf Fürsprache des Kaisers gewährend - Oswald, der nun versuchte, mit Sabine zu einer Einigung zu kommen. Sie war indessen verwitwet und Oswald schlug ihr vor, die so lange anhängige Streitsache durch die Ehe zu beenden. Er wurde zu einer Unterredung nach Hauenstein eingeladen und begab sich zur Burg. Die Zugbrücke hatte sich dem alten Liebhaber geöffnet und jetzt spielte Sabine Jäger ihren letzten Trumpf aus: sie setzte Oswald gefangen und hielt ihn lange Jahre in Ketten, von denen man sagt, sie seien aus Gold aber dennoch nicht weniger erniedrigend und hart gewesen.

Während seiner Gefangenschaft auf Hauenstein schuf Oswald unsterbliche Werke: von unendlicher Traurigkeit und düsterem Sehnen beherrschte Lieder. Sie wurden auch von Vincenzo Errante meisterhaft ins Italienische übertragen. Endlich wurde Oswald, auf Fürbitten des Bischofs von Brixen und des Kaisers, befreit. An die Gefangenschaft des großen, glücklosen Minnesängers soll eine Bronzegedenktafel zu Füßen des Burgfelsens erinnern. Sabine starb und Oswald ging eine Ehe ein. Als er mit 78 Jahren starb, hinterliess er zwei Söhne: Michael und Oswald II. Letzterer sammelte und ordnete die Andenken, welche sein Vater von seinen zahlreichen Reisen durch alle Längen- und Breitengrade gebracht hatte.

Auf Hauenstein wurde Oswald II. zum Freiherrn erhoben. Die Burg verfiel, wurde aber wieder hergestellt und erweitert und war Gerichtssitz. Im Lauf des 19. Jahrhunderts wurde sie vollends zur Ruine.

Heute stehen von Schloß Hauenstein noch einige

suggestive Mauerreste, die in letzter Zeit saniert worden sind. Im Innern der Kapelle sind Überreste von Fresken freigelegt worden. Hier hat es auch einige archäologische Ausgrabungen von Interesse gegeben. Zu den Burgmauern von Hauenstein gelangt man auf verschiedenen Wegen von Seis, Salegg oder Bad Ratzes aus. Der Weg ist 20 bis 30 Minuten lang. Die Burgruine ist frei zu besichtigen.

10. ZIMMERLEHEN

Oberhalb der Gemeinde Völs erhebt sich, auch im Kraftwagen erreichbar, der Ansitz Zimmerlehen.

Zimmerlehen ist eine malerische Häusergruppe, ein wehrhafter Ansitz, so recht zum Sommeraufenthalt bestimmt.

Die ursprüngliche Anlage reicht, so kann ziemlich sicher gesagt werden, bis 1300 zurück. Die Herren von Khuepach erwarben 1580 den Ansitz und gaben ihm die heutige Gestalt. Ferdinand von Khuepach stattete die schöne Stube 1587 mit Getäfel, Felderdecken und dekorativen Wandmalereien im Stil der Renaissance und mit wertvollem Mobiliar aus.

Eine Anzahl von in den Jahren 1587 bis 1648 angebrachten Wappen der Khuepach bezeugen den langjährigen Besitz von Zimmerlehen durch diese Familie.

Später zu bäuerlichem Eigentum geworden, verfiel der Ansitz nach und nach und gelangten der Ansitz und die Einrichtungsgegenstände - dazu gehörten wertvolle Kunstwerke - in Hände einer Privatperson, welche die Burg kaufte und einen der Werte unkundigen Bauersmann hinsetzte. Diese Person verkaufte die wertvollsten Teile der Sammlung gewinnbringend, sodass die ursprünglichen Kaufspesen reichlich gedeckt wurden und stiess dann den Ansitz Zimmerlehen ab. Das kostbare Emailaltärchen der Kapelle, ein besonders erlesenes Kunstwerk, konnte glücklicherweise vom Tiroler Landesmuseum Ferdinandeum in Innsbruck erworben werden, sodass es der Öffentlichkeit erhalten blieb.

Gegenwärtig befindet sich Zimmerlehen wieder in bäuerlichem Besitz und ist instandgehalten. Eine Besichtigung ist nicht leicht möglich. Zimmerlehen ist Eigentum des Landwirtes Josef Kompatscher.

11. PRÖSELS, 857 m

Burg Prösels steht inmitten von Wiesen auf einem Hügel beherrschend über der durch die Talhänge, welche steil zur Schlucht des Schlernbaches abfallen, von der Brennerstrasse bei Blumau nach Völs und Seis abzweigenden Autostrasse. Ehe die Strasse vom linken auf das rechte Bachufer sich wendet, biegt von der Asphaltstrasse ein Fahrweg ab, der in gut einer halben Stunde zum Weiler und zum Schloss Prösels führt.

Über die Entstehung der Burg gibt es mehrere und abweichende Ansichten. So will eine wissen, dass die Herren von Völs von einem Zweig der römischen Colonna stammen, der in der ersten Hälfte des 12. Jahrhunderts nach Südtirol verpflanzt worden sei; dafür gibt es aber keine Beweise. Sicher ist jedoch, dass die Völs den Namen Colonna in der Renaissancezeit annahmen, um nach damaligem Brauch einen Ursprung bis in die Antike zu haben.

Nach anderen Angaben habe sich Leonhard von den Fürsten Colonna adoptieren lassen, um seine Zugehörigkeit zu einem illustren Geschlecht des alten Roms hervorzukehren. Andere wiederum haben dafür eine ganz einfache Erklärung gefunden: Leonhard war dem humanistischen Einflüssen gegenüber sehr aufgeschlossen und habe deswegen mit Erfolg darum angesucht nach seinem Namen auch jenen der Colonna führen zu können.

Leonhard Völs hatte angeblich 1477 bei der Verteidigung von Lepanto gemeinsam mit Marcantonio Colonna, der zur bekannten Familie der Colonna in Tusculum gehörte, gekämpft. Ihm wurde 1498 Adoptierung und Privilegierung zuteil, sodass er das Prädikat Völs-Colonna führen durfte. Man nimmt weiters an, daß das ursprüngliche Schloß im 12. Jahrhundert von den mächtigen Ministerialen von Völs erbaut wurde. Davon gebleiben ist der auf einem nahegelegenen Hügel erbaute Verteidigungsturm. Sicher ist, daß Schloß Prösels in seiner heutigen Form - mit seinen Verteidigungseinrichtungen, Befestigungen und Bollwerken, mit seinem befestigten Tor, den Pechnasen und der Umfreidungsmauer - zur Zeit Maximilians erbaut wurde. In der gegenwärtigen Form repräsentiert Burg Prösels das Wehrsystem der maximilianischen Zeit. Leonhard von Völs erweiterte und erneuerte die Burg in den Jahren 1521 und 1522, wie Inschriften unter den Familienwappen bezeugen, nachdem er 1517, wie ein Wappen auf dem Hauptportal kundtut, damit begonnen hatte.

Durch mehrere Zwinger gelangt man vom Hauptportal auf die Höhe des Burghügels und in den schönen, geräumigen Burghof mit schattigen Bäumen und einer reizvollen Loggia. Die Mauern tragen Wappensteine und Fresken, in Mannshöhe sind in neuester Zeit Marmorreliefs, Grabsteine und Architekturfragmente aus römischer Zeit und dem 14. bis 16. Jahrhundert eingelassen worden; ebenso ein hieher gebrachter geflügelter Markuslöwe.

Die frei im Burghof stehende Kapelle wurde um 1525 erbaut und ist ein wirkungsvolles Beispiel spielerischer und zierlicher Spätgotik, welche schon die nahende Renaissance ahnen lässt.

Im Erdgeschoss, im sogenannten Speisesaal, finden sich weitere Fresken. Im Rittersaal sind die Holzdecke und Schiebefenster, noch aus der Bauzeit der Burg, wohlerhalten, an den Wänden hängen Jagdtrophäen der Burgherren aus drei Jahrhunderten.

Schloss Prösels, West- und Südseite

Die Burg Prösels hat sieben kleinere Türme, aber keinen eigentlichen Bergfrit. Von diesen Türmen bietet sich eine prachtvolle Aussicht über die schöne, bewegte Landschaft ringsum.

Das Geschlecht der Völs blühte bis 1804, in welchem Jahr es erlosch. Zuerst gelangte die Burg in bäuerlichen

Besitz, dann an die Freiherrn von Siebold, Günther und Gumppenberg, zeitweise in italienische Hand und gehörte dann dem Obsthändler Alois Mathá. Dann wurde die Burg von einem Kuratorium übernommen und restauriert. Sie kann besichtigt werden.

12. KOLMANN

Im Jahre 1489 liess Erzherzog Sigismund der Münzreiche als Sperre des Eisacktales ein Zinnenbekröntes grosses Haus nach Art einer Burg erbauen, mit einer Eingangs- und einer Ausgangspforte, durch welche alle Reisenden gehen oder fahren mussten, welche die Strasse benützten.

Das burgartige Haus in Kolmann hatte den Zweck der Sicherung der Zolleinnahmen an der wichtigen Brennerstrasse vor der bischöflichen Stadt Klausen. So zeugt das mächtige Haus mit seiner schönen Zinnenkrone von einstiger Bedeutung. Zeitweilig wurde das Zollhaus auch Schloss Frihburg genannt.

Der Zoll wurde 1829 aufgelassen und das Haus in privaten Besitz verkauft. Im Inneren weitgehend umgestaltet, hat es im Äusseren den ursprünglichen Charakter gut bewahrt. Derzeit ist es von Arbeiterfamilien bewohnt und daher kaum zu besichtigen.

13. TROSTBURG, 637 m

Die Trostburg ist eine der bekanntesten Burgen, auch infolge ihrer hervorragenden Lage über der nordsüdlichen Hauptstrasse durch Tirol, an der Brennerstrasse. Sie ragt beherrschend auf einem Felssporn gegenüber dem Dorf Kolmann über dem linken Eisackufer empor und blickt auf die über den Fluss führende Brücke nach Gröden, dessen Tal hier einmündet. Von der Brennerstrasse fährt man mit dem Kraftwagen über die Eisackbrücke und den niveaugleichen Bahnübergang, wo gleich rechts die Autostrasse nach Kastelruth abzweigt, von welcher, überragt vom Friedhof, zur Linken ein steiles Bergsträsslein zur Trostburg abbiegt.

Es wird angenommen, daß das Schloß 1173 erstmals urkundlich aufscheint. Damals wurde es als Sitz der Herren von Trostburg bezeichnet (sie waren ein Zweig der Herren von Kastelruth). Doch ist zum Beispiel Ranges der Ansicht, daß mit dem Bau des Schlosses erst 1220 begonnen wurde und es in der spätgotischen Zeit mehrere Umbauten gegeben hat.

Die dicken Mauern und der reich gegliederte Komplex der Wehranlagen verleihen dem ganzen Bauwerk den imponierenden Anblick einer stattlichen Bergfestung der Spätrenaissance.

Die im 12. Jahrhundert errichtete Burganlage, in der spätgotischen Zeit ausgestattet, birgt in gutem Zustand eine grossartige und berühmte Stube mit vollständiger Täfelung und reich verzierter Balkendecke.

Die Burg wurde 1293 von Randold von Villanders-Pradell erworben. Der Neffe Eckart, der auf den um 1300 verzeichneten Besitzer und Richter Heinrich von Villanders folgte, wurde von Trostburg genannt. Dessen Tochter Katharina ehelichte 1360 den Friedrich von Wolkenstein, und als 1380 Eckart von Villanders-Trostberg starb, ging die Trostburg endgültig an die Familie Wolkenstein über, deren Nachkommen sie erst vor einigen Jahren veräusserten.

Aus der Ehe des Friedrich von Wolkenstein mit der Katharina von Villanders-Trostburg entspross 1377 der begnadete Minnesänger und Kriegsmann Oswald von Wolkenstein. Es ist aber nicht wahrscheinlich, dass dieser berühmte und wackere mittelalterliche Ritter auf der Trostburg geboren wurde, es ist auch nicht Wolkenstein im Grödnertal seine Geburtsstätte, sondern ziemlich sicher Schöneck im Pustertal. Von dieser hervorragenden Persönlichkeit, die zu den berühmtesten Sprossen Südtirols gehört, ist auch bei anderen Gelegenheiten und anderen Burgen und verschiedenen Begebenheiten zu sprechen.

Hier sei nur eine Legende erwähnt, die Karl Felix Wolff aufgezeichnet hat. Oswald soll auch «Eisenhand» genannt worden sein, weil er durch einen Zauber verdammt war, jedes Instrument zu zerstören, das er berührte, bis ein tödlicher Schmerz den Bann von ihm nahm und ihm die Begnadung der Dichtung und des Liedes wiedergab. So wurde er zum grossen Troubadour seiner Zeit und bezauberte die Zuhörer mit seiner reichen und gefühlvollen Dichtung.

In der zweiten Hälfte des 16. Jahrhunderts sind auf der Trostburg die besten Arbeiten ausgeführt worden und 1594 begann eine vollständige Erweiterung und Erneuerung der Burganlage, die rund dreissig Jahre in Anspruch genommen hat.

Es war Engelhard Dietrich Freiherr von Wolkenstein, welcher die Burg wirklich angenehm wohnlich und äusserlich ansehnlich und entsprechend den Formen und Anforderungen der neuen Zeit auszugestalten strebte. Er war ein begeisterter Humanist und hatte lange Zeit in Padua studiert und in Siena, Bologna und anderen Städten geweilt, «suae et suorum utilitati, commodo, honori», sich und den Seinen zum Nutzen, zur Annehmlichkeit und zur Ehre, wie er geschrieben hat.

Er liess auch die reichen Fresken mit heraldischen Motiven anbringen und die Verteidigungswerke so anlegen, dass die mittelalterliche Burg zu einer den modernen Feuerwaffen widerstehenden Festung umgewandelt wurde.

Mitten in den wichtigsten Arbeiten fand Engelhard Zeit, im Rittersaal mit dem herrlichen Stuck und den zahlreichen Gemälden Feste und Empfänge zu gehen und die 1604 geweihte Kapelle mit der schönen Statue und dem

Trostburg, Südseite

Bild der Versuchungen des heiligen Antonius anfertigen zu lassen.

Die Trostburg blieb Jahrhundertelang von jeglichem Schaden glückhaft verschont und dank der sorgfältigen Obhut der Mitglieder der Familie Wolkenstein in bestem Zustand. Allein Einquartierungen im zweiten Weltkrieg und die Schüsse einer Kanone, welche nach dem 8. September 1943 von einem Artilleriekommando der deutschen Wehrmacht, das von der Ortschaft Kolmann Jagd auf geflüchtete Alpini und andere in Wald und Fels verborgene Soldaten und einen Stab in der Burg machte, richteten Schaden an. Es wurden dabei die Dächer und Dachgeschosse von den explodierenden Geschossen beschädigt, doch blieben die kostbare Innenausstattung und die Gemächer unangetastet. Die Einquartierungen aber haben die Ausstattung der prachtvollen Räume erheblich in Mitleidenschaft gezogen.

Es folgte die militärische Besetzung durch Formationen des SS und nachher 1945 durch amerikanische Truppen, was sich alles zum Schaden des Zustandes der Burg auswirkte, weil diese Bewohner wenig Rücksicht nahmen und auch manches beschädigt wurde oder abhanden kam.

Die Bibliothek, eine der berühmtesten ihrer Zeit, die gotische Stube, der Rittersaal und der Speisesaal und eine Reihe anderer mit wertvollen zeitgenössischen Möbeln ausgestatteter Räume verlangten eine sehr kostspielige Instandhaltung bzw. Wiederinstandsetzung.

In einem Saal zu ebener Erde befindet sich eine grosse Torggel, eine Weinpresse aus der Zeit um 1700, mit einem über elf Meter langen Baumstamm; in der geräumigen Küche riechen wir den Dunst von Jahrhunderten und es hat sich der Russ gleich Stalaktiten an den Wänden angelegt und kristallisiert, schwarz leuchtend wie Ebenholz. Vor der Küche finden wir den sogenannten Saugarten.

Vor einigen Jahren ist das Schloß von den Wolkensteinern an den Burgenverein abgetreten worden, der mit finanzieller Untestützung des Landes und unter der Aufsicht des Denkmalamtes eine kostspielige und umfangreiche Serie von Sanierungsarbeiten durchgeführt hat. Es wurden die Mauern saniert, die Kapelle im Palas restauriert, ebenso der Innenhof mit dem Stammbaumfresken. Mehrere Zimmer und Säle wurden mit auserlesenen Gegenständen eingerichtet. Das Schloß kann zu festgesetzten Stunden mit Führung von Mitte Juni bis Mitte September besichtigt werden.

14. LUSENEGG

Eine grösstenteils verfallene Ringmauer mit zwei spielerischen Eckrondellen umfasst den stattlichen Ansitz Lusenegg, der zwischen Klausen und Lajen einsam im Mittelgebirge gelegen ist.
Das stattliche Gebäude hat Erker, eisenvergitterte Fenster und steingerahmte Türen, Zinnengiebel, im Kellergeschoss eine gewölbte Halle mit einem runden Stützpfeiler. Die Flur im Hauptgeschoss ist gewölbt und die Treppen haben eine durchbrochene Mauerbrüstung. Die Stube hat sehr schönes Getäfel und eine Felderdecke, die Kammer einfacheres Getäfel und Wandkästchen mit reich geschnitztem Aufsatz.
Lusenegg ist als Hof in Lusen 1288 erwähnt. Es war in wechselndem Besitz, seit 1538 der älteren und seit 1761 der jüngeren Preu und seit 1841 der Obwexer. Lusenegg kann besichtigt werden. 1977 wurden Türme und Mauern restauriert.

15. INGRAMHOF

Nicht weit vom Lajener Ried, wo Walther von der Vogelweide geboren wurde und seine Kindheit verlebte, eh er durch die Vermittlung der Augustiner-Chorherren von Neustift nach dem Kloster der gleichen Gemeinschaft in Klosterneuburg und weiter an den Wiener Hof kam, am Ostende der Ortschaft Lajen, steht neben einer mächtigen, von einer Steinbank umgebenen Linde ein stattlicher Bau, Maierhof oder Ingramhof genannt. Der behäbige Wohnbau mit dem Wirtschaftsgebäude und der zinnenbekrönten Tormauer schliesst einen geräumigen Hof ein. Am Tor findet sich das Wappen der Ingram. Freitreppen, Spitzbogentüren, Doppelbogenfenster, handgeschmiedete Gitter mit Kreuzblumen geben dem Haus ein malerisches Aussehen. Die Stube im ersten Stock hat Pilastergetäfel und eine Balkendecke, der geräumige Mittelsaal im zweiten Stock vier stuckgerahmte Türen, ein Zimmer eine Stuckdecke mit Bild, das Gastmahl des Pharao, ein anderes eine Stuckdecke mit Eckreliefs der vier Jahreszeiten und Mittelmedaillon des Ingramwappens. Der südliche Anbau weist Reste von Renaissancegemälden und zwei Wappen von 1570 auf. Der Ingramhof ist wahrscheinlich der Stammsitz der im 12. Jahrhundert erwähnten Herren von Lajen. Der heutige Namen stammt von den hier im 18. Jahrhundert ansässigen Freiherren von Ingram. Jetzt ist der Ingramhof bäuerlicher Besitz. Er kann besichtigt werden.

16. GRAVETSCH, 880 m

Das alte und nunmehr fast unkenntliche Schloss Gravetsch erhebt sich auf dem Berg von Villanders. Vom Hof führt eine Steintreppe zu einer Loggia; auf der Tür steht die Jahrzahl. 1508. Die Burg ist aber viel älter und bestand wahrscheinlich schon 1150.

In seiner heute sichtbaren Form ist das Schloß mehr ein normaler Adelssitz aus dem 16. Jahrhundert, in den die Überreste der alten Burg, die im 12. Jahrhundert entstanden war, einbezogen wurden. Der Bau des Schlosses dürfte auch darauf zurückzuführen sein, daß es in diesem Gebiete ein Silberbergwerk gab, das im 11. Jahrhundert eröffnet und bis in 19. Jahrhundert offen gehalten wurde. Wenn man den Hof betritt, führt eine Treppe - mit Tür - zu einer Loggia hinauf. Auf der Tür ist das Datum 1508 zu lesen. Diese Jahreszahl belegt neben anderen den baulichen Ursprung des Schlosses im 16. Jahrhundert.

Im 13. Jahrhundert hauste hier ein Zweig der Herren von Villanders. Diese erhielten 1331 von König Heinrich von Böhmen die Erlaubnis zur Befestigung der Burg. In der Folgezeit gelangten verschiedene Adelsfamilien in ihren Besitz, welche zu ihrem Namen als Prädikat auch den Burgnamen fügten: die Hiltprant, die Lachmüller u.a. Zuletzt kam die Burg in bäuerlichen Besitz und geriet in Verfall; jüngst schadete ein Brand sehr.

Neben dem Burgeingang befindet sich die Kapelle, ein einfacher Raum mit zwei schmalen Fenstern. Die Tür ist bemalt und über ihr ein Bild: Christus mit einer Strahlenkrone und zwei Engeln, die ein Band mit der Jahrzahl 1510 halten.

Auch an den Wänden sind Malereien, so Sankt Stefan und Sankt Laurentius, die beiden Kirchenpatrone von Villanders. Rechts untern ist ein Ritter in Goldharnisch, eine Fahne in der Linken und ein Kreuz in der Rechten zu sehen, wahrscheinlich St. Georg.

Im Nordtrakt ist ein vom Volk als Heidentempel bezeichneter Raum mit Gratgewölben und schlecht erhaltenen Wandmalereien. Der daneben befindliche Saal ist jetzt in Kammern abgeteilt.

Der Ansitz ist in den letzten Jahren landwirtschaftlich genutzt worden und beherbergt eine Bauernfamilie. Er befindet sich freilich in einem nicht sehr befriedigenden Zustand. Er kann nur ausnahmsweise besichtigt werden.

Nach Villanders führt eine gute, asphaltierte Autostrasse (4 km), die in Klausen von der Brennerstrasse abzweigt (auch Besdienst).

17. BRANZOLL, 575 m

Über den Dächern der kleinen Stadt Klausen am Eisack lagert auf einem Fels zwischen Thinnenbach und Eisack schwer und wuchtig Burg Branzoll. Sie war einst Sitz der Herren von Säben, die sie im 13. Jahrhundert erbauten. Nach ihrem Aussterben ging sie an die Fürstbischöfe von Brixen über, deren Pfleger und Stadtrichter hier wohn-

Burg Branzoll über Klausen am Eisack

320

ten. Der Turm heisst nach dem Burghauptmann von Säben auch Burghauptmannsturm.

Die Burg Branzoll weist eine besonders bemerkenswerte architektonische Aufbauweise auf. Vom ursprünglichen Bau ist allerdings nur mehr der quadratische Turm übrig geblieben, der vermutlich im 13. Jahrhundert erbaut wurde. Alles übrige des heute bestehenden Bauwerks ist auf den kompletten und «freien» Umbau zurückzuführen, der zwischen dem Ende des vorigen Jahrhunderts und dem Jahr 1930 vorgenommen wurde. 1671 wurde Branzoll durch einen Brand mit Ausnahme des Turms zerstört, und in diesem desolaten Zustand verlieb das Schloß durch zwei Jahrhunderte.

In den letzten Jahren wurden an sämtlichen Mauern bemerkenswerte Restaurierungsarbeiten vorgenommen.

Gegenwärtig ist Burg Branzoll Eigentum einer Pariser Familie, des Grafen François de Sesesvalle, der sie herrschaftlich eingerichtet hat und im Sommer bewohnt.

Die Besichtigung ist nicht gestattet.

18. ANGER

In der nahen Umgebung der kleinen Stadt Klausen liegen an der linken Talseite mehrere Edelsitze und Burg Anger. Da findet sich der stattliche Edelsitz Griesbruck, umgeben von Garten und Zinnenmauer, mit Torhäuschen und zwei Anbauten, deren nördlicher die Kapelle enthält. Die Räume sind regelmässig eingeteilt und haben teils Gratgewölbe, teils flache Decke mit Gemälden und Stuckaturen und vier bemerkenswerte barocke Öfen. Der Ansitz ist bewohnt und schwer zu besichtigen. Heutige Gestalt von 1680.

Sitz des Bergamtes war der von den Herren von Jenner erbaute Ansitz Seebegg, ein in drei Flügeln regelmässig angelegtes Gebäude mit einem geräumigen Festsaal, mit allegorischen Szenen und figuraler Zier reich bemalt, im Ostflügel, schönen Türen und Balkon; in einem anderen Zimmer ein Fresko von Zeus und Juno. Der Edelsitz ist bewohnt und schwer zu besichtigen.

Etwas abseitiger liegt der stark erneuerte Ansitz Neidegg mit schönen Doppelfenstern. Er ist angeblich 1446 durch die Herren von Neudegg errichtet worden. Burg Anger liegt an einem tiefen, unbewehrten Hang. Sie wird im Süden und Südwesten von einem Zwinger mit Zinnenmauer eingefasst und gruppiert sich um einen malerischen Mittelhof mit Freitreppen und Bogenöffnungen. Der die West- und Südflanke einnehmende Hauptbau ist durch Erker und ungewöhnlich hohe Schiesscharten gegliedert. Im Inneren ist die Burg weitgehend erneuert. Eine Stube hat Getäfel mit Masswerkfries aus Albeins um 1500, der Saal aus einer Kirche stammende Wandverkleidung des 18. Jahrhunderts, mehrere schöne Öfen gehören dem 17. und 18. Jahrhundert an.

Erstmals wird 1288 der Hof zu Anger erwähnt, der von einem Zweig der 1348 ausgestorbenen Herren von Teis zu einem festen Sitz gestaltet wurde. Von 1598 bis ins 19. Jahrhundert nannten sich die Herren von Mayrhofer nach ihm. Jetzt ist die Burg Eigentum der Familie von Wallpach, die auch hier wohnt. Die Burg wird von den Besitzern bewohnt und kann schwerlich besichtigt werden.

19. SÄBEN, 757 m

Die Burg Säben kann sich ältesten Ursprunges rühmen.

Bereits in vorgeschichtlicher Zeit siedelte hier ein rätischer Stamm, der laut Forschungen verschiedener Wissenschaftler hier auch kulturelle Handlungen vollführte. Zur Zeit des römischen Kaiserreiches war hier der Isis-Kult verbreitet und es gab hier alle jene umfangreichen Dienstleistungen, die schon damals mit dem Vornandensein einer Militärstation verbunden waren. Eine solche war von den Römern auf Säben errichtet worden.

Ende des 6. Jahrhunderts n. Chr. befand sich hier - und dies ist urkundlich belegt - der erste Bischofssitz Südtirols. Und seit dem 9. Jahrhundert schienen die Bischöfe von Säben als Feudalherren germanischer Fürsten auf. Sie hatten weltliche Machtbefugnisse, die ihnen (gemäß Tabarelli und anderer) direkt vom Kaiser übertragen worden waren.

Kloster Säben von SW

Zwischen 980 und 990 erfolgte die Verlegung des Bischofssitzes von Säben nach Brixen und im Jahre 1027 übertrug Kaiser Konrad der Salige den Bischöfen von Brixen offiziell die Machtbefugnisse von Reichsfürsten. Auf diese Weise sicherte sich der deutsche Kaiser beide Seiten des Brennerpasses in einer einzigen Hand, nämlich jener der Kirche. Die Diözese hatte eine politische und religiöse Machtbefugnis außergewöhnlicher Tragweite. Säben behielt seine Funktion als Kastell und Sommerresidenz der Brixner Bischöfe. Ministerialen der Diözese nahmen die Aufgaben wahr. Im Jahr 1535 wurde der Palas durch einen Blitzschlag zerstört. In der Folgezeit verfiel die Burg weiter.

Indessen entwickelte sich am Fuss des Säbener Burgberges die zwischen diesem und dem Eisack auf engem Raum angelegte Stadt Klausen zu einem bewehrten Gemeinwesen. Im Jahre 1686 richtete der Pfarrer von Klausen, Matthias Jenner, welcher seit 1681 den Wiederaufbau des verfallenen Säben durchgeführt hatte, auf Säben ein Benediktinerinnenkloster ein. Die vorhandenen Befestigungsanlagen blieben jedoch weiter bestehen. Aber die Erweiterung des Klosters 1890 hat den alten Baubestand weitgehend verändert. Erhalten blieb nur der Kassianturm mit seiner Zinnenmauer, ein Teil der ebenfalls zinnengekrönten Ringmauer, ein Teil der Mauern des einstigen Palas und zwei Rundbogenportale.

In den Jahren 1797 und 1809, als bei Klausen gekämpft wurde, drangen die Franzosen in den Nonnenkonvent ein. Ein riesiges Kreuz an der alten Kreuzkirche erinnert an den Opfertod der Benediktinernonne Benedikta Senoner, die sich, um einem ruchlosen Soldaten zu entfliehen, in den Abgrund stürzte.

Die ausserhalb der Klosterklausur gelegenen Kirchen und Anlagen können besichtigt werden. Von Klausen führt ein aussichtsreicher Fussweg in einer halben Stunde nach Säben.

20. GARNSTEIN

Ein mässiger Fahrweg dringt von Klausen gegen NW in das enge Seitental des Tinnebaches ein. Nach guten 4 km, dort wo das Tal sich mehrfach verzweigt und der Weg am linksseitigen Berghang gegen Latzfons emporsteigt, erblickt man die gut erhaltene, zinnengekrönte Burg Garnstein.

Die Burg liegt schön auf einem Felshügel über dem Zusammenfluss zweier Bäche. Sie wurde Ende des 12. Jahrhunderts vom Brixner Ministerialen Heinrich dem Gerro oder Garro erbaut, woher der Namen Gernstein oder Garnstein sich ableitet. Sie kam im 13. Jahrhundert an einen Zweig der Voitsberger, die sich nun von Garnstein nannten. Nach deren Aussterben wurde 1415 Eckart von Villanders damit belehnt. Seit dem 16. Jahrhundert geriet die Burg in Verfall und wurde um 1880 in spielerischer Form erneuert. Nur der untere Teil des turmartigen Hauptbaues und Mauerteile westlich davon gehören dem alten Bau an.

Die Burg ist bäuerlicher Besitz. Eine Besichtigung ist kaum möglich.

21. SUMMERSBERG, 630 m

Auf einem Felshügel über dem Villnösstal erhebt sich am Rand des Dorfes Gufidaun die im 12. Jahrhundert erbaute Burg Sommersberg. Man erreicht sie auf einem schmalen, jedoch asphaltierten Fahrweg, der in Aussermühlen (Gasthaus zur Sonne) von der Villnösser Talstrasse abzweigt (insgesamt 3 km von der Bahnhaltestelle Villnöss).

Die erste einfache Wehranlage errichteten die Herren von Sommersberg, die 1202 zuerst erwähnt werden. Diese Familie übersiedelte aber in der ersten Hälfte des 14.

Jahrhunderts nach Albeins. Nun erhielt 1329 Georg von Villanders die Erlaubnis, auf Summersberg zu einem schon bestehenden grossen Turm einen festen Ansitz zu bauen. Während der ersten Hälfte des 15. Jahrhunderts wurde die Burg erweitert und im 16. Jahrhundert wurde sie zur heutigen Gestalt verändert.

Nach dem Aussterben der Herren von Gufidaun folgten die Trautson und Wolkenstein und nach der vorigen Jahrhundertmitte erwarb sie der in Meran geborene Innsbrucker Literarhistoriker Iganz von Zingerle, dessen Nachkommen die Burg noch heute besitzen.

Über dem Burgtor erblickt man, vom Burghof her, eine bedeutende, aus der sogenannten Sunterwerkstätte zu Brixen des 15. Jahrhunderts stammende Kreuzigungsgruppe aus Holz. In der Vorburg befinden sich neuere Wohnräume, die erst in unserer Zeit ausgestattet wurden. Hier ist auch die einfache Kapelle.

Durch ein drittes Tor gelangt man in den malerischen Burghof, in dem ein Rundturm, der Palas mit Freitreppe, Erkern, dreiteiligen Rundbogen- und ursprünglichen Flachbogenfenstern stehen. Um den Mittelsaal des Palas gruppieren sich Wohnzimmer mit einfachen Holzdecken, die sogenannte Bauernstube besitzt eine verzierte Balkendecke.

Außen kann man den im Grundriß runden Bergfrit sehen, der Schloß Summersberg von allen anderen Türmen des Gebietes unterscheidet.

Die Burg, in Privatbesitz und zeitweilig bewohnt, kann nicht besichtigt werden.

22. KOBURG

Wie im Osten auf einem steil abfallenden Felshügel Burg Sommersberg den Ort Guifidaun abschirmt, so gegen Westen der regelmässige Bau der Koburg.

Diese Burg wurde im 14. Jahrhundert erbaut. Von den typischen Merkmalen sieht man heute nur mehr die Zinnen auf der Ringmauer. Diese Ringmauer, durch die ein Spitzbogentor führt, und ein Rondell halten den regelmässigen Bau der Koburg mit ihrem hohen Walmdach eingeschlossen. Sie hat eine regelmässige Raumeinteilung um gewölbte Mittelgänge. Im ersten Stock sieht man Gratnetze, ebenso im zweiten Stock, in einer Anzahl von Zimmern einfaches Getäfel und Leistendecken. Der Flur des obersten Stockes zeigt eine dekorative Wandmalerei mit den Wappen des 1589 gestorbenen Adam Mayerhofer, seiner Gemahlin und seiner Söhne.

Die Koburg war ursprünglich Eigentum der gleichnamigen Herren und dann der Herren von Gufidaun, von 1525 bis 1814 der Herren von Mayrhofer, darauf in bäuerlichem Besitz und jetzt der Familie Huber.

Die Koburg ist bewohnt, die Besichtigung ist in der Regel nicht gestattet.

23. VELTHURNS, 851 m

Schloss Velthurns, im gleichnamigen malerischen Dörflein am rechten (westlichen) Hang des Eisacktals, erreicht man auf einer guten, asphaltierten Autostrasse von Klausen (4 km) wie auch von Brixen (7 km) aus. Über dem Eingang zum Schloss ist eine schöne Gedenktafel an Johann Thomas Baron von Spaur, der das Schloss «una cum moenibus a fundamentis crescit et ornavit, anno MCLXXX».

Mit dem Bau begonnen hat 1578 Kardinal Christoph von Madruzzo, zu Ende geführt hat ihn sein Neffe Johann Thomas Graf Spaur. Bei der Errichtung dieses Baues wurde das Material der alten Burg der Herren von Velthurns verwendet, die aus dem 12. Jahrhundert stammte und 1580 abgebrochen wurde. Sehr viele Jahre wurde Schloss

Velthurns als Sommersitz der Brixner Furstbischöfe verwendet, die es lang in Besitz hatten und in wahrhaft fürstlicher Art ausstatteten und verschönerten.

Man tritt in einen Hof; auf der Linken, an der Seite des kleinen Hausflures beim Eingang zu ebener Erde findet sich ein Gedenkstein mit der Inschrift in deutscher Sprache, dass Fürst Johannes II. von Liechtenstein die Burg am 22. Dezember 1903 der Stadtgemeinde Bozen zu Eigen schenkte. Ausser den prachtvollen Holztäfelungen, den herrlichen Kassettendecken des 16. Jahrhunderts, verschiedenen Fresken, Kachelöfen ist leider nichts von der Ausstattung erhalten geblieben, mit welcher die Prunkliebe, Grosszügigkeit und der Geschmack der Brixner Füstbischöfe, besonders des Spaur, dieses Schloss eingerichtet hatten.

Die gesamte Anlage des Schlosses, die architektonischen Proportionen, die meisterhafte Gestaltung der Fassaden und die Ausstattung der Innenräume lassen Velthurns als eines der bedeutendsten Kunstwerke der Renaissance in Tirol erscheinen.

Besonders sehenswert sind die ideenreichen und fein gearbeiteten Beschläge des berühmten en Schmiedes Hans Metzger.

Das Fürstenzimmer im zweiten Stockwerk, mit hervorragendem Getäfel, prachtvollen Türrahmen, Pilaster und Gebälke, grossartiger Kassettendecke mit Schnitzwerk, Einlegearbeit und Vergoldung ist, wie ein Zahl über einer Türe angibt, von 1583. Einheimische Meister von Brixen, Klausen, Bruneck, Bozen und Meran waren da am Werk, das herrliche Getäfel stammt von Hans Spineider aus Meran. Die ausgezeichneten Wandgemälde über dem Getäfel mit theologischen, historischen und mythologischen Szenen haben Pietro Bagnatore und Michele und Horazio, Maler aus Brescia gemacht.

In einem Saal des zweiten Stockes, der aufmerksame Betrachtung verdient, sind in Wandgemälden die vier Jahreszeiten dargestellt. Der Frühling symbolisiert ein Fest im Freien mit einem fröhlich tanzenden, bewegten Volk; den Sommer repräsentiert eine wohlgeformte Frau mit einer Mandoline unter einem Baum, umgeben von Bauern bei Fischfang und Ernte; eine allegorische Darstellung der Weinlese und des Pressens der Trauben stellt den Herbst dar; der Winter hält die herrschaftliche Familie im Schloss versammelt, das Feuer brennt im Kamin, eine reiche Mahlzeit ist aufgetragen, Mägde spinnen und weben und ein Bettler hält die Hand um ein Almosen auf. Ein Zimmer mit Rosettendecke, Getäfel und eingelegten Betstühlen ist als Kapelle eingerichtet.

Die Fresken haben in einzelnen Zimmern durch Feuchtigkeit und Wassereinbrüche sehr gelitten, zumal auch das Dach schadhaft ist.

Nach der Säkularisierung im Jahre 1803 wurde Schloß Velthurns von der bayerischen Regierung an Private verkauft. Eine Zeitlang wurde es auch als Gastwirtschaft verwendet. In der zweiten Hälfte des 18. Jahrhunderts wurde es vom Fürsten von Lichtenstein erworben, der es 1903 der Stadt Bozen schnekte. Diese übernahm damit für über 70 Jahre die Instandhaltung und Verwaltung dieser wertvollen Liegenschaft.

Vor kurzem wurde das Schloß an das Land Südtirol abgetreten, die umfassende Restaurierungsarbeiten durchführen ließ.

Das Schloß kann zu bestimmten Tagesstunden unter Führung beslchtigt werden.

24. RANUIHOF

Im Hintergrund des schönen Tales von Villnöss wurde der 1370 als Hof Rumenuye erwähnte Ansitz im 17. Jahrhundert durch die Klausener Bergherren von Jenner zu einem Jagdschlösschen umgebaut.

Das heute wieder bäuerliche Anwesen zeigt im Flur eine Reihe von volkstümlichen Wandgemälden dieser Zeit, Jagd- und Küchenszenen sowie Ornamente. Auf einem Kachelofen finden sich die Namen Michael und Barbara Jenner und die Jahrzahl 1685.

Mit Genehmigung der Besitzer und Bewohner des Ranuihofes können die Wandmalereien besichtigt werden. Unweit steht auf dem Wiesenplan die 1744 von Michael von Ranui erbaute Kirche St. Johann, ein schöner Barockbau, deren Hochaltarbild, die beiden Johannes darstellend, von Franz Unterberger stammt.

25. BISCHÖFLICHE HOFBURG IN BRIXEN, 559 m

Fürstbischof Bruno von Kirchberg und Bullenstätten, einer der bekanntesten Prälaten und Kriegsherren Südtirols, vertauschte 1265, da der alte bischöfliche Palast nur notdürftig instandgehalten und ungenügend geworden war, diesen mit der bisher vom Stadhauptmann bewohnten Burg, nachdem er diese zur Residenz umgestaltet und mit Mauern, Türmen und Wassergraben zu einer festen Burg verwandelt hatte. Die bedeutsame Erweiterung, mit bescheidenen Mitteln verwirklicht, stellte nicht allein einen bewussten Schritt in der politischen Aktivität des Fürstbischofs Bruno dar, sondern erfolgte im Zug der politischen und sozialen Entwicklung der Stadt Brixen, deren Aufstieg begonnen hatte, nachdem der Bischofssitz von Säben nach Brixen verlegt worden war.

Unter Kardinal Andreas von Österreich und seinem Nachfolger, Fürstbischof Andreas Spaur, erfolgte die Umformung der mittelalterlichen Burg in einen Renaissancepalast mit einem weiten Innenhof mit dreigeschossigen Loggien. Fürstbischof Ignaz Kaspar Graf Künigl fügte die Kapelle und den Osttrakt hinzu und gab dem gesamten Bau die heutige regelmässige Gestalt.

Der stattliche Arkadenhof zeigt im zweiten Stockwerk 24 Terracotta-Figuren, mit kochendem Öl imprägniert, deren Farbe nachgedunkelt ist. Sie stellen Mitglieder des Hauses Habsburg dar. Die Mittelfigur repräsentiert Kardinal Andreas von Österreich, der hier von 1590 bis 1600 regierte. Die Figuren stammen von dem Schwaben Hans Reichle. Unter den einzelnen Statuen sind zierliche Wappen, über ihnen Rundmedaillons mit sinnbildlichen Darstellungen angebracht.

Von der alten Burg sind infolge der Umgestaltungen der Renaissance- und Barockzeit, die aus einer wehrhaften Burg einen behaglichen Fürstensitz gemacht haben, nur mehr wenige Spuren zu sehen. Im ersten und zweiten Stock befinden sich eine Reihe von Räumen, welche im Stil des 17. bis 19. Jahrhunderts geschmückt sind, besonders die ehemalige fürstliche Lehenskammer und der Rittersaal. Das Arbeitszimmer des Bischofs besitzt einen Ofen von 1546 und eine schöne Kassettendecke. Sehenswert ist auch die bischöfliche Kapelle oder Hofkirche, die eine gute barocke Ausstattung hat.

Nach der Verlegung des Bischofssitzes von der Hofburg nach Bozen - diese erfolgte vor wenigen Jahren - ist deren bauliche und künstlerische Restaurierung im Gange. Sie wird zu einem Teil als Diözesanmuseum für religiöse Kunst und Geschichte verwendet.

Die Hofburg kann gegen Eintritt zu bestimmten Stunden, ausgenommen die Monate Februar und November, besichtigt werden.

26. PALLAUS, 650 m

Von diesem hohen und charakteristischen Bau, der gewohnheitsmäßig als Schloß bezeichnet wird, in Wirklichkeit aber mehr ein Ansitz ist, umgeben von einer zinnenbewehrten Mauer und überragt von einem breiten, achteckigen Turm, ist bereits in einer Urkunde aus dem 13. Jahrhundert die Rede. Die mittelalterliche Konstruktion wurde im 15. Jahrhundert restauriert und schliesslich, als die Herren von Pallaus in ihren Besitz kame, erhielt sie im 16. Jahrhundert die gegenwärtige charakteristische Umformung zu einem Renaissancebau mit Balkonen und Türmen, Dacherkern und Spitzdächern, welch letztere der spätesten Bauperiode angehören. Der ganze Bau wirkt überaus malerisch. Kaiser Maximilian erteilte 1497 die Bewilligung für den Burgbau, den die Herren von Pallaus 1545 fertigstellten. Susanne Pallaus nahm 1560 zahlreiche Veränderungen, besonders der Inneneinrichtung, vor.

Nach 1828 ging Schloss Pallaus vom gleichnamigen Geschlecht in andere Hände über und gelangte schliesslich in den Besitz des Barons von Schönberg, eines deutschen Staatsbürgers, der zahlreiche Verbesserungen und Restaurierungen vornahm und - nicht in allem glücklich - eine Umformung des Renaissanceschlosses des 16. Jahrhunderts in eine reiche englische Villa mit venezianischen Fussböden und Holzparketts durchführte.

Es blieben aber Holzgetäfel und Holzdecken erhalten und wurden durch Werke aus der Zeit ergänzt, so wurde ein Pilastergewölbe mit reicher Türrahmung und Kassettendecke aus dem Rummlhof nach Pallaus übertragen. Baron Schönberg hatte auch eine wertvolle Gemäldesammlung zusammengetragen die heute meistenteils verloren gegangen ist.

Im Jahr 1926 kaufte der Graf Alessandro Dudan der Aeltere die Burg und vervollständigte die Einrichtung mit Liebe und herrschaftlichem Geschmack. Er selbst nahm in Schloss Pallaus dauernden Aufenthalt.

Leider wurde während des zweiten Weltkrieges durch in Brixen stationierte Truppen der schöne Park zur Einlagerung von Waffen und Munition in Beschlag genommen. Auch im Schloss hauste zwischen 1943 und 1945 militärische Einquartierung, was schwere Schädigungen der Raume und Einrichtung mit sich brachte.

Heute sind die Holztäfelungen und Kassettendecken, die wenigen alten Möbel und ein monumentaler Kachelofen mit polychromierten Kacheln aus dem Ende des 17. Jahrhunderts in ausgezeichnetem Zustand. Der ausgedehnte Park ist instandgesetzt und einsame Stille umfängt unter seinen Jahrhunderte alten Bäumen.

Das Schloss gehört auch derzeit der gräflichen Familie Dudan, die sich die Behebung der erlittenen Schäden am Gebäude und an der Einrichtung sehr angelegen sein lässt. Die Besichtigung ist nicht gestattet.

Von Brixen fährt man auf der Plosestrasse über die Eisackbrucke, dann zweigt man rechts nach Sarns ab und erblickt nach etwa zwei Kilometern zur Rechten den ausgedehnten Park, in dem sich Schloss Pallaus erhebt.

27. RATZÖTZ

Die ersten Nachrichten über diesen Ansitz, der sich in freundlicher Lage zwischen besonnten Wiesen in Welchbild von Milland am Fuss des St. Andräberges erhebt und von dem aus man die Brixner Talweitung überblickt, stammen aus dem 13. Jahrhundert; man nennt ihn damals Urtzetz.

In Urkunden wird 1270 von einem Jacob de Urtzetz geschrieben. In der Folgezeit waren verschiedene örtliche Adelsfamilien Eigentümer von Ratzötz, das 1809 von den Franzosen ausgeplündert und beschädigt wurde. Im 19. Jahrhundert wurde er längere Zeit nur von einer Bauersfamilie bewohnt.

Im Jahre 1875 restaurierte Baron von Schönberg den

Schloss Ratzötz bei Brixen, SO-Seite

Ansitz Ratzötz; ihm folgte im Dezember 1904 die Amerikanerin Margaret MacNutt, geborene Odgen, die mit ihrem Mann Francis MacNutt eine gründliche und sachkundige Restaurierung des gesamten Baues vornehmen liess und ihn in den gegenwärtigen Zustand versetzte.

1927 wurde der Ansitz vom Malteser Ritterorden, 1940 vom Reeder Paolo Scerni aus Genua und neulich von anderen Privatpersonen erworben, die ihn bewohnen. Man erreicht den Ansitz am besten auf der von Brixen auf die Plose führenden Strasse, von der hinter Milland eine kleine Privatstrasse rechts abbiegt und nach Ratzötz führt. Der Zustand des Ansitzes ist befriedigend, charakteristisch sind seine gelben Türme und die leuchtenden Dächer. Auch die Einrichtung ist von gewissen interesse. Der ausgedehnte Garten ist gut gehalten und bietet eine glänzende Aussicht auf Brixen und die einmündenden Täler. Eine Besichtigung ist nicht möglich.

28. KARLSBURG

Die Karlsburg, auch Winkelhof genannt, ist der bedeutendste Edelsitz in Milland bei Brixen. Ausgenommen Ratzötz, sind die übrigen einstigen Edelsitze in Milland, so das schon im 12. Jahrhundert erwähnte Platsch, das bis 1877 den Vintler gehörte, ebenso Vilseck, einst Sitz der Herren von Parmentin und dann der Winkelhofen, Hubenstein oder Kofler mit Erkerturm und der Rindhof, heute Bauernhöfe.

Karl Hannibal von Winkelhofen hat zur Zeit des Dreissigjährigen Krieges seit 1631 diesen Ansltz Karlsburg erbaut. Der stattliche Bau mit seinen Erkern und hohem Ziegeldach beherrscht die Umgebung. Die Mittelachse der Hauptfront wird durch das Rundbogentor mit dem Wappen des Bauherrn von 1631 und dekorative Bemalung, sowie Doppelbogenfenster, Erker und Dachreiter betont. Im Osten über einen Graben ein zugbrückenartiger Zugang. Der Bau besitzt eine Kapelle und Zimmer mit Getäfel und Decken. Besonders interessant ist die durch zwei

Geschosse gehende geräumige Mittelhalle mit Galerien, Balustraden, Resten dekorativer Wandmalerei und schöner Felderdecke, die ein schönes Raumbild bietet. Erwähnt wird hier bereits 1250 ein Meierhof des Domkapitels, der später in Hand verschiedener Adelsfamilien war und von 1618 bis ins 19. Jahrhundert im Besitz der Familie von Winkelhofen war. Der letzte des Geschlechts verkaufte 1885 die Karlsburg an einen Bauern. Die Karlsburg ist bewohnt und nicht leicht zu besichtigen.

29. NEUSTIFT

Zu Füssen der wie eine Bühne aufsteigenden Weinberge liegt in einem stillen Winkel des Eisacktales vor Brixen die malerische Bautengruppe des Augustinerchorherrenklosters Neustift, das durch seine Kulturleistung, seine Kunstschätze und seinen Weinbau berühmt ist. Noch geht die heutige Anlage im wesentlichen auf die Gründungsgestaltung im 12. Jahrhundert zurück, so viele Veränderungen, Um- und Zubauten auch in den folgenden Jahrhunderten und besonders in Barockzeitalter erfolgten, welche insbesondere die frohe, helle Innengestaltung der Stiftsbasilika schufen.

Das ganze Kloster war von Wehrbauten eingeschlossen. Neben einem inneren Mauergürtel bestand eine äussere Ringmauer, die westlich bis zum Eisack reichte und nördlich und östlich unter Einschluss der Weinberge und Güter bis an die Strasse führte. Am besten erhielt sich die hohe Ringmauer nördlich der Kirche mit dem Rondell, der sogenannte Türkenturm und das anschliessende Mauerstück, die spielerische Anlage der Engelsburg und der Stiftsmühle und der untere Teil des einstigen Brückenturms; alle Teile sind mit Schiessscharten und Schiessfenstern bewehrt. Als im 16. Jahrhundert die Türkengefahr gross war, erfolgte die Ausgestaltung der Stiftsbefestigungen.

Die heute noch sichtbaren Verteidigungsstellungen wurden aus Sorge vor einem möglichen Einfall der Türken hinzugefügt. Die Türken waren schon 1476 bis in die nicht mehr weit entfernten Provinzen Steiermark und Kärnten vorgedrungen. Doch in der Praxis bewährten sich diese Einrichtungen nicht, und anläßlich des Bauernaufstandes im Jahre 1525 wurde das Stift besetzt und geplündert und die Engelsburg, die mehrfach befestigt worden war, arg zugerichtet. Erst Jahre später wurde die Kapelle restauriert. Die letzte, wirkungsvolle Restaurierung wurde vom Denkmalamt im Jahre 1958 durchgeführt.

Sehenswert ist schließlich der sogenannte Wunderbrunnen im Stiftshof.

Die Anlage des Stiftes mit Kreuzgang, Kirche, Bibliothek und Gemäldegalerie sowie Probierstube kann besichtigt werden. Der 1 km lange Fahrweg nach Neustift zweigt von der Brennerstrasse 2 km nördlich von Brixen ab, in aller Nähe der Strassengabelung Pustertal-Brenner.

30. SALERN

Vahrn ist bei den adeligen Brixner Familien als Sommerfrische beliebt gewesen und das spiegelt sich im Bild der Häuser mit Gartenmauer und Hoftor, Erkern und Zinnen. Manche haben Freitreppen und getäfelte Zimmer.

Auf einem vorspringenden Hügel oberhalb des Dorfes stand einst die Burg Voitsberg, Stammsitz des gleichnamigen Geschlechtes. Sie wurde 1173 durch die Edlen von St. Michaelstor in Brixen erbaut, die sich seitdem von Voitsberg nannten. In ihrer Fehde mit Bischof Bruno von Brixen wurde ihre Burg 1277 zerstört und heute sind nur mehr spärliche Mauerspruren vorhanden.

Nach der Zerstörung von Voitsberg erbaute der Bischof ihr gegenüber die Burg Salern. Diese war bis ins 17. Jahrhundert Sitz des Gerichtes Salern. Noch stehen von der indessen auch zerfallenen Burg ansehnliche Reste der Ring- und Palasmauern und die Nordmauer des Bergfrits. Die Burgruine kann von Vahrn aus auf der Schalderer Strasse erreicht werden.

Burgen im oberen Eisacktal

1. JÖCHLTURM

Der Jöchlturm ist der alten Fuggerstadt Sterzing im südlichen Wipptal ist weniger eine richtige Burg als ein Patrizierhaus des 15. Jahrhunderts, bekrönt von gleich einer Stiege aufsteigenden Zinnen auf dem Dach, sodass sich der Anblick eines wehrhaften Gebäudes ergibt, welchen die originelle Anlage ja auch erwecken will.

Der turmartige Hauptbau wird von zwei niedrigeren Seitenflügeln flankiert und über den vier Fassaden steigen kraftvoll die Dreiecke der Treppengiebel mit ihren Zinnen empor, die in gotischem Stil erbaut wurden. Die gegenwärtige Anlage stammt aus der zweiten Hälfte des 15. Jahrhunderts, als die 1460 aus Stegen bei Bruneck eingewanderten Jöchl den Ansitz erwarben und nach ihrem Geschmack umbauen liessen.

Der Besitz ging 1643 an die Grafen Enzenberg über, welche ihn noch heute zu eigen haben und über dem Hauptportal ist das Allianzwappen der Enzenberg-Fuchs zu sehen.

Die Fenster sind zu ebener Erde und im ersten Stock vergittert und sie und die schmiedeeiserne Arbeit zeigen Formen des ausgehenden 15. Jahrhunderts und barocke Stuckrahmungen.

Die Innenräume weisen teilweise Sterngratgewölbe, teilweise Holzdecken auf. Im ersten und zweiten Stockwerk finden sich in spätgotischer Art ausgeführte Holzdecken, die ausgezeichnet erhalten sind und zu den reichsten Schnitzarbeiten dieser Zeit zählen.

Die Halbruine Welfenstein bei Mauls

Besonders bekannt ist jene reich verzierte Decke im Saal des ersten Stockwerkes, welches das Wappen der Jöchl mit der Jahrzahl 1469 und dem Namen Mathias Jöchl trägt.

Auch die anschliessende, St. Peter und Paul geweihte Kapelle besitzt bemerkenswerte und schöne Ausstattung.

Der Komplex dieses Patrizierhauses, der einen überaus dekorative und bestimmten Eindruck macht, erhebt sich in der Kapuzinergasse. Er ist der wirkungsvollste unter den zinnengekrönten Bauten der Stadt Sterzing, die sich im Schatten des eleganten Stadtturmes erheben, welcher die adeligen und bürgerlichen Häuser der schönen Hauptstrasse überragt. Gegenwärtig sind im Ansitz Jöchlturm zwei öffentliche Aemter untergebracht: das Bezirksgericht und das Registeramt.
Der Ansitz kann teilweise besichtigt werden.

2. WELFENSTEIN, 951 m

Die Überreste der starken Burg Welfenstein erheben sich auf einem felsigen Hügel unmittelbar an der Reichsstrasse, unweit des Dorfes Mauls im südlichsten Wipptal. Erwähnt ist sie zuerst 1271 als Lehen des Otto Welf, eines Sprösslings der Edlen von Welfsberg, von dem es den Namen Welfenstein bekam. Zwischen 1320 und 1338 ging es an Lorenz von Volders, Richter zu Sterzing, über. Später gelangte es nach verschiedenen Besitzern in das Eigentum der Kommende Sterzing des Deutschen Ritterordens im Jahre 1470. Urkunden von 1619 berichten bereits, dass die Burg zur Ruine geworden sei.
Die Ruine wurde in den Jahren 1893 bis 1897 unter Verwendung der Hauptturmes, also des unteren Teiles des Palas, und der Reste der Ringmauer, von dem Maler Edgar Meyer in spielerischer Weise, den alten Stil nachahmend, wiederaufgebaut. Im August 1918 wurde die Burg, welche reiche Kunstschätze barg, ein Raub der Flammen. Was übrig blieb wechselte in der Folge mehrmals seinen Besitzer. Die noch brauchbaren Räume wurden zeitweise auch als Gastbetrieb verwendet und werden auch derzeit teilweise als Fremdenzimmer vermietet.
Die Besichtigung ist möglich.

343

3. SPRECHENSTEIN, 1071 m

Auf einem klotzigen Felssporn über der grünen Talweitung von Sterzing erhebt sich südöstlich über der Einmündung des Pfitscher Tals ins Wipptal, über dem Sterzinger Moos, in dem angeblich Hexen ihr Unwesen treiben, weithin sichtbar Burg Sprechenstein.

Burg Sprechenstein bei Sterzing, Westseite

Die Burg ist auf einen Karrenweg erreichbar, der bei der Eisackbrücke von der Brennerstrasse abzweigt und zum Torturm des Wehrbaues emporführt. Die Anlage wird im Jahr 1241 als neu erbaut erwähnt, und zwar als tirolisches Lehen der Trautson, von denen sie 1780 als Erbe an die Grafen Auersberg überging, deren fürstlicher Zweig sie heute besitzt.

Die Burg besteht aus zwei Baugruppen: der ältere Teil befindet sich auf der Höhe des Felssporns, gruppiert um den runden Bergfrit. Daran schliesst sich der Palas, angelehnt an die Ringmauer mit spitzbogigen Schlitzscharten, neben der dem hl. Erasmus geweihten Kapelle. In der Burgkapelle steht ein wertvoller gotischer Holzaltar und befinden sich beachtliche Fresken von 1515; leider erlitten im zweiten Weltkrieg Burg und Kunstwerke arge Beschädigungen.

Die Gemächer des Fürstentraktes sind mit schönen alten Möbeln, Waffen und Kunstgegenständen ausgestattet, einzelne Zimmer besitzen Getäfel und Holzdecken, in einem Wohnraum blieb die interessante Wandbemalung des 14. Jahrhunderts erhalten. Bemerkenswert ist ein Bildnis der Philippine Welser.

Die Auersberg, welche den grössten Teil des Jahres in Salzburg residieren, aber den Sommer über auf Sprechenstein weilen, liessen sich mit vielen Auslagen die Behebung der schweren Schäden angelegen sein, welche durch Kriegseinwirkungen in der ganzen Burganlage entstanden waren. Der Blick auf die Gletscher im Hintergrund des Ridnauntales ist überwältigend. Die Besichtigung ist kaum möglich.

4. REIFENSTEIN, 982 m

Auf einem isolierten Felshügel, gerade gegenüber der Burg Sprechenstein, liegt im Sterzinger Moos, umschlossen von einer Ringmauer, die wohlerhaltene schöne Burg Reifenstein. Sie ist unter den Burgen Südtirols eine der schönsten und in bestem Zustand.

Die erste Erwähnung berichtet um 1100 von ihr als Lehen der bayrischen Grafen Lechsgemünd; auf sie folgten die Herren von Stilfes als Lehensträger, welche seit 1140

Burg Reifenstein bei Sterzing Westseite

die Burg weiter ausbauten und sich nach ihr von Reifenstein nannten. Sie ergänzten und verbesserten die Anlage und die ihnen folgenden Besitzer bis zum Ende des 15. Jahrhunderts setzten dies fort: Konrad Trautson, der am Ende des 12. Jahrhunderts als Gemahl der Tochter des Friedrich von Reifenstein in den Besitz der Burg gelangte, Zant von Eltzenbaum, an den als Gemahl der Mechtild von Reifenstein-Trautson 1315 die Burg fiel und dann das Geschlecht der Herren von Säben, die 1405 durch Heirat die Burg erhielten. Nach deren Aussterben zog Herzog Sigismund das erledigte Lehen ein und vergab es 1470 an den Deutschen Ritterorden.

Die Komturen des Deutschen Ritterordens verliessen den alten Wohnturm und zogen um 1500 in die tiefer gelegenen Wohnräume, welche sie teils besser ausgestalteten, teils neu anlegten. Unter dem Spitzbogentor an der einstigen Zugbrücke sieht man noch heute ein Wappenstein mit der Inschrift: «hainrich von knöringen deutschordens landkumenter zc 1511». Es finden sich an verschiedenen Stellen weitere Wappen von Deutschordenskomturen zwischen 1498 und 1580.

Zur Zeit der bayrischen Herrschaft in Tirol, als der Deutsche Ritterorden säkularisiert wurde, erhielten 1813 die Grafen von Thurn und Taxis, die berühmten Organisatoren des Postwesens, deren Hauptsitz sich in Regensburg befand und die durch viereinhalb Jahrhunderte den Postdienst mit zahlreichen Linien in Bayern, Österreich, Norditalien, Spanien und den Niederlanden in anerkennswert einheitlicher Organisation und Leitung unter friedlichen und kriegerischen Verhältnissen und trotz des staatlichen Mosaiks dieser Zeiten durchführten, diese Burg als Entschädigung für die Aufhebung des Postregals.

Die edle Familie von Thurn und Taxis - sie stammt aus der Provinz Bergamo, von wo sie im 13. Jahrhundert ausgewandert war - hat dieses vom bayrischen Staat als Entschädigung erhaltene Schloss mit Leidenschaft und Sorgfalt instandgehalten und sich auch bemüht, die Einrichtung zu erhalten und getreu der gotischen Eigenart zu ergänzen und zu vervollständigen.

Der älteste Teil der Burganlage ist der um 1100 erbaute Bergfrit, der in seinem oberen Teil später erneuert wurde; zu seinen Füssen befindet sich ein Schlafsaal für eine halbe Hundertschaft Bewaffnete.

Gegen Süden umgibt die Burganlage eine einfache Ringmauer, während sie gegen Norden durch eine kompliziert angelegte Vorburg mit Spitzbogentor, Fallgatter, Wehrgang, Schiessscharten und Schiessfenster gesichert ist. Über den tiefen Halsgraben zwischen dieser Vorburg und der Hauptburg führt heute an Stelle der einstigen Zugbrücke eine feste Brücke. Inmitten des äusseren Burghofes befindet sich ein malerischer Ziehbrunnen, umschlossen von einer zum Palas emporführenden grossen Treppenanlage, die zu den bemerkenswerten inneren Baulichkeiten führt.

Im unteren Teil des Palas liegt eine prachtvolle Stube in reinster Gotik, durchweg ausgestattet mit reich ornamentiertem Holzgetäfel, besonders geziert der Unterzugbalken, das Wandkästchen, der Waschkasten und ein in eine Wiege umwandelbarer Tisch. Anschliessend findet sich eine einfacher ausgestattete Kammer.

Über die Holzgalerie des Brunnenhofes gelangt man in den grünen Saal, dessen Wände und Balkendecke mit reicher spätgotischer Figuralmalerei geziert sind und der zu den Besonderheiten dieser Burg zählt. Einer der beiden Erker ist durch ein geschnitztes Holzgitter aus gotischer Zeit als kleine Familienkapelle abgeschlossen.

An den Palas schliesst ein dreigeschossiger Wohnturm an.

Bemerkenswert sind auch der Gerichtssaal, in welchem die Tortur vorgenommen wurde, ein unterirdischer Kerker von acht Metern Tiefe und eine Falltüre, durch welche die Verurteilten hinabgestürzt wurden.

Etwas vom Hauptgebäude entfernt steht die alte Ka-

Burg Reifenstein, Grüner Saal: spätgotisches
geschnitztes Holzgitter an der Erkerkapelle

pelle. Sie ist dem heiligen Zeno geweiht und wird erstmals im Jahre 1330 urkundlich erwähnt.

Mit Reifenstein und dem gegenüberliegenden Sprechenstein ist eine seltsame alte Legende verbunden. Es hätten sich die Herren der beiden Burgen, über die Talweite des Eisack hinweg, täglich gereizt und gehänselt. Die Burgbesatzungen aber hätten zum Schaden der armen Talbewohner Brandschatzungen und Plünderungen vorgenommen. Um endlich einmal dem ewigen Streit ein Ende zu setzen, hätten sich schliesslich die beiden Burgherren zu einem Zweikampf entschlossen. Sie vereinbarten, dass sich jeder auf einen Schlossturm begebe, mit seinem zuverlässigsten Pfeil bewaffnet, den Bogen spanne und beide zugleich auf ein festgelegtes Zeichen den Pfeil von der Sehne abschwirren liessen. Die Pfeile wurden gleichzeitig abgeschossen und die beiden Schützen hatten so sicher gezielt, dass die Pfeile auf halbem Wege in der Luft zusammenprallten und zu Boden fielen. Dieses ausserordentliche Ereignis dünkte ihnen ein Zeichen des Himmels, die beiden Herren versöhnten sich und von nun ab störte kein Streit mehr den Frieden der Landschaft.

Die Burg Reifenstein kann unter Führung von Mai bis Oktober, besichtigt werden. Der Fahrweg zu ihr zweigt von der Brennerstrasse bei der Eisackbrücke südöstlich von Sterzing ab.

5. STRASSBERG, 1150 m

Auf einem einsamen grünen Hügel erheben sich Turm und Mauern der Burgruine Strassberg und spiegeln sich in verträumter Melancholie im benachbarten Weiher.

Die Burg liegt auf einem schmalen Höhenrücken über der Talenge zwischen Gossensass und Sterzing in der Gemarkung der Ortschaft Ried. Tief unten schäumt der junge

Burgruine Strassberg bei Gossensass, Westansicht

Eisack, aus dessen Talschlucht in kurzer Zeit ein Weg
nach Strassberg emporführt.

Entsprechend ihrem Standort ist die Wehranlage auffallend schmal und langgestreckt. Der nach innen offene
Torturm mit seinen Viereckzinnen, der Bergfrit und Teile
der Ringmauern sind gut erhalten.

351

Der Bau stammt aus dem 13. Jahrhundert und war ein brixnerisches Lehen, ging aber bald aus fürstbischöflichem in landesfürstlichen Besitz über. Die Grafen von Tirol verliehen es an die Villanders, Frundsberg und andere, zuletzt an die Fugger, welche die Burg 1667 an Paul von Hocher verkauften. Heute ist die Burgruine Eigentum der in Mareit ansässigen Barone von Sternbach.

Verblieben sind ein Teil der Ringmauer mit Laufgang und Zinnen, der Torturm und der rechteckige Bergfrit, der für das gesamte Schloß kennzeichnend ist.

Im Jahre 1971 nahmen die Barone von Sternbach, die heutigen Besitzer, die Restaurierung des Burgfrieds und des Torturms in Angriff. In die Burgruine ist ein Bauernanwesen eingebaut, die das umliegende Land mit großem Einsatz bewirtschaften.

Die Ruine kann besichtig werden. Ein Fussweg führt von Gossensass zu ihr empor.

6. RASPENSTEIN

Auf einem Felsenkegel unweit der Ortschaft Gossensass erhob sich einst die Burg Raspenstein. Sie wurde um 1220 von Graf Albert von Tirol in seiner Auseinandersetzung mit dem Fürstbischof von Brixen erbaut. Sie musste aber beim Friedensschluss wieder geschleift werden und erfuhr niemals mehr eine Erneuerung. Heute ist von ihr keine Spur mehr zu sehen.

7. WOLFSTHURN, 1070 m

Von der Sterzing mit Meran verbindenden Jaufenstrasse zweigt nach ungefähr drei Kilometern bei Gasteig die Strasse ins Ridnauntal ab. Wenn man die Ortschaft

Mareit passiert hat, führt von der Talstrasse rechts eine von schönen Platanen gesäumte Allee zum Schloss Wolfsthurn.

Die gegenwärtige Form des weitläufigen Baues, dessen Fassaden kräftige Farben zeigen, ist eine einheitliche Barockanlage, die den Besucher in einem weiten Hof empfängt. Diese Gestalt gaben dem Schloss 1730 die Wenzl von Sternbach, welche es 1700 von den Grebmer zu Wolfsthurn erwarben.

Es sei hinzugefügt, daß Wolfsturn das einzige vollkommen im Barockstil erbaute Schloß in Südtirol ist.

Im Mittelalter wird Wolfsthurn seit der ersten Hälfte des 13. Jahrhunderts als Sitz des am Jahrhundertende erloschenen Geschlechtes der Wölfe von Mareit erwähnt. Der heutige Südturm ist der ursprüngliche Bergfrit, der Turm Mureit, der Wolf als Dienstmann des Grafen von Tirol besass. Im Dachraum sind noch die vermauerten Zinnen des Bergfrits zu sehen.

Heute stellt Wolfsthurn einen ansehnlichen herrschaftlichen Sitz dar, von dem das Volk sagt, es habe 365 Fenster, eines für jeden Tag im Jahr. Der Erhaltungszustand ist tadellos. In seiner stilistischen Einheitlichkeit als adelige Barockresidenz steht Wolfsthurn in ganz Tirol einzig da.

Gegen das Dorf zeigt Wolfsthurn über dem Vorgarten eine durch zwei seitliche Türme, Dreieckgiebel und Mansardendächer gegliederte Fassade, auf der Rückseite schließen zwei Seitentrakte einen Ehrenhof ein, wobei die Mittelachse durch das vortretende Torgebäude und einen Springbrunnen betont wird.

Die Zimmer des zweiten Stockes sind mit Stuckdekken ausgestattet, die Blumenmotive zeigen. Es sind feine Arbeiten aus dem Jahre 1735. Die Einrichtung der zahlreichen Zimmer ist erwählt. Der durch zwei Geschosse gehende Saal im Südturm wird an den Wänden durch Pilaster mit korinthischen Kapitellen gegliedert.

Die gewölbte Kapelle im nördlichen Seitentrakt ist

reich mit Stukkaturen dekoriert und mit Fresken von Mathias Gindter um 1738 geziert, einem bayrischen Meister, dem wir auch in Kloster Neustift und anderwärts begegnen. Neben dem Hauptaltar in Barockstil findet sich ein schöner Emporenaltar in Flügelaufbau mit prächtigen Skulpturen und Bildern und dem Allianzwappen Grebmer-Geizkofler in der Kapelle; er stammt aus der Zeit um 1600. Eine Gedenktafel erinnert an die 1738 erfolgte Weihe der Kapelle.

Der gegenwärtige Besitzer, Baron Gobert von Sternbach, wohnt abwechselnd hier und in Innsbruck. Die Besichtigung de Innenhofes und der Kapelle ist gestattet.

8. REIFENEGG, 1151 m

Auf einem Waldhügel links des Einganges zum Ratschingser Tal liegt die ausgedehnte, aber völlig zerfallene Burg Reifenegg. Einigermassen erhalten ist nur mehr der sorgfältig gearbeitete Bergfrit mit zweieinhalb Meter dikken Mauern. Man sieht noch ein Trautson-Wappen über dem ursprünglichen Rundbogeneingang und im einstigen Wohngeschoss darüber ein Rundbogenfenster. Aus der Entfernung ist von der Ruine kaum etwas zu sehen, da sie vom dichten Nadelwald umgeben ist.

Um 1200 war Reifenegg brixnerisches, um 1243 tirolisches Lehen im Besitz der Trautson, denen wir auch sonst im Wipptal nördlich und südlich der Brennerfurche begegnen. Nach ihnen folgten die Rottenburg, die Völs und seit 1584 die Geizkofler, von denen es an die Sternbach gelangte, welche die Burgruine noch heute besitzen.

Man erreicht die Ruine von der ersten Nadelkehre der Jaufenstrasse oder von Stange aus. Es lässt sich mit ihrem Besuch eine Besichtigung der Gilfenklamm verbinden.

9. MOOS

In der unweit von Sterzing gegen das Pfitschtal gelegenen Gemeinde Wiesen schmiegt sich an den Berghang das um einen alten Viereckturm herum gebaute, mit einem hohen Dach gedeckte und mit zwei Erkern gezierte Schloss Moos, das mit seinen Wirtschaftsgebäuden einen malerischen Hof umschliesst. Über dem Hoftor erblickt man eine Pechnase. Das Hauptgebäude hat einen malerischen Treppenaufgang mit vergitterten Fenstern und in allen vier Stockwerken einen weiten, teils mit Gratgewölben, teils mit Felderdecken abgeschlossenen Flur. Zwei grosse Räume im Erdgeschoss sind besonders schön gestaltet.

Der Wehrturm war um 1300 im Besitz der Trautson, später folgten die Rottenburg, die Tänzel, Firmian und im 16. Jahrhundert die Geizkofler, welche die heutige Gestalt schufen. Seit 1744 war es Besitz der Sternbach. Jetzt wird es als Altersheim benützt.

Burgen im Grödental

1. FISCHBURG, 1448 m

Am grünen Hang gegenüber der Grödner Landstrasse liegt unterhalb eines herrlichen Forstes aus Fichtenbäumen, überragt von den mächtigen Dolomitwänden des Langkofels, die malerische und stattliche Fischburg, heute auch Castel Gardena und im Grödner Dialekt der ladinischen Sprache «l' Ciastèl» genannt.

Die schöne Anlage wurde laut Angaben von Max Sittich Wolkenstein zwischen 1622 und 1641 von dem humanistisch gebildeten und kunstsinnigen Engelhard Dietrich von Wolkenstein-Trostburg für einen angenehmen Sommer- und Jagdaufenthalt erbaut. Und weil dieser Graf in Teichen um das Schloss Fische für seine Tafel züchtete, erhielt es den Namen Fischburg.

Die Fischburg ist zu einer Zeit erbaut, in welcher man mehr Gewicht auf angenehmes Wohnen und schönes Aussehen als auf die Befestigung der Burgen zu legen begonnen hatte. Sie offenbart das Bestreben der adeligen Familien dieser Zeit, zwar in der überlieferten Form der Burg zu leben, diese jedoch nach persönlichem Geschmack und gemäss traditionellem Ansehen zu gestalten. Die Fischburg ist das letzte Beispiel eines burgenartigen, befestigten Schlossgebäudes in Tirol.

Im Jahre 1863 hat Leopold Graf von Wolkenstein-Trostburg die Fischburg der Gemeinde St. Christina in Gröden zur Einrichtung eines Alters- und Armenhauses geschenkt. Diese zeitweilige Verwendung gereichte dem Zustand der Burg nicht zum besten und es trat ein allmählicher Verfall ein. Als sie 1926 zum Verkauf geboten wurde, erwarb der venezianische Baron Carlo Franchetti die Fischburg, der sie mit erheblichem Aufwand unter Wiederherstellung des zeitgemässen Stiles restaurieren liess. Heute zählt der Bau zu den bedeutendsten Anlagen Tirols aus der Spätrenaissance.

Der Einbau einer gotischen Stube und die übrige Ausstattung und Einrichtung der Räume der Burg wurde in Zusammenhang mit der Erneuerung der Burg von Baron Fran-

Fischburg in Gröden, SW-Seite

chetti vorgenommen. Vor dem zweiten Weltkrieg fanden im Arkadenhof der malerischen Burg mehrfach volkstümliche Veranstaltungen durch die heimische ladinische Bevölkerung in der herkömmlichen kostbaren Grödner Tracht statt. Dieser Brauch hat aufgehört. Es kann höchstens nur der Burghof besichtigt werden.

2. WOLKENSTEIN, 2063 m

Die Ruinen dieser alten Burg liegen im Gebiet der Gemeinde Wolkenstein, hoch über dem Eingang ins Vallunga eingebaut in die überhängenden Felswände der Stevia. Bei der Errichtung des Reichsfürstentums Brixen kamen die Fürstbischöfe auch in den Besitz des Grödentals, das sie aber nie selbst verwalteten, sondern zu Lehen gaben.

Burg Wolkenstein wurde zuerst 1225 im Besitz eines Maulrapp genannt, auf den Heinrich von Kastelruth folgte, der es 1291 an Randolf von Pradell, Herrn auf Villanders verkaufte. Dieses Geschlecht nannte sich seit Konrad, dem Sohn des Randolf, von Wolkenstein. Der Neffe Randolfs, Friedrich von Wolkenstein, heiratete 1360 die Erbtochter Katharina des Ekkehard II. von Villanders-Trostburg, wobei die Besitzungen derer von Villanders einschliesslich der Burg Wolkenstein im Grödental vereinigt wurden. Die Burgruine Wolkenstein ist bis heute im Besitz der Grafen Wolkenstein.

Nach der Hochzeit übersiedelten Friedrich und Katharina auf die Trostburg, welche günstiger gelegen war und angenehmeres Wohnen bot, und die Burg Wolkenstein wurde nur mehr zum Sommeraufenthalt benützt. Bereits 1525 stürzte die Burg ein und wurde nicht mehr wiederhergestellt. Heute sind nur mehr wenige Reste der Burg vorhanden, verschiedene Mauern, ein Hof mit Porphyrsäulen, ein kleines Vorwerk mit Tor und Freskenreste.

Ruine Wolkenstein

In letztes Zeit sind die Mauern mit Hilfe öffentlicher Beiträge restauriert worden.

Die Ruine kann besichtigt werden; der Aufstieg zu ihr vom ehemaligen Hotel Vallunga (jetzt militärische Alpinschule) aus ist kurz (10-15 Min.) aber nicht ganz leicht und gefahrlos.

362

Burgen im Pustertal

1. RODENECK, 991 m

Zur Burg Rodeneck führt von Mühlbach, am Eingang des Pustertals, eine 4 km lange Fahrstrasse, welche die Rienz überbrückt, auf schönen Mittelgebirgsterrassen verläuft und am aussichtsreichen Hügel bei der Kirche des Weilers Vill endet. Von hier sind es nur wenige Schritte zur Burgmauer, wo früher die Zugbrücke war. Aus der Ferne, von der aus dem Eisacktal ins Pustertal führenden Staatsstrasse aus gesehen, erscheint Rodeneck als eine aussergewöhnlich weitläufige und gewaltige Anlage. In der Tat ist dieses Schloß zusammen mit Schloß Sigmundskron (wie bereits gesagt wurde) die größte Schloßanlage in Südtirol.

Die Burg ist auf einer schmalen Felszunge errichtet, die auf drei Seiten von der Rienz umflossen ist; die Mauern des Bollwerkes hängen geradezu über den steilen Felsabstürzen. An einem vorgeschobenen Vorwerk der Vorburg nach dem vertieften Halsgraben und der Zugbrücke, ist eine Bronzetafel mit dem Brustbild des Erzherzogs Carl angebracht, der hier 1626 zu Gast weilte.

Zuerst, im frühen Mittelalter, war Rodeneck nur ein bescheidener Turm, den um 1140 Friedrich von Rodank, ein Vasalle des Brixner Fürstbischofs, samt einem kleinen Palas und Kapelle erbaute. Als das Geschlecht am Ende des 13. Jahrhunderts ausgestorben war, fiel die Wehranlage an die Grafen von Görz-Tirol und ging dann an die Erzherzöge von Österreich über.

Im Jahre 1491 gab Maximilian Burg Rodeneck dem

Burg Rodeneck, Westflanke

Ritter Veit von Wolkenstein in Anerkennung ihm vorher geleisteter Dienste. Seit dieser Zeit ist Rodeneck im Besitz jenes Zweiges des Hauses Wolkenstein, der sich Wolkenstein-Rodeneck nennt. Seit 1530 führten diese eine vollkommene Erneuerung der Anlage durch und schufen die heutige Burg in ihren gewaltigen Ausmassen.

366

Waffen- und Gemäldesammlungen

Rodeneck, Zugangsbrücke und Tor

Seit dem 18. Jahrhundert, besonders nach dem Aussterben der Familie Wolkenstein-Rodeneck 1849 im Mannesstamm, verfiel die Burg, bis sie 1897 Arthur Graf Wolkenstein-Trostburg erwarb und mit Rücksichtnahme auf ihre romanischen und gotischen Teile in bewohnbaren Zustand versetzen liess.

Heute bietet sich Burg Rodeneck dem Beschauer als

eine mit zahlreichen Türmen, Mauerzinnen und Wehrbauten ausgestattete riesige Anlage dar. Sie bewahrt in ihren Räumen Wandgemälde von Thomas Plattner aus dem Jahre 1697 und eine bedeutende Sammlung von Porträts der führenden Personen des Hauses Österreich.

Die 1582 geweihte Kapelle - sie trat an die Stelle der alten Burgkapelle, die im Erdgeschoss liegt und heute entweiht ist; in ihr haben sich Reste romanischer Fresken er-

Rodeneck, Burgkapelle

halten - besitzt einen schönen Altar und Wandmalereien des Weihejahres. Hier ist die Inschrift angebracht: «Haec est domus Domini, firmiter aedificata, bene fundata super firmam petram». Hier sind in den letzten Jahren kostbare Fresken aus dem 12. Jahrhundert freigelegt worden. Dies ist eine schlichte Bestätigung des unleugbaren Elements des Sicherheit und der Festigkeit des Gotteshauses; die einfache Erklärung ist aber auch ein Bejahung der Sesshaftigkeit der Herren von Rodeneck in ihrer Burg und nicht zuletzt eine Bekräftigung der Haltbarkeit der wehrhaften Anlage dieser Feste.

Die gegenwärtigen Inhaber der ausgedehnten und bemerkenswerten Burg sind die Erben nach Graf Arthur Wolkenstein-Trostburg, die im Ausland ihren Wohnsitz haben, aber sommerüber die Burg bewohnen.

Die Burg verfügt auch über einen Ziergarten, den Sonne und Stille erfüllen und der von einer festen Mauer umgeben ist, gelegen an der Südseite der Hauptburg.

Im den letzten Jahren sind die Außenmauern befestigt worden.

Die Burg ist mit einem Wächter versehen und kann während der touristischen Saison vom 15. Mai bis 15. Oktober unter Führung besichtigt werden.

2. MÜHLBACHER KLAUSE - ASCHBURG - SCHÖNECK, 775 m

Das Pustertal ist im Osten und im Westen durch Klausen gesichert: die Mühlbacher Klause vor dem Austritt der Rienz in das Brixener Becken, die Lienzer Klause vor dem Austritt der Drau in das Lienzer Becken. Die östlich der Gemeinde Mühlbach, in welcher die sogenannte Kandelburg, das ehemalige Rodenegg'sche Gerichtshaus, der Turm zu Mühlbach, heute Nonnenkloster und der einst Enzenbergische Strasshof bemerkenswert sind, gelegene

Strassensperre mit Ringmauer, um welche ein Wehrgang lief, zwei runden Eck- und zwei viereckigen Tortürmen, durch welche die Staatsstrasse führt, und einer bergan führenden Sperrmauer, reicht bis ins 12. Jahrhundert zurück.

Früher Klause von Haslach genannt und mit Burgfrieden und Zollstätte ausgestattet, wurde sie von den Herren von Rodank erbaut und 1269 an den Grafen von Gönz abgetreten. Sie bildete 1271 bei der Länderteilung die Grenze zwischen görzischen und tirolischen Ländern, zwischen dem Besitz der Brüder Meinhard von Tirol und Albert von Görz. Die beiden Brüder besassen und unterhielten die Klause gemeinsam. Als 1500 das ganze Pustertal tirolisch wurde, ging auch die Klause an Tirol über. Der heutige Bau wurde von Herzog Sigismund zwischen 1464 und 1487 aufgeführt. Die Franzosen stürmten 1809 mit schweren Opfern die Klause. Seit damals ist sie eine Ruine.

Nordöstlich von Obervintl steht auf steilem Hang über dem Winne Bach die Ruine der Aschburg. Man erreicht sie auf einem Fussweg von Obervintl in ca. 40 Minuten. Die vorhandenen Reste sind spärlich und lassen vermuten, dass die kleine Burg aus einem Turm und einem etwas tiefer über steilem Felshang erbauten Wohntrakt bestanden hat. Im Volk ist das Bewusstsein von dieser Burg völlig verblasst, gelegentlich war die Burg in Hand der Herren von Schöneck.

Kurz oberhalb der neuen Strasse, die von Bruneck aus über Pfalzen das herrlich gelegene Dorf Terenten erreicht und von dort wieder nach Niedervintl zum Talboden sich senkt, steht zwischen Issing und Hofern das Schloss Schöneck. Von der im 13. Jahrhundert erbauten Burg hat sich der spitz vorspringende Zwinger an der Eingangsseite, ein grosser Teil der Burgmauer mit Rundbogentor, die Ruine der Kapelle mit einem Fresko aus der Pacherwerkstätte, im heutigen Wohnhaus ein Teil des Palas mit verfallener Treppenanlage und der sechsgeschossige mäch-

371

tige Bergfrit erhalten, dessen Rundbogentüre heute in den Dachraum eines zweiten Wohnhauses führt.

Hier residierten die 1378 ausgestorbenen Herren von Schöneck, eine Nebenlinie der Herren von Rodank. Seitdem war die Burg Eigen der Görzer und Tiroler, die sie zu Pfand gaben. Oswald von Wolkenstein soll hier geboren worden sein. Das teilweise wieder wohnbar gemachte Schloss kann nicht besichtigt werden.

3. EHRENBURG, 806 m

Die bunten Fenster des hellweissen, zweiflügeligen neuen Schlosstratkes bilden einen lebhaften Kontrast zu den Türmen, den Schwalbenschwanz- und den unregelmässigen und eckigen Zinnen der älteren Burganlage der Ehrenburg. Besonderes Augenmerk verdienen die romanischen Doppelbogenfenster mit Mittelsäule und Blattkapitell an einem Turm und dem anschliessenden südlichen Bau.

Das neue Schloss ist von der alten Burg geschieden durch zwei runde Ecktürme mit verkümmerten Schwalbenschwanzinnen und einem viereckigen Turm, der seiner Bukkelquadern wegen volkstümlich «Römerturm» genannt wird.

Die ursprünglich kleine Burg reicht mit ihrem Anfang ins 12. Jahrhundert zurück. Die Herren von Ehrenburg, die späteren Grafen von Künigl, werden zuerst 1198 erwähnt.

In den ersten Jahrzehnten des 16. Jahrhunderts wurde zum alten Burgbau, mit Baubeginn 1512, eine weitläufige Neuanlage hinzugefügt, ein prachtvoller Arkadenhof, und in der Folgezeit die erste und schönste Renaissanceanlage des Pustertales im Geschmack des Grafen Kaspar Künigl durch die Hand des Meisters Lucio da Trento.

Die charakteristische Renaissancegestaltung wurde 1732 durch den Brixner Fürstbischof Kaspar Ignaz Graf

Künigl und seinen Bruder Sebastian in ein Barockschloss umgewandelt. So finden sich in Ehrenburg in lückenloser Reihe Bauteile vom 12. Jahrhundert an bis in die Barockzeit in erfreulich gutem Zustand, da die Ehrenburg zu den besterhaltenen Kunstdenkmalen Südtirols gehört.

Der erste Stock enthält einen grossen Saal mit einem Deckengemälde und ein Erkerzimmer mit Holzgetäfel und Rosettendecke aus dem 17. Jahrhundert. Das Stiegenhaus zum zweiten Stock und dessen Zimmer, insbesondere der Saal, sind reich stuckiert und zeigen ein Bild des Fürstbischofs Kaspar Ignaz von 1732, der alle diese Räume ausstatten liess. Die Ausstattung besteht überwiegend in Mobiliar und Gegenständen der Epoche und ist bereichert durch Gemälde und Porträts der Vorfahren.

Auch die Kapelle ist in ausgezeichnetem Zustand und geziert mit einem alten Tafelbild von 1520, das die Vermählung Mariä darstellt, und einem Altarbild, Maria mit dem Jesuskind, 1734 von Franz Unterberger gemalt.

Schloss Ehrenburg ist ständig von der gräflichen Familie Künigl bewohnt, die eines der wenigen adeligen Geschlechter Tirols ist, die seit dem ersten geschichtlichen Auftreten bis heute in ihrem Stammhaus ansässig geblieben sind. Ein Teil des Schlosses wird im Sommer als Jugendferienheim benützt.

Die Besichtigung ist von Mai bis September zu festgelegten Stunden möglich. Man gelangt mit dem Fahrzeug (oder auch zu Fuß) auf einer schönen Landstraße von St. Lorenzen zum Schloß.

4. SONNENBURG, 862 m

Der Namen Sonnenburg dürfte mit unserer Sonne nichts zu tun haben, sondern (laut Tabarelli) vom alten Wort «Siona» (Sühne) abstammen, was im weiteren Sinne Gericht bedeutet.

Also ein «Gerichtsschloß». Diese Bezeichnung dürfte

daher rühren, daß die Sonnenburg um das Jahr 1000 politischer Sitz des Pustertaler Gaues und des Lurn-Tales war.

Graf Ortwin, Herr des Pustertales, von Norital und Lurn in Kärnten, teilte bei seinem Tode seine Besitzungen unter den Söhnen auf. Gerhof übernahm die Grafschaft Lurn, Hartwig wurde Bischof von Brixen, Volkhold erhielt

Das ehem. Benediktinerinnenkloster Sonnenburg, vormals eine Burg, jetzt Hotel. Südseite. Rechts die Ruine der Klosterkirche

die Besitzungen im Pustertal mit der seit dem 8. Jahrhundert bestehenden festen Sonnenburg, der «Suanapurk».

Um 1020 wandelte Volkhold, von religiösem Eifer ergriffen, die Burg in ein Kloster um und schenkte es mit reichem Besitz Nonnen aus dem Orden des hl. Benedikt. Allmählich wurde auch eine Kapelle erbaut, deren Reste noch erhalten sind. Die gegenwärtige Form der Abtei, insbesondere der Saal mit den zwei Doppelbogenfenstern und andere Bauteile des Wohntraktes stammen aus dem 16. Jahrhundert, als nach einem verheerenden Brand 1598 eine weitgehende Umgestaltung des Klosterbaues vorgenommen wurde.

Im Jahre 1785 wurde das Kloster aufgehoben. In kurzer Zeit wurde das Gebäude zur Ruine und nur ein geringer Teil konnte vor Zerstörung bewahrt bleiben.

Die Ringmauern und die Rondelle sind die letzten Reste, die sich neben den Fundamenten einer romanischen Kapelle mit Rundapsis auf der Höhe des Hügels erhalten haben. Auch von der Klosterkirche haben sich einige Teile leidlich erhalten, so ein Fresko des Marientodes aus dem 15. Jahrhundert. Über die Burg und das Kloster Sonnenburg sind verschiedene Gerüchte und Aufzeichnungen überliefert, sei es von den alten Burgeigentümern, von denen gesagt wurde, sie seien bissig wie der Teufel; sei es von der Aebtissin Verena von Stuben, welche den grossen, bekannten Streitfall mit dem Fürstbischof von Brixen, dem berühmten Humanisten Kardinal Nikolaus Cusanus hatte.

Kardinal Cusanus setzte 1460 die Aebtissin Verena ab und übertrug die klösterliche Leitung der Afra von Velseck. Der angesehene Kirchenfürst hatte aber nicht damit gerechnet, dass die Nonnen des Klosters, vom Landesfürsten Herzog Sigismund unterstützt, einen äusserst entschiedenen Widerstand leisten würden. Um die Lage zu ihren Gunsten zu verändern, dingten die alte Aebtissin und ihre Anhängerinnen ein kleines Söldnerheer, um die Aufrechterhaltung des früheren Zustandes herbeizuführen und sich für den Fall von Repressalien durch den Bischof zu sichern. Die Söldner wurden besiegt und die Repressalien liessen nicht auf sich warten. Der Amtmann des Bischofs auf dessen Burg Andraz in Buchenstein, Gabriel Prack, zog gegen die Söldner der Nonnen und besiegte sie. Sodann belagerte er die Sonnenburg und die Nonnen flüchteten. Nach diesem kurzen blutigen Kampf griff der Landesfürst Erzherzog Sigismund zugunsten der Nonnen in den Streit ein, verfolgte den Fürstbischof und setzte ihn gefangen, sodass er schliesslich nachgeben musste. In neuerer Zeit war die Halbruine Sonnenburg jahrelang Eigentum der Gemeinde St. Lorenzen, die den noch brauchbaren Teil zu verschiedenen Zwecken, darunter auch als Armenhaus benützte. Neulich erwarb sie eine Privatperson, die sie unter Aufsicht des Denkmalamtes restaurieren liess und seit 1974 als sehr eigenartiges Hotelbetrieb führt. Von der alten Ausstattung ist ein Saal mit Kassettendecke und Schnitzornamenten und einem Wappen der Aebtissin von Troyer aus dem Jahre 1737 erwähnenswert. Ausserhalb befindet sich ein alter Brunnen, der noch in Gebrauch ist. Die Besichtigung des Gebäudes wird durch die gastgewerbliche Bestimmung bedingt.

5. SICHELBURG - GLURNHÖR - STERNBACH

In dem anmutig gelegenen Dorfe Pfalzen auf der Mittelgebirgsterrasse nördlich der Rienz stellt der Pfarrhof einen im 13. Jahrhundert erbauten einstigen Sommeransitz der Grafen von Görz dar und besitzt der Ansitz Luttach einen fast ebensoweit zurückreichenden Turm. Bemerkenswert ist aber vor allem die Sichelburg, ein turmartiger, kleiner Bau mit Erkern. Sie ist vermutlich der Stammsitz der Herren von Pfalzen, die ihn bis 1356 innehatten und als Herren von Mörl 1524 bis 1761 wieder besassen. Der Name Sichelburg kommt von den beiden Sicheln im Wappen der Platzzoller, die den Ansitz im 14. und 15. Jahrhundert besassen. Heute ist die Sichelburg ein bäuerliches Anwesen.

Ein besonders malerischer Ansitz ist das hinter Sonnenburg auf einer Anhöhe gelegene, von der Staatsstrasse aus gut sichtbare Glurnhör. Es besteht aus zwei mit Erkern und Türmen geschmückten Trakten, die mit einer Tormauer einen Hof umschliessen. Die Wohnräume sind getäfelt und haben schöne Decken. Ein Raum zeigt Bilderfries, Wappen und allegorische Figuren von 1591. Eine Tür trägt die Jahreszahl 1512. 1366 wird Fritz der Glurnher von Sonnenburg erwähnt. Von 1562 bis etwa 1800 war Glurnhör im Besitz der Herren von Hebenstreit, wonach es im Volksmund auch heute noch Hebenstreit genannt wird. Es ist bäuerlicher Besitz und kann besichtigt werden.

Im Ortsteil Oberragen von Bruneck steht der Ansitz Sternbach, seit 1682 im Besitz der gleichnamigen Familie, vorher den Wolkenstein-Rodenegg gehörig. Am Wohnbau findet sich ein übereck gestellter Erker, östlich ein turmartiger Anbau mit umlaufendem Balkon, über dem Tor ein mit schmiedeeisernem Gitter versehener Balkon. Die Halle im Erdgeschoss trägt über einem Achteckpfeiler Gratgewölbe. Die Gemächer der oberen Geschosse haben Stuckdecken, der Saal im zweiten Stock hat eine Allegorie auf den Frühling als Deckengemälde. Es stammt ebenso wie ein Gemälde Göttermahl und Raub der Sabinerinnen von Franz Waldmann, 1715. Auch ein schöner Barokkofen mit alttestamentarischen Szenen ist vorhanden. Der Ansitz ist bewohnt und kann nicht besichtigt werden.

6. MICHELSBURG, 908 m

Auf einem freistehenden Hügel erhebt sich über dem malerischen Weiler St. Martin, in der Gemeinde St. Lorenzen, die Michelsburg. Man erblickt die mächtigen Wehr-

bauten, wenn auch in Verfall, als machtvollen Wehrbau. Um den ganzen Hügel herum zieht eine Ringmauer und auf hohem Fels erhebt sich in der Mitte der Kern der Burganlage: ein Palas mit einem Binnenhof und zwei annähernd gleich hohe Türme.

Der Überlieferung zufolge soll die Michelsburg schon um das Jahr 1000 Sitz der Pustertaler Grafen gewesen sein. Mit der Grafschaft kam 1091 auch die Michelsburg in den Besitz der Fürstbischöfe von Brixen, dann in jenen der Grafen von Görz-Tirol und der auf sie folgenden habsburgischen Landesherren. Sie wurde im 14. Jahrhundert von Ministerialen bewohnt, die ihren Namen nach der Burg führten. In der Folgezeit waren verschiedene örtliche Familien damit belehnt und 1678 wurde die Michelsburg Eigentum der Grafen Künigl.

Von künstlerischem und historischem Standpunkt hat die Burg nicht viel vorzuweisen. Vom romanischen Bestand ist nur ganz wenig erhalten, denn die Burg wurde im 16. Jahrhundert gründlich umgebaut. Sie war bis in die ersten Jahrzehnte unseres Jahrhunderts noch gut erhalten, in der letzten Zeit aber ist der Verfall rasch fortgeschritten. Um der gänzlichen Zerstörung vorzubeugen wurden in den letzten Jahren, ab 1974, bedeutende Konsolidierungsarbeiten durchgeführt.

Eine Besichtigung ist möglich. Ein Fahrweg führt vom Dorfplatz in St. Lorenzen südwärts über St. Martin bis unter den Burghügel. Von der Höhe geniesst man einen herrlichen Rundblick über die anmutige Landschaft.

7. BRUNECK

Bruno Graf von Kirchberg und Bullenstätten, Fürstbischof von Brixen, hat 1251 gleichzeitig mit der Gründung der Stadt Bruneck, die seinen Namen trägt, auf einem beherrschend über der Stadt gelegenen und doch von Natur

Die Ruine der Michelsburg bei St. Lorenzen,
West- u. Südseite

aus schwach befestigten Hügel den Bau der Burg begonnen. Die Burg ist auch heute noch in bischöflichem Besitz und steht dem Bischof als zeitweilige Sommerresidenz zur Verfügung; in mehreren Räumen ist jedoch vorläufig eine kaufmännische Lehranstalt untergebracht. Im 14. Jahrhundert erweitert, im 15. Jahrhundert verändert, wurde

Das bischöfliche Schloss Bruneck, Südseite

sie von Fürstbischof Dr. Simon Aichner um 1900 zuletzt umfassend restauriert. Besonders malerisch ist der Innenhof der Burg mit zahlreichen bischöflichen Wappen des 17. und 18. Jahrhunderts und einer originellen Freitreppe. Hier bieten Licht, Schatten und perspektivische Durchblicke ein wechselvolles Spiel, unterstützt von den Zinnen der Brustwehren und vorstehendem Gebälk.

Die ursprünglichen Mauern der Burg, besonders die Aussenwände, sind ungewöhnlich dick, ebenso jene des zinnenbekrönten Bergfrits. Im Inneren haben sich nur wenige Zeugnisse des alten Charakters erhalten.

Bemerkenswert ist die Verstärkung des Verteidigungssystems durch zwei Mauerzüge, welche von der Burg hinabsteigen und die ganze Stadt wie eine Zange umschliessen.

Die Burg kann nicht besichtigt werden, doch ist ein Einblick in den malerischen Burghof meistens möglich und für den kurzen Aufstieg eine reichliche Belohnung. Die Burg kann übrigens auch mit Wagen erreicht werden.

8. STADTBEFESTIGUNG BRUNECK

Das in der Nähe der Pfarrkirche gelegene Ragen mit einem bischöflichen Meierhof, erwähnt im 10. Jahrhundert, ist die Voraussetzung für die 1251 vom Brixner Fürstbischof Bruno Graf von Kirchberg und Bullenstätten begründete Stadt, die nach ihm den Namen trägt: Bruneck.

Mit der Erbauung der bischöflichen Burg und Anlage der Stadt begann auch die Aufrichtung der Stadtbefestigung. Von der Burg laufen zwei Mauerzüge den Burghügel hinab und setzen sich unten als Stadtmauern fort und haben die neue Stadt mit Ausschluss des Dorfes Ragen mit der Burg zu einer wehrhaften Einheit verbunden. Vom nördlichen Seitentor der Burg führt ein verdeckter Gang mit Schlüsselscharten und Schiessfenstern zu einem Viereckturm auf halber Höhe des Burghügels. Die nun anschliessende Ringmauer mit Rondell ist zum grössten Teil werschwunden. Die andere Ringmauer geht vom westlichen Zwinger aus und weist einen kleinen Viereckturm und ein Rondell auf. In der Stadt bildete die Ringmauer die Aussenseite der Wohnhäuser und wurde nach den Notwendigkeiten des Verkehres von Tortürmen durchbrochen, von denen das Floriani- und das Rienztor noch erhalten sind. Auch der freistehende Rundturm an der Rienzbrücke und der Glockenturm des Ursulinenklosters gehörten zur Stadtbefestigung. Beim Ursulinentor wurde 1946 ein Freskenfragment aufgedeckt.

9. LAMPRECHTSBURG, 990 m

Diese Burg ist auf einer steil abfallenden Kuppe an der Rienzschlucht bei Bruneck erbaut. Der zinnenbekrönte Bergfrit und der Palas sind von einer ausgedehnten Ringmauer mit regelmässigen Steinlagen umgeben. Der Palas weist ein Fenster in ursprünglicher Steinrahmung und Doppelfenster mit einer Mittelsäule und handgeschmiedetem Gitter und einen dreieckigen Erker auf.

Man glaubt, daß der Turm mit seinen welfischen Zinnen der älteste Bestandteil dieser Burg ist und zwischen dem elften und zwölften Jahrhundert erbaut wurde. Bereits vorher dürfte ein hölzerner Bau gestanden haben. Bauherren waren die Herren von Reischach. Nach anderer Ansicht wurde die Burg um 1220 vom Grafen Albert von Tirol in einer Fehde mit dem Hochstift Brixen errichtet. Ein zuverlässiges Datum erwähnt 1229 die Herren von Lamprechtsburg als Lehensträger und Ministerialen der Fürstbischöfe von Brixen. Die Lamprechtsburg war bis zur Säkularisation 1803 brixnerisches Leben.

Die Lamprechtsburg bei Reischach, SW-Front

Auf die Lamprechtsburg führt von Bruneck ein guter Fahrweg über Reischach; man kann sie aber auch mit einer schönen, längeren Fusswanderung direkt von Bruneck aus erreichen.

Die gegenwärtigen Verhältnisse sind nicht die günstigsten für eine sichere Erhaltung der Burg, welche in ihren besten Teilen als Bauernwohnung dient. In einem Zimmer des Palas ist eine gute Holztäfelung vorhanden und eine Gaststube eingerichtet. Die gefällige Kapelle, in der heutigen Gestalt aus dem 17. Jahrhundert, ist in gutem Zustand. Die Burg kann besichtigt werden.

10. ALT- UND NEURASEN - HEUFLER

Auf einem steil abfallenden Absatz des östlichen Talhanges liegt am Eingang in das Antholzer Tal vor der Ortschaft Rasen die aus einem grösstenteils zerfallenen Bergfrit, der Ringmauer und einem Palas bestehende Ruine Altrasen. Die im 12. Jahrhundert erwähnten Herren von Rasen starben im Jahre 1566 aus. Das Schloß ging sodann an die von Wolkeinstein und in der Folge an die Welsberger, die es bis zum Jahre 1826 als Pfandschaft hielten.

Ab dem 17. Jahrhundert war das Schloß nicht mehr bewohnt.

Auf der gegenüberliegenden Talseite erhebt sich auf einem nach drei Seiten steil abfallenden Absatz des Berghanges die Brugruine Neurasen. Einst führte eine Zugbrücke über den künstlichen Halsgraben zum Torzwinger und in den Burghof, an dem westlich der Bergfrit und östlich der Palas standen. Nach Verlust der Stammburg Altrasen errichteten die Herren von Rasen um 1200 Neurasen, das sie im 14. Jahrhundert an das Hochstift Brixen verkauften. Bischof Albert von Enn erneuerte damals die Burg, die im 16. Jahrhundert nochmals umgeformt wurde. Heute ist sie eine Ruine.

Beide Burgruinen können besichtigt werden.

Im Dorfbild von Oberrasen fällt ein besonders ansprechender Ansitz auf, jener der Heufler zu Rasen. Er ist ein behäbiger, geschlossener Viereckbau, eingefasst von Erkern mit Giebeldächern und mit einem Walmdach versehen. An der Hauptfront ein Dreieckerker und schöne vergitterte Fenster im ersten Geschoss. Die Fluren im Erdgeschoss und ersten Geschoss sind mit stuckierten Flachdecken versehen, dagegen ist das zweite und dritte Geschoss nicht ausgebaut. Die Wohnräume haben schönes Getäfel und Holzdecken. Besonders reich ausgestattet ist die Stube; sie trägt intarsierte Ansichten des Ansitzes an den Türen, die Fensterwandungen und Wandkästen sind reich verziert, die Kassettendecke ist reich ornamentiert. Mehrfach sieht man das Heuflersche Wappen und die Jahreszahl 1582.

Im Jahre 1359 wanderte ein Zweig der Herren von Hohenbühl zu Terenten in Rasen ein und erbaute gegenüber dem bisherigen Hof im Jahre 1580 den stattlichen Ansitz. Dieser hat nach Schloss Velthurns über dem Eisacktal, der einstigen Sommerresidenz der Brixner Fürstbischöfe, das schönste Renaissancegetäfel in Südtirol. Die einstigen Besitzer heissen noch heute nach diesem Besitz Freiherren von Hohenbühl genannt Heufler zu Rasen.

Das bewohnte Haus ist gut instandgehalten. Die Besichtigung ist nicht leicht möglich.

11. WELSBERG, 1180 m

Die Burg Welsberg liegt ausserhalb der gleichnamigen Gemeinde am Eingang ins waldreiche Gsieser Tal auf einem felsigen Hügel, der auf drei Seiten steil zum Gsieser Bach abfällt, während auf der vierten Seite eine Zugbrükke über den tiefen Halsgraben in die Burg führt.

Aus der Ferne meint man, die Burg stünde mit dem hohen Bergfrit einsam im stillen Wald wie eine Karthause. An den ungewöhnlich hohen Bergfrit schliesst sich eine

Kapelle, tiefer unten zinnengekrönte Ringmauern mit einem runden Turm, der gegen das Innere offen ist.
Der Ursprung der Burg liegt im Dunkel. Es heisst, die

Burg Welsberg von Süden her

Welfen Otto und Swicker hätten sie um 1140 erbaut. Gewiss ist, dass sie der Sitz eines görzischen Zweiges der Welfen war und noch im 12. Jahrhundert wird Heinrich von Welfesberg in einer Urkunde genannt, dessen Familie aber auch als ein Zweig der Herren von Stilfes angesehen wird. Im 13. Jahrhundert folgte eine Familie, welche sich nach der Burg nannte, und deren Erben die Grafen Thun-Welsberg waren, die 1539 in den Grafenstand erhoben wurden. Der von den Grafen Thun stammende, sich Welsberg nennende Zweig besitzt noch heute die Burg, in der ein Pächter wohnt, während der umliegende Grund und Boden den Nachbarn verkauft wurde.

Die Burg wurde im 16. Jahrhundert gründlich umgebaut, nach einem Brand im Jahre 1765 aber nur notdürftig und teilweise erneuert.

Sie ist kaum zu besichtigen.

12. THURN, 1190 m

Auf der anderen Talseite gegenüber der Burg Welsberg steht auf einem etwas höheren Hügel über dem Gsieser Bach die Ruine Thurn, die im 14. Jahrhundert errichtet worden ist. Die Burg Thurn, eigentlich ein Turm, war Besitz der Görzer Ministerialenfamilie Füllein, deren letzter Angehöriger sie 1369 seinem Schwager Georg von Welsberg verkaufte, bei welchem Geschlecht der wehrhafte Bau blieb.

Im 16. Jahrhundert haben die Welsberg die Anlage umgebaut und vergrössert. Nach dem Volksmund war Burg Thurn mit Burg Welsberg durch eine sehr hohe Kettenbrücke verbunden. Die Burg ist im gleichen Jahr 1765 wie Welsberg abgebrannt und seitdem zerfallen.

Die Ruine kann besichtigt werden.

13. HERBSTENBURG

Die Herbstenburg ist ein charakteristischer quadratischer Bau mit vier Erkern und zwei aus Viereck- in Rundform übergehenden Erkertürmchen. Im Inneren sind die Räume um einen grossen Mittelsaal gruppiert. Die mittelalterliche Burg wurde im 16. Jahrhundert von den Gebrüdern Herbst, Hauptleuten des Kaisers Maximilian, vollständig umgestaltet und erhielt damals den Namen Herbstenburg. Nach deren Aussterben geriet die Burg in verschiedene Hände; erwähnt sei Adam Walther, der selbst das Prädikat von Herbstenburg annahm und nach dem es seine Nachkommen führen. Derzeit ist die Herbstenburg im Besitz der Grafen Bossi-Fedrigotti. Die Burg steht im Dorf Alt-Toblach und kann nicht leicht besichtigt werden.

Burgen im Gadertal

1. Thurn an der Gader
2. Rubatsch in Stern
3. Enneberg

1. THURN AN DER GADER, 1134 m

Schloss Thurn an der Gader erhebt sich auf der linken Talseite über der Ortschaft St. Martin im Tal. Es war einst die Hauptburg des Gader- oder Abteitales und Sitz des Gerichtes für das dem Fürstbistum Brixen untertänige Gebiet der Talschaft, deren anderer Teil unter der Gerichtsbarkeit der Benediktinerinnenabtei Sonnenburg im Pustertal stand. Von der Zugehörigkeit zu diesem Kloster nennen sich die Ladiner des Gadertales auch «Badioten» und das Tal Abteital.

Zuerst hatten die Rodank oder Herren von Rodeneck es von den Brixner Füstbischöfen zu Lehen, bis 1331 begegnen uns die Herren von Schöneck, später Joachim von Villanders als Richter und Vikar. Fürstbischof Ulrich Putsch von Brixen zerstörte es und liess es wieder aufbauen. Vom Beginn des 15. Jahrhunderts bis zur Säkularisation 1803 sass hier ein fürstbischöflicher Pfleger, seitdem ist es von Bauern bewohnt. Die Fürstbischöfe Christoph Andrä von Spaur und Johann Franz Graf Khuen nahmen 1610 bzw. 1699 Restaurierungen vor.

Das Schloss gruppiert sich als malerischer Bau mit einem runden Eckturm um einen mächtigen und hohen mittelalterlichen Turm mit einem Pyramidendach. Die weissen Mauern heben sich vom Hintergrund des dunklen Nadelwaldes ab. Auch als bäuerliches Anwesen ist die wohlerhaltene alte Anlage ungemein eindrucksvoll.

Die Burg kann besichtigt werden.

2. RUBATSCH IN STERN

Hans von Rubatsch erhielt 1536 von Kaiser Ferdinand I. die Erlaubnis, im Weiler Stern der Gemeinde Abtei einen Edelsitz zu erbauen und Rubàtsch zu nennen. Im Jahr darauf war er in den heutigen Form vollendet. Am Ausgang des 16. Jahrhunderts ging er an die Herren von Colz über. Dann eignete er vom 17. bis zum 19. Jahrhundert den Winkler zu Colz und Rubatsch und später denen von Mayrhofen zu Sompunt. Später wurde er Armenhaus und schliesslich bäuerlicher Besitz. In ladinischer Sprache wird er auch Gran Ciasa, Grosshaus, genannt. Das sehr heruntergekommene Gebäude wurde jüngst restauriert und soll als Ferienheim verwendet werden.

Der Bau ist äusserst massig und wenig gegliedert, mit vier Eckrondellen und einer Ringmauer. Der Wohnbau hat Schiesscharten und Gussöffnungen.

Interessant ist der Ansitz Rubatsch durch die Abenteuer des Franz Wilhelm von Prack zu Asch, genannt «Gran Bracùn», der «grosse Bracken», weil er zwischen 1573 und 1581 den grossen Herren in den ladinischen Tälern spielte. Er fiel bei der Ochsenbrücke, Punt da Bos durch die Mörderhand des Jakob Colz zu Abtei und Freieck, dessen Familie damals in Rubatsch ansässig war. Der Gran Bracùn ist eine legendäre herrische Gestalt, grausam und gleichzeitig ritterlich, von dem die Geschichte und Legende kühne Heldenstücke und arge Gewalttätigkeiten aufgezeichnet hat. Mit seinem bösen Ende fand ein durch Grausamkeit und Wilkheit in Ladinien bekanntes Geschlecht seinen Abschluss.

In den Tälern der Badioten lebt noch heute das Andenken dieses lebhaften und räuberischen Kavaliers. Bilder, welche den Saal des Hotels Cappella in Kolfuschg zieren und an der letzten Jahrhundertwende entstanden sind, erzählen von den Taten der Prack.

Schloss Rubatsch wird restauriert und ist zu einem kulturellen Treffpunkt geworden.

3. ENNEBERG

In dem östlichen Talzweig Enneberg des Gadertales in Ladinien liegen drei einstige Edelsitze, die von einiger Bedeutung sind.

Über der Einmündung des Forschidnerbaches in den Vigilbach steht der Ansitz Asch, der von den um 1300 erwähnten Herren von Asch durch Heirat an das berüchtigte Geschlecht der Prack übergegangen ist, welche davon ihr Prädikat führten und bis ins 19. Jahrhundert hier ansässig waren. Sie spielten im Enneberg, Gadertal und Buchenstein eine grosse Rolle. Der Ansitz Asch macht mit Erker und Gitterkorb, Spitzbogentüre und schönen Fenstern einen guten Eindruck. Der Korridor hat eine Balkendecke, der Oberstock eine Stube mit Felderdecke.

Unweit der Talung des Talbaches steht zwischen Hof und St. Vigil der Ansitz Rost, Stammhaus der später gegraften Edlen von Rost, die aus dem Buchenstein stammten. Aus der um 1318 hier ansässig gewordenen Familie, die aber später in die Brunecker Gegend übersiedelte, und die auch eine schwäbische Linie hatte, stammten, und zwar aus dem schwäbischen Zweig, zwei Fürstbischöfe von Chur. Um 1600 wurde dem älteren Bau der grössere westliche Bau angefügt.

Das Gasthaus Trebo in St. Vigil in Enneberg ist der einstige Ansitz Moreck. Mit zwei Ecktürmen und hohem abgewalmtem Dach, gratgewölbtem Hausgang und getäfelten Zimmern macht er einen schönen Eindruck. Moreck wurde 1674 für Kaspar Mor, dessen Ahnen im 16. Jahrhundert aus Aufkirchen nach Enneberg kamen, gefreit.

Die Ansitze sind bewohnt und können nicht leicht besichtigt werden.

Burgen im Ahrntal

1. KEHLBURG, 1188 m

Von Bruneck gegen Norden breitet sich das von der Ahr durchflossene Tauferer Tal aus, das im Talboden und auf den seitlichen Hängen hoch hinauf wohlbebaut und von Nadelwäldern umkränzt ist. Es ist reich besiedelt und Burgen und Kirchen beleben die Landschaft.

Den Taleingang deckt die zwischen Aufhofen und Gais auf einem Hügelrücken orographisch linksseitig gelegene, bereits 1091 erbaute Kehlburg, die später erneuert wurde und 1944 einem Brand zum Opfer gefallen ist. Vermutlich befindet sich die am Beginn des 12. Jahrhunderts erbaute Burg auf jenem Landgut «praedium Chela», das der hl. Bischof Albuin von Brixen gegen Ende des 10. Jahrhunderts von Liuto von Chela gekauft hat. Die Burg erscheint 1151 als Lehen des Heinrich von Aichach, dessen Familie sie nach einer Fehde 1264 an den Brixner Füstbischof Bruno abtreten musste.

Die inzwischen zur Ruine gewordene Kehlburg wurde 1545 mit der Verpflichtung zum Wiederaufbau dem Hans von Rost als Lehen gegeben. Bis 1891 verblieb sie der Familie und wurde dann dem Kaschauer Weihbischof Sigismund Bubnics verkauft, der bedeutende Umbauten durchführen liess und die Burg glänzend ausstattete. Aus finanziellen Gründen musste er die Burg verkaufen und 1944 brannte sie zur Ruine aus.

Im heutigen Zustand zeigt die Burgruine im wesentlichen die durch die Erneuerung unter Hans Rost im 16. Jahrhundert erhaltene Gestalt. Bemerkenswert sind Wap-

pensteine des Hans von Rost von 1549 und des Kardinals
Christoph von Madrutz von 1590 sowie eine Darstellung
des seinerzeitigen Wiederaufbaues. Die Burgruine kann besichtigt werden. Aufstieg von
Aufhofen in ca. 1 Stunde.

2. ANSITZE IN AUFHOFEN

Der Ansitz Steinburg in Aufhofen war ursprünglich ein
brixnerischer Küchenmaierhof und wurde 1556 für den
brixnerischen Amtmann Anton von Ruml gefreit. Die Söll,
an welche er durch Heirat 1591 gelangte, besassen ihn
bis zu ihren Aussterben 1840. Heute ist er bäuerlicher Besitz.
Die Steinburg hat zwei Eckerkertürme, einen polygo-
nalen Erker und ein Rundbogenportal. Im ersten Stock findet sich ein Zimmer mit Täfelung und einem Welsbergi-
schen Wappen, ein anderes Zimmer ist reicher getäfelt,
hat prunkvolle Türeinfassungen, erneuerte Wandmalereien und eine schöne Kassettendecke, an der man Evan-
gelistensymbole, Himmelsreichen und das Allianzwappen
Söll-Ruml von 1609 und das Wappen des Bischofs Karl
von Österreich sieht.
Der Ansitz Mohrenfeld gehörte der Familie Mor, die
auch einen Ansitz in Enneberg, Moreck hatte, zeitweilig
den Rost und dann den Hebenstreit und nun ist er bäuerlicher Besitz. An der Fassade sieht man einen polygona-
len Erken und das Allianzwappen Hebenstreit-Troyer.
Der Mittelsaal im ersten Geschoss hat ein Kreuzgewölbe,
die Zimmer haben Getäfel.
Der Ansitz Aufhofen stammt noch aus dem 12. Jahrhundert, wurde aber von Hans von Rost 1534 bis 1540
umgebaut und 1915 weitgehend erneuert. Die Edlen von
Rost starben 1420 im Mannesstamm aus. Des letzten
Rost Schwester Margarethe war mit dem Brixner Stadt-

richter Niklas von Rost verheiratet, dem sie den Ansitz als Morgengabe zubrachte. 1706 ging er durch Kauf an die Familie Hebenstreit. Bereits im 12. Jahrhundert war hier ein brixnerischer Küchenmeierhof. Neben dem Hauptbau steht ein Viereckturm und zwei kleine Eckerker; über dem Rundbogentor und am Eckerkerturm Wappensteine des Hans von Rost. In der ebenerdigen Halle sind Kreuzgratgewölbe, im ersten Stock ein breiter Mittelsaal. Die Ansitze sind bewohnt und können nur bedingt besichtigt werden.

3. NEUHAUS, 926 m

Weiter talaufwärts im Tauferer Tal liegt auf der orographisch rechten Talseite auf einem freundlichen Hügel die an einen alten Turm angebaute Burganlage von Neuhaus. Vermutlich im 12. Jahrhundert von den Herren von Taufers errichtet und 1255 als ihr Besitz aufgezeichnet, gelangte sie nach deren Aussterben 1340 in den Besitz der Grafen von Görz-Tirol. Unter den Schlosshauptleuten, denen sie zu Lehen gegeben war, befindet sich auch der Minnesänger Oswald von Wolkenstein, der zeitweilig hier wohnte.

Nach dem Erlöschen der Grafen von Görz-Tirol fiel Neuhaus den Habsburgern als den Landesherren zu. Es wurde fortan verschiedenen adeligen Familien der Umgebung verliehen, so den Mohr von Aufkirchen, den nach der Burg benannten Herren von Neuhaus, den Teutenhofen, den Söll von Aichberg, den Grafen Künigl und anderen. Vor dem ersten Weltkrieg begannen die Grafen Thun mit der Restaurierung der Burg, doch erzwang der Waffenlärm deren Einstellung. Heute ist Neuhaus als Hotel geführt.

Aufstieg von Gais in einer Viertelstunde.

Schloss Neuhaus bei Gais, Ostfront

Der Burg Neuhaus benachbart ist die 1601 durch Hans Jakob Söll von Aichburg erbaute graziöse Kapelle zu Maria Heimsuchung.

4. UTTENHEIM, 1188 m

Hoch über den Ortschaft Uttenheim erblickt man auf einem Felsen die Ruinen der Burg Uttenheim. Bereits

1140 werden die Edlen von Uttenheim erwähnt, die 1387 ausgestorben sind. Sie waren Ministerialen der Herren von Taufers, denen 1225 die Burg gehörte.

Beherrschend ragen über den nach allen Seiten jäh abstürzenden Burgfelsen die Ringmauern und der Bergfrit empor, darunter liegen die Überreste des dreigeschossigen Palas und die erhaltene romanische, später gotisierte Burgkapelle.

Die Herren von Uttenheim spielten in den örtlichen Ereignissen eine Rolle und wurden in den Urkunden häufig erwähnt. Im 12. Jahrhundert wirkten sie als Ministerialen der Herren von Taufers. Man nimmt an, daß die Bezeichnung des Ortes, der zu Füßen des Schlosses liegt (Uttenheim) vom Namen der bajuwarischen Prinzessin Uota abgeleitet wurde.

Nach dem Aussterben der Uttenheimer hatte die Burg verschiedene Besitzer und sie verfiel zusehends. Aus Geldnot musste sie Kaiser Maximilian 1500 an das Hochstift Brixen verpfänden. Allein die Kapelle ist wohlerhalten geblieben und dient noch heute dem Gottesdienst. Auf den Mauern der Kapelle wurden im Zuge letzter Restaurierungen einige Fresken freigelegt.

Ruine und Kapelle können besichtigt werden. Aufstieg zu Fuss in ca. 1 Stunde auf Steig Nr. 5.

Im Tal steht die längliche Anlage des Ansitzes Stock, seit 1619 im Besitz der Herren von Wenzl und heutigen Freiherrn von Sternbach, die bis jetzt dort ansässig sind.

5. NEUMELANS

Der befestigte Ansitz Neumelans zeichnet sich durch ästhetische Formschönheit und harmonische Architektur aus. Er ist am Südende des Ortes Sand in Taufers inmitten einer angenehmen Umgebung gelegen und befindet sich in einem hervorragenden baulichen Zustand.

Vier mächtige Ecktürme und ein ungewöhnlich hoher Dachstuhl charakterisieren den eleganten festen Bau, der zu den schönsten des Tauferer- und Ahrntales zählt.

Errichtet wurde Neumelans in der kurzen Frist genau eines Jahres 1582 durch Hans Fieger von Friedburg, dessen Familie am Beginn des 16. Jahrhunderts die Pfandherrschaft Taufers erhalten hatte. Den Namen Neumelans erhielt der Ansitz, weil die Familie bereits in Hall im nördlichen Tirol einen Besitz Melans zu eigen hatten.

Im Jahre 1651 erwarb Gubernialrat Perkhofer den festen Edelsitz Neumelans, nach mehreren anderen Besitzern 1708 Kandidus von Zeiler und schliesslich der 1855 in Taufers geborene bedeutende österreichische Historiker Emil von Ottenthal. Dessen letzte Enkelin Hroswitha von Ottenthal starb 1956 ohne direkte Nachkommen und Erben.

Der Ansitz Neumelans ist mit wertvoller Einrichtung ausgestattet, insbesondere mit Bildern und Skulpturen. Eine Besichtigung ist nicht möglich.

6. TAUFERS, 895 m

In beherrschender Lage thront auf einem Felsrücken über dem Markt Taufers, über den Enge, die aus dem Ahrn- ins Tauferertal führt, die mächtige befestigte Wehranlage der Burg Taufers.

Ein Tauferer Adelsgeschlecht wird schon um das Jahr 1000 erwähnt. Dieses soll sich laut Weingartner am Eingang des Raintals niedergelassen haben, wo noch heute die Ruinen einer alten Burg zu sehen sind, die «Kofel» heiß.

Die Erzählung des Volkskundlers Hans Fink, bei der es um einen Grafen von Taufers geht, dürfte wahrscheinlich mit diesem Schloß zusammenhängen. Dieser Graf soll um das Jahr 1100 gelebt haben. Er soll seine ledigen

403

Töchter in ein Konvent gesperrt haben, das im Bergfrit des alten Schlosses errichtet wurde, denn die Freier seiner Töchter waren ihm nicht genehm.

Wie es bei solchen Erzählungen dann oft vorkommt, hat sich eine der Töchter des Grafen - die jüngste und mutigste - gegen die ihr vom Vater auferlegte Isolierung aufgelehnt und offen gegen ihn rebelliert. Sie nahm ein unrühmliches und unglückliches Ende. Ihr Geist soll noch heute in den Ruinen des mittelalterlichen Schlosses umherirren und manches Mal einem einsamen Wanderer in diesem Gebiet erscheinen.

Geschichtlich ist verbürgt, daß kaiser Heinrich IV. die Grafschaft «in valle Putrissa» im Jahre 1091 dem Bischof Altwin von Brixen zum Geschenk machte.

Damit begann das Eigenleben der Herrschaft Taufers, und zwar unter den seit dem 12. Jahrhundert nachweisbaren und 1340 ausgestorbenen Herren von Taufers.

Bereits 1315 war ein Teil der Tauferer Besitzungen durch Kauf an Heinrich, König von Böhmen und Graf von Tirol, gelangt. Nach dem Tod des letzten Sprossen des Tauferer Geschlechtes, Ulrich III., zog Heinrich die ganze Herrschaft trotz des Einspruchs des Brixner Fürstbischofs an sich. Damit war Taufers eine Lehensherrschaft der Grafen von Tirol als Landesherren geworden, die sich durch Burggrafen, oder Herren, welchen sie die Burg und Herrschaft gegen Bezahlung verpfändet hatten, verwalten liessen.

Bis zur Wende des 15. zum 16. Jahrhundert war die Burg Taufers dem Wechsel von sieben Inhabern unterworfen, bis sie 1504 durch Kaiser Maximilian der Familie Fieger überlassen wurde. Von diesen kam sie an die Freiherrn von Wolkenstein-Rodeneck und 1695 an Hieronymus Graf Ferrari dessen Familie 1830 diesen Besitz verkaufte.

Unter den drei nachfolgenden Besitzern, darunter zuletzt einem Apotheker von Wiener-Neustadt, verfiel die Burg, bis sie 1907 von dem bekannten Wiener Industriel-

Burg Taufers, SO-Front

len Ludwig von Lobmayr erworben wurde, der sie einer gründlichen Wiederherstellung unterziehen liess. In der Folge wechselten die Besitzer wieder mehrmals und heute gehört die Burg einem ausländischen Prälaten, der sie selbst bewohnt.

Eine genaue Betrachtung des Bauwerkes der Burg Taufers erweist, dass die ursprüngliche Anlage in die erste Hälfte des 13. Jahrhunderts zurückreicht. Um 1500 erfolgte ein weitreichender Umbau der gesamten Anlage mit verschiedenen Zubauten. Der teilweise eingestürzte Bergfrit wurde wieder vollständig aufgebaut. Die grundlegende Baustruktur ist noch in recht gutem Erhaltungszustand, besonders in den Bauteilen um den Bergfrit, die noch aus der romanischen Epoche stammen und schöne zwei- und dreiteilig gekuppelte Fenster aufweisen.

In der restaurierten Burgkapelle sind Fresken aus der Pacher-Schule um 1480 zu bewundern, ein Kruzifixus des 13. Jahrhunderts und Skulpturen aus dem 15. Jahrhundert. Die Burg Taufers hatte eine große strategische Bedeutung, darum ist sie überaus stark gebaut. Eine zinnenbekrönte Mauer und ein festes Tor, noch heute sichtbar, riegelten die Strasse zwischen Ahrn- und Tauferertal vollständig ab und beherrschten den Weg unter der Burg. Umrahmt wird die herrliche Lage der Burg von den weiten Firnfeldern und Berggipfeln der Zillertaler Alpen.

Weitläufigkeit der Befestigungsanlage und Vielfalt der äusseren architektonischen Bestandteile charakterisiert diese Burg. Im Burghof steht eine malerische Brunnenhalle mit Ziehbrunnen und eine Schmiede für Huf- und Waffenschmiede.

Rechts von der Burgkapelle im ersten Stock mit den Fresken der Pacherschule und schönen Holzskulpturen findet sich in der ganzen Tiefe des Gebäudes des Wohnturmes ein Saal, dessen Getäfel und geschnitzte Balken und Holzdecke aus dem 15. Jahrhundert stammt. Hier hat der heutige Besitzer 1967 durch die Malerin Lydia Roppolt ein höchstmodernes und vieldiskutiertes Fresko ausführen lassen. Auch im erneuerten Südwesttrakt besitzen mehrere Zimmer alte Täfelungen und Holzdecken. Auch der sogenannte Kornspeicher war einst ein palasähnlicher Wohntrakt.

Erwähnt sei, dass der vermutlich ursprüngliche Sitz der Herren von Taufers die Burgruine Kofel war, die sich auf einem waldverwachsenen Felsrücken am Eingang ins Raintal findet. Nach Erbauung der stattlicheren und günstiger gelegenen Burg Taufers wurde Kofel von ihnen verlassen und verfiel. Die noch vorhandenen Reste zeugen von einer Erbauung im 12. Jahrhundert.

Nach dem Tode des letzten Eigentümers, des Abtes Gassner, übernahm der Südtiroler Burgenverein das Schloß. Dieser trug umgehend für die Anbringung eines neuen Schindeldaches Sorge und ließ andere Restaurierungsarbeiten vornehmen.

Die Besichtigung der Burg ist in den Sommermonaten unter Führung des Besitzers möglich. Aufstieg von Sand in Taufers in 10 Minuten (auch mässiger Fahrweg).

INHALTSVERZEICHNIS

BURGEN DER UMGEBUNG VON LANA

BURGEN IM PASSEIER

BURGEN IM VINSCHGAU

Satz, Reproduktion, Druck und Einband
MANFRINI R. ARTI GRAFICHE VALLAGARINA AG
Betrieb in Calliano (Trento)
Gedruckt im März 1989

Printed in Italy